KB041528

밀의 『자유론』 입문

Mill's '*On Liberty*'

by

Geoffrey Scarre

Copyright © Geoffrey Scarre 2007

Korean Language Translation Copyright © 2014 by Seokwangsa Publishing Company

This Korean Language edition is published by arrangement
with **Bloomsbury Publishing Plc.**, U.K.

밀의 『자유론』 입문

G. 스카 지음 | 김요한, 임정아 옮김

서광사

이 책은 Geoffrey Scarre의 *Mill's 'On Liberty'* (Bloomsbury Publishing Plc., 2007)를 완역한 것이다.

밀의 『자유론』 입문

G. 스카 지음
김요한, 임정아 옮김

펴낸이 | 김신혁, 이숙
펴낸곳 | 도서출판 서광사
출판등록일 | 1977. 6. 30.
출판등록번호 | 제 406-2006-000010호

(413-756) 경기도 파주시 교하읍 문발리 534-1
Tel: (031) 955-4331 | Fax: (031) 955-4336
E-mail: phil6161@chol.com
http://www.seokwangsa.co.kr | http://www.seokwangsa.kr

제1판 제1쇄 펴낸날 · 2014년 9월 30일

ISBN 978-89-306-1711-6 93160

옮긴이의 말

이 책은 밀(J. S. Mill)의 『자유론』에 대한 해설서인 스카(Geoffrey Scarre)의 *Mill's On Liberty*(2007)의 우리말 번역본이다. 『자유론』은 밀의 가장 대표적 저서이다. 1859년 저술된 이 책에서 밀은 민주주의가 확산되기 시작하면서, 다수의 횡포에 의해 의견과 습관의 획일성이 강제되고, 개성과 독창성의 발휘가 억압되는 흐름을 비판한다. 이 저서가 출판된 후 150년 동안 철학자들은 『자유론』에서 밀이 주장하고 있는, 자신에 대한 절대적 자유(타인에게 피해를 주지 않는 한), 사상과 토론의 자유, 행복의 한 요소로서의 개별성, 개인에 대한 사회의 권한 제한 등을 인용하고, 옹호하고, 또는 비판해 왔다. 자유와 관련된 그 어떤 주제도 이 저서를 떠나 논의된 적이 없다.

　스카는 이 책을 통해, 밀의 『자유론』에 대해 두 가지를 의도했다. 그는 『자유론』에 대한 상세한 비판적 읽기를 제공하고 자유주의 전통 내 도덕과 정치 논쟁에서 『자유론』이 갖는 중요성을 설명하고자 했다. 이 두 의도는 이 책에서 잘 실현되고 있다. 첫째, II부 주제들의 개관에 이어, III부에 본문 읽기에서 『자유론』을 둘러싸고 이제까지 전개된 주요 논쟁들이 전제와 결론, 즉 논증을 중심으로 소개된다. 저자는 더 나아가 소개에 그치지 않고 이 논쟁에 개입하여 밀의 주장을 옹호하거나 비판한다(예를 들어, 한편으로는 아편 사용 금지가 개인의 자유에 대한 부당한 간섭이라 주장하면서, 다른 한편으로는 자신을 노예로 판매할 것을 금지하는 밀의 주장이 일관적이지 못하다고 저자는 비판한다).
게다가 본문 읽기에서는 각 장이 끝날 때마다 연구를 위한 물음들을 제
공하여 독자 스스로 읽은 내용을 정리하고(분석), 이해의 심화와 확장
(종합)을 꾀하도록 한다.

　둘째, 주요 논쟁들의 쟁점을 이해하기 쉽도록, 밀 이전, 그리고 밀 당
시의 역사적, 철학적, 사상적 배경이 제시되고 그 흐름 속에서 현재의
논쟁이 제공된다. 이러한 저자의 노력은 논쟁이 형성된 지점에 대한 명
확한 이해를 돕는 적절한 접근이다. 어떤 주제의 쟁점이 어떤 맥락에서
형성되었는지, 그리고 그 논쟁의 현 위치를 파악하는 데 아주 훌륭한
안내를 제공하고 있다. 특히 IV부 수용과 영향을 읽으면서, 독자들은
옮긴이와 같은 느낌을 가질 것이다. 『자유론』이 출판된 지 150년이 지
났지만 이 책은 여전히 생생하게 살아 있는 주제들을 가득 담고 있다는
느낌. 자유라는 주제는 늘 우리 곁에 있고, 목말라하고 있고, 우리의 풍
부한 적용을 기다리고 있다는 느낌…….

　위와 같은 점에서 『자유론』을 처음 접하는 독자나 혹은 읽어 본 적이
있는 독자에게도 이 책이 큰 도움이 될 것이다. 『자유론』과 같은 명저
를 읽었지만, 명확하게 정리되지 않았거나 혹은 읽으면서 드는 여러 가
지 의문들에 대해 이 책의 저자는 가려운 부분을 속시원하게 해결해 줄
뿐만 아니라, 때로는 어떤 주제에 대해 어떤 의문을 가질 수 있는지도
분명하게 안내하고 있기 때문이다.

　이 책을 번역할 기회를 제공해 주시고, 게으르고 부족한 제자를 잘
이끌어 주신 지도교수 김요한 선생님께 먼저, 큰 감사를 드린다. 처음
시도하는 번역이라 허접하고 엉망이었던 결과물을 훌륭한 번역이 되도
록 만들어 주시고, 여러 가지 점에서 가르침을 주신 김요한 선생님께는
그 어떤 감사의 말씀을 드려도 부족할 것 같다. 그리고 언제나 연구와

지도에 매진하시는 학과 선생님들께도 감사드린다. 선생님들께서 보여
주신 모범이 있었기에 연구와 지도를 충실히 하고자 노력할 수 있었다.
늘 사랑과 배려로 부족한 엄마의 빈자리를 채워 주신 부모님, 넘치는
사랑으로 가족을 든든히 지켜 주는 남편과 아이에게 미안함과 고마움
을, 그리고 사랑을 전한다. 마지막으로, 이 책의 번역 출판을 허락해 주
신 서광사 김신혁 사장님, 편집을 위해 고생하신 편집부 직원분들께 감
사드린다. 우리 나라의 독자들이 쉬운 그러나 내용적으로 훌륭한 해설
서를 통해 『자유론』을 이해할 수 있게 되어서 참 기쁘다.

2014년 5월
임정아

차례

소개하는 글

이 책은『자유론』에 대한 상세한 비판적 읽기를 제공하기 위해 기획되었다. 그리고 그 책이 자유주의적 전통 내부에서 도덕적 정치적 논쟁에 대해 갖는 변함없는 중요성의 이유를 설명하기 위해 기획되었다. 1859년 처음 등장한 이후,『자유론』은 끊임없이 재판을 펴냈고 많은 언어로 번역되었다. 밀의 저서들의 현대판 표준은 토론토 대학 출판부에서 발간한 33권의 책이다. 그러나 이 토론토대 판본은 밀 연구자들에게는 높게 평가되는 반면에, 구입하기에 값이 비싸다. 그래서 개인적으로 사용하기 위해『자유론』책을 갖고자 하는 대부분의 독자들은 서점에서 구입할 수 있는 저렴하고 훌륭한 많은 판본들 가운데 하나를 구입할 가능성이 더 많다. (이러한 판본들의 일부를 선택하여 이 안내서의 V부에 실었다.) 우리의 해석 교재로서 어떤 특정 판본을 고르는 것이 불공평할 수 있기 때문에(그것을 가지고 있지 않은 사람에게는 곤란하기도 하고), 필자는 점차 보편화되는 방식으로 장과 문단의 번호만을 사용하여『자유론』의 구절들을 언급하는 방식을 채택했다. 이러한 체계에 따르면, 예를 들어 'III. 4'는 III장의 문단 4를 가리킨다. 이러한 인용 방식은 많은 빅토리아 시대의 작가들과 마찬가지로 밀이 빠르고 쉽게 번호를 매기면서 긴 문단을 썼기 때문에, 처음 보이는 것보다는 훨씬 덜 번거롭다.

  I부(part) 전후맥락(context)의 i절(section)의 몇몇 문장들은 다음

의 주소에서 찾을 수 있는 온라인용 문학백과사전에서 필자가 밀에 대하여 쓴 소전(小傳, biographical note)을 변경해서 엮은 것이다(http://www.litencyc.com). 이것을 재사용하도록 허용한 편집장 로버트 클락(Robert Clark) 박사에게 감사드린다.

전후맥락

i. 존 스튜어트 밀

존 스튜어트 밀(John Stuart Mill)은 1806년 영국에서 태어나서 1873년 그곳에서 사망했다. 일반적으로 그는 19세기에 활동한 주도적인 영국 철학자라고 간주된다. 경험주의 입장, 자유주의 입장, 그리고 공리주의 입장에 대한 그의 강력한 옹호는 그의 생애 동안 엄청난 영향력을 발휘했다. 또한 그것은 이 분야들에서 제기된 연속적인 수많은 논쟁들에 사용되는 조건을 결정했다. 진보적 주장들에 대한 밀의 옹호는(가장 유명한 옹호는 의회 선거에서 여성의 참정권의 확대를 포함하고 있다) 그가 죽을 무렵에는 그의 책을 읽어 본 적도 없는 사람들에게도 그의 이름을 집안 식구 이름처럼 친숙하게 만들었다. 비록 밀의 명성은 20세기로 접어들면서 일시적으로 기울었지만, 그는 논리학, 자연과학 그리고 인식론에 관한 저서들 덕택에 영국 경험론자(즉 지식이란 오직 경험에 근거하는 것으로만 간주하는 철학자들) 가운데서 현재로선 상위권을 차지하고 있다. 한편 그의 윤리학과 사회철학이 갖는 깊은 인간애(humanity)는 계속해서 반향을 불러일으키고 있다.

철학자이자 역사학자인 제임스 밀(James Mill)의 아들인 존 스튜어트는 아버지의 친구이자 후견인인 공리주의 사회개혁가 제러미 벤담(Jeremy Bentham)이 이끄는 급진적 지식인 서클 속에서 양육되었다.

존 스튜어트는 제임스 밀과 벤담에 의해서 공리주의 가치들을 이끌 기수로 교육받았기 때문에, 특별한 가정교육(그는 세 살에 그리스어를 그리고 여섯 살에는 라틴어를 배우기 시작했다)을 받았다. 그리고 그는 열일곱 번째 생일 전에 최초의 논문(표현에 관한 자유론)을 출간했다. 그는 "한 번도 소년으로 지내 본 적이 없는" 소년이었다고 말해졌다. 그러나 밀은 십대를 벗어나기 전에 훌륭한 삶에 대한 어른들의 관점들이 영혼을 파괴하는 편협함을 갖고 있다고 생각함으로써 깊은 환멸을 느끼게 되었다. 그는 어른들의 관점이 인간 본성의 이성적 측면과 타산적 측면에는 너무 많은 관심을 기울인 반면 감정에는 충분한 관심을 두지 않았다고 생각했다. 1826년 벤담의 편집 보조원으로서 과도한 중노동에 수년을 시달린 후 그는 신경 쇠약을 겪게 되었다. 이 기간은 밀의 경력에서 중요한 중간 휴지기에 속한다. 그는 자신의 유고인 『자서전』(Autobiography)에서 설명하듯이 대부분 낭만주의 시들을 읽음으로써 이런 '정신적 위기'에서 벗어나게 되었다. 이때부터 그는 벤담식 복지국가주의(welfarism)의 기초 사상에 인간의 가능성들이라는 좀 더 적절한 개념을 접목하는 시도를 함으로써 그의 사고는 그리스 철학과 낭만주의의 강한 영향을 나타내게 되었다.

밀은 광범위한 범위의 주제에 대해 많은 작품을 써냈다. 그의 작품들은 상당한 분량의 논문들로부터 짧은 신문 기사들과 서평들에 이르기까지 다양하다. 지속적인 중요성을 갖는 책들은 『논리학 체계』(A System of Logic, 1843), 『정치경제학 원리』(Principles of Political Economy, 1848), 『자유론』(On Liberty, 1859), 『대의정체론』(Considerations on Representative Government, 1861), 『공리주의』(Utilitarianism, 1861), 『여성의 종속』(The Subjection of Women, 1869), 그리고 『종교에 대한 에세이 3편』(Three Essays on Religion, 1873)이다. 그는 엄청

난 작품 생산과 동시에 1823년에서 1858년 사이에 영국 동인도 회사의 런던 본부에서 부감독(Assistant Examiner)이라는 행정 업무도 맡았다. 그는 1865년에 간신히 설득되어 국회의원으로 출마하고 3년 동안 웨스트민스터(Westminster)의 자유당 하원(Liberal MP)을 지냈다. 그는 1867년 개혁 법안에 여성 참정권을 포함시키는 시도가 실패한 후, 1868년 출판업자인 보수당의 스미스(W. H. Smith)에게 국회의원직을 넘겨주게 된다. 밀의 연인 관계로서 유일하게 알려진 것은 해리엇 테일러(Mrs. Harriet Taylor)와의 관계이다. 밀은 1830년 처음 그녀를 만났고 자신의 사유에 중요한 영향을 준 인물로 과감하게 그녀를 지목하고 있다(그것은 앞으로 살펴보게 되겠지만, 『자유론』 저술에도 의미 있는 공유가 이루어졌음을 포함한다). 그들의 관계는 아마도 1851년 그녀의 첫 남편이 사망하고 결혼식을 올릴 때까지 플라톤적 사랑으로 남게 되었을 것이다. 밀은 해리엇의 '매우 경건한 성품'과 아울러 '불합리한 생각의 완벽한 결여'와 '고귀한 감정과 고결한 감정의 힘'을 숭상했다. 1858년 50세의 나이에 폐결핵(그녀는 밀로부터 감염되었을 것이다)에 의한 그녀의 사망은 밀이 결코 완전하게 회복할 수 없었던 충격이었다. 왜냐하면 그는 나중에 그녀의 기억력은 자신에게 종교였으며 "그녀의 승인은 (그것은 모든 것들을 가치 있는 것으로 만들어 준다고 요약할 수 있기 때문에) 내가 나 자신의 삶을 규제하려고 노력하는 표준이었다"라고 기록하고 있기 때문이다.

벤담과 다른 공리주의자들과 마찬가지로, 밀은 도덕적으로 옳은 행동은 행복을 증진하고 불행을 감소시키는 경향을 갖는 것이라고 생각했다. 『공리주의』라는 짧은 책에서, 그는 '최대 행복의 원리'(Greatest Happiness Principle)는 다음을 의미하는 것으로 명확하게 요약하고 있다.

행동들은 행복을 증진하는 경향에 비례하여 옳은 것이며, 그것들이 행복
의 반대를 산출하는 경향에 따라 그른 것이다. 행복은 쾌락을 의미하며 고
통의 부재이다. 불행은 고통이며 쾌락의 결핍을 의미한다.[1]

그러나 밀은 쾌락이 모두 동등한 가치를 갖는 것이 아니며 가장 행복한
삶들은 '정신적 완성'과 개인의 존엄에 대한 깊은 만족감을 포함하며
또한 미, 질서, 진리의 추구를 포함하고 있다고 조심스럽게 강조하고
있다. 공리주의가 갖는 가치에 대한 쾌락주의적 설명은 공리주의가
'오직 돼지에 대해서만 가치 있는 교설'이라는 점을 보여 준다는 일반
적인 비난을 공리주의가 벗어나기 위해서 쾌락의 질이 쾌락의 양보다
훨씬 더 중요하다는 점을 강조하는 것이 중요하게 되었다. 밀이 독자들
에게 '동물적 욕망'보다 '고상한' 능력들을 만족시키라고 지시할 때
또는 지성의 탁월성과 품성의 탁월성을 발전시키려고 노력하라고 명할
때 (이 주제는 역시 『자유론』에서도 아주 두드러지는 것이다), 그는 거
의 아리스토텔레스 옹호자처럼 들린다. 인간 행복의 본성에 대한 그의
절묘한 분석은 가치에 관한 공리주의 이론이 단순 쾌락주의(simplistic
hedonism)의 수준을 영원히 넘어서도록 끌어올리는 데 기여했다. 밀
은 가치 있는 목적들을 효과적으로 추구함으로써 행복은 가장 잘 발견
되며 또한 오직 자신의 감각적 욕망들을 만족시킬 방법만을 구하는 자
들은 좀 더 귀중한 만족감들을 놓치게 된다고 주장하고 있다. '단순 감
각'을 통한 쾌락은 '지성을 통한 쾌락, 감정과 상상력을 통한 쾌락 그
리고 도덕감들(moral sentiments)을 통한 쾌락'보다도 우리에게 훨씬
충족되기 쉽다.[2]

---

1   J. S. Mill, 『공리주의』(*Utilitarianism*), 2장, 문단 2.
2   J. S. Mill, 같은 책, 2장, 문단 4.

　　그러나 밀은 행복을 극대화하라는 공리주의 명령이 타인들의 삶들 속에 지나친 자애로운 간섭들(benevolent interventions)을 허용하는 것이라고 해석하지 않았다. 잘 살도록 타인들을 도울 때, 우리는 행복에 대한 우리의 생각들을 (비록 그것이 훌륭한 것이라도) 그들에게 강요하고 있다는 점을 깨달아야만 한다. 행복의 주요 조건은 우리가 자신의 삶을 통제해야만 한다는 것이기 때문에, 우리가 타인들의 일을 조정하는 것은 잘못된 친절이 될 수 있다. 왜냐하면 그것은 자기 발전(self-development)을 위한 타인들의 기회를 제한하게 되기 때문이다. 타인들의 개성을 적절하게 존중하는 일은 어느 때 개입해야 될지를 아는 것뿐만 아니라 어느 때 물러나야 할지를 아는 지식을 요구한다. 밀이 훌륭한 삶에서의 자기 발전과 자율성을 인정하는 중요한 구절은 다음과 같은 『자유론』의 유명한 논제에서도 또한 분명히 드러난다. "인류가 개인적으로 또는 집단적으로 자신들의 구성원 중 한 사람의 자유에 간섭하는 것을 보증해 주는 유일한 목적은 자기 보호(self-protection)라는 점이다"(I. 9).

　　개인적 자유에 관한 밀의 존중이 중앙 정부 선거 또는 지방 정부 선거에서 이뤄지는 보편적 참정권에 대한 무제한적 지지로 이어지지 않았다는 점은 놀라운 일이다. 그는 아주 가난한 사람 또는 교육받지 못한 사람에게 선거권을 허용하는 것은 운명의 인질(hostages to fortune)이 되는 것이라고 생각했다. 왜냐하면 이런 계층에 속하는 남자들과 여자들은 정치적으로 순진해서 뇌물 또는 거짓 선동(propaganda)에 잘 휩쓸리기 때문이다. 보편적인 남녀 선거권이 확립되기 전에, 우리는 그런 불리한 점들을 제거함으로써 투표하는 데 적합한 자가 되어야만 한다. 비록 밀은 사람들에게 정치적 책임을 부과함으로써 그런 책임을 행사할 수 있도록 훈련시켜야 한다는 좀 더 급진적인 생각을 때때로 해 보기도 했지만, 정치적 부패에 대한 그의 선천적 신중함과 두려움은 민주주의에 대한 열정에 제한을 가하게 되었다.

형이상학과 인식론 측면에서, 밀은 평생토록 선험적 지식(a priori knowledge, 오직 이성으로만 도출될 수 있는 지식)의 존재를 부정하는 '경험과 연상학파'(school of Experience and Association)의 옹호자였다. 따라서 그는 모든 지식이 '우리 감각기관들에 제시된 사실들'로 구성되며 또한 덧붙여 이것들로부터 정당하게 추론될 수 있는 것으로 구성된다고 주장했다. 『논리학 체계』에서 밀은 인간의 어떤 지식 분야를 위한 선험적 토대 혹은 직관적 토대라는 가정을 무용지물로 만들 수 있을 정도로 충분히 강력한 귀납 논리학을 구성하려고 시도하였다. 놀랍게도, 그는 심지어 연역 논리학과 수학의 법칙들조차 감각적 근거에 바탕을 둔 귀납적 추론에 의해 알려질 수 있다는 점을 보여 주려고 노력했다. 이 증명은 현대에는 거의 설득력 없는 것으로 간주되고 있다.

밀은 단순하고, 수수하며 전문용어를 사용하지 않는 문체로 글을 쓴다. 이 문체는 이따금씩 무거운 느낌이 들지만 그것의 장점은 간결하나 함축적이고 동시에 웅변적이다. (미국의 철학자 브랜드 블랜샤드(Brand Blanshard)는 밀이 지난 2세기의 많은 철학자들과는 달리 '이해하기 쉽도록 매우 명확하게' 글을 작성하고 있다고 긍정적으로 논평하고 있다.)[3] 밀은 심오한 사상들이 이해하기 어려운 용어들이나 거창한 말들로 표현될 필요가 없으며 또한 고함이나 논쟁에서 드러나는 열정적인 감정들을 함축할 필요가 없다는 점을 후대 작가들에게 교훈으로 남겼다. 그가 철학 작품의 저술에 도입한 관심과 명료성은(칸트와 그의 영국인 추종자들이 갖는 불명료함에 대해서 의식적으로 대립하고

---

3 Brand Blanshard, *On Philosophical Style*, 24쪽.

있다) 영어권 철학 전통에 기여한 그의 또 다른 그리고 결코 무시할 수
없는 영속적인 공헌 중의 하나이다.

ii. 『자유론』의 배경

밀은 1855년 1월에 로마의 고대 카피톨리누스 유적의 계단을 오르면서
자유에 관한 논문을 작성할 생각을 처음으로 갖게 되었다고 주장한다.
그러나 이 주장은 그 기획이 이미 그의 아내와의 논의 속에서 시작되었
음을 제시하고 있다.[4] 어쨌든 『자유론』의 궁극적 기원은 밀의 활동 경
력에서 훨씬 더 앞당겨질 수 있다. 왜냐하면 이 책의 수많은 관심사들
과 몇 가지 논증들은 청소년 시절과 초기 성년 시절에 쓴 작품들에 등
장하고 있기 때문이다.

  자유와 지배에 관한 존 스튜어트의 사고에 미친 한 가지 중요한 자극
은 1820년에 발표된 「정부」('Government')와 「출판의 자유」('Liberty
of the Press')라는 아버지의 영향력 있는 논문들의 출간이었다. 제임
스 밀은 정부가 최대 다수의 최대 행복을 증진하려고 노력할 때만 합법
적인 것으로 간주된다고 해도, 모든 정부가 전제적인 것(tyrannical)이
될 가능성을 갖는다고 주장했다. 왜냐하면 우리들은 **자신이** 타인들에
게 시키고 싶어 하는 것을 그들이 수행해야만 한다는 점을 자연스럽게
욕구하고 있기 때문이다. 따라서 통치자들의 폭정을 막기 위해서, 견제
와 균형(checks and balances)이 헌법 안에 명시될 필요가 있으며 또한
각 정치적 현안의 모든 측면들이 진술된다는 점을 보장할 수 있도록 자

---

4   J. S. Mill, *Autobiography, Collected Works*, 1권, 249쪽: Gertrude Himmelfarb,
On Liberty and Liberalism, 249쪽.

유로운 의사 표현이 허용되어야 한다. 젊은 존 스튜어트에게 틀림없이 반향을 불러일으켰을 이 논문들의 다른 주제들은 스스로 사고하는 것의 중요성 그리고 단순히 타인의 생각들이 일반적으로 승인된 것이거나 유행하고 있는 것이기 때문에 그것들을 받아들이는 방식을 반박하는 일의 중요성이었다.

존 스튜어트가 벤담 서클(the Benthamite circle)로부터 흡수한 개인의 자유에 대한 신념과 애정은 다른 원천들로부터 유래된 비자유주의적 관념들과 창조적 긴장 관계를 유지하면서 공존하게 되었다. 앞에서 살펴본 것처럼, 공리주의에 관한 밀의 해석은 인간 삶의 표준을 정신적으로 그리고 도덕적으로 더 고양된 수준으로 끌어올리려고 시도하는 매우 고결한 것이다. 그는 '좀 더 고상한' 쾌락과 '좀 더 저속한' 쾌락을 둘 다 경험할 수 있는 사람들은 "자신들의 좀 더 고결한 능력들을 활용할 수 있는 존재 방식을 매우 현저하게 선호하게 된다"고 주장한다.[5] 그러나 밀이 했던 고민은 대부분의 사람들이 너무도 무지하고 게을러서 이러한 존재 방식을 추구하지 못한다는 점이다. 왜냐하면 그들은 자신들의 정신이나 품성을 향상하는 일에 전혀 관심을 갖지 않기 때문에 관습적인 쾌락들을 추구하며 다수가 하는 일을 따라가는 것에 만족하기 때문이다. 그들은 삶이 제공해야만 하는 몇 가지 훌륭한 것들을 놓치게 될 뿐만 아니라, 점차 성숙하는 민주주의 시대에 무미건조함과 평범함을 우울하게 선호하는 특징을 갖는 '다수의 폭정'(tyranny of the majority, 밀은 이 말을 프랑스 학자인 토크빌(Alexis de Toc-queville)로부터 차용하고 있다)을 확립하려고 위협하게 된다. (밀에게 있어서, 고대와 근대에 활동한 대부분의 다른 윤리학자들과는 상이하

---

5 J. S. Mill, 『공리주의』, 2장, 문단 5.

게, 인간 진보의 중요 장애물은 감각적 쾌락에 대한 사람들의 열망이 아니라 평범하고 시시하며 훌륭하지 못한 것에 대한 사람들의 취향이라는 점을 주목하라.) 그래서 1832년에 출간된 「천재」('Genius')라는 논문에서 밀은 19세기의 소위 '지성의 진전'(march of intellect)은 실제로 "지성 없이 행동하려는 쪽으로 나아가는 진전이며 또한 꾸준히 증가하는 난쟁이 군중들의 통합된 노력들을 통해서 우리 거인들의 결핍을 채우려는 쪽으로 나아가는 진전"이라는 점에 한탄하고 있다.[6]

문제는, 자유가 추상적으로는 수많은 매력들을 갖고 있다 하더라도, 사람들은 자신들을 유쾌하게 만드는 일을 하고 또한 그들이 원하는 방식으로 살 수 있도록 무조건 허용되어야 하는가 아니면 그들은, 자신들의 선과 모든 사람의 선을 위해서, 좀 더 계몽된 사회 구성원들의 안내를 받고 지배를 받아야만 하는가이다. 존 스튜어트는 현명한 자에 의한 현명하지 못한 자의 통제 원칙을 강력하게 주장한 다수의 동시대 철학자들과 교유관계를 맺었고 그들로부터 영향을 받았다. 이들은 영국에서는 콜리지(Samuel Taylor Coleridge), 칼라일(Thomas Carlyle), 프랑스에서는 콩트(Auguste Comte)와 생시몽주의자들(the Saint-Simonians)이다. 밀에게 미친 그들의 영향력은 친구 스털링(John Sterling)에게 보내려고 1831년에 작성한 편지의 다음 구절에서 매우 분명하게 드러나 있다.

인간이 지배받는 것은 선한 일이다. 그것은 자신의 신체와 정신을 좀 더 고상한 지성과 덕의 지도에 위탁하는 것이다. … 그것은 자유주의와 정반대이다. 자유주의는 각 사람이 자신의 안내자이며 최고의 통치자가 되게

6　J. S. Mill, 'Genius', *Collected Works*, 1권, 330쪽.

하며 또한 스스로 생각하는 일을 허용하고 정확하게 자신에게 가장 좋은
것이라고 판단하는 방식에 따라서 행동하는 일을 허용하고 있다.[7]

그런 반자유주의적 정서들이 『자유론』의 저자로부터 발산될 수 있다는
점을 신뢰하는 것은 어려운 일처럼 보인다. 『자유론』은 개인적 자기 표
현의 가치를 공표하고 타인의 삶들에 대한 모든 형태의 선의의 온정적
간섭(paternalist interference)을 거부하고 있다. 그러나 스털링에게 보
낸 편지는 밀이 엘리트 지배의 옹호자들과 함께 얼마나 깊은 교제를 나
누고 있었는지 단적으로 보여 주고 있다. 나중에 아마도 해리엇(Harri-
et)의 영향하에서 다음과 같은 신념이 그 안에서 성장하게 되었을 것이
다. 어떤 정권에, 심지어 가장 현명하고 훌륭한 사람의 정권이라도, 절
대 권력을 위임하는 일은 위험한 방책이다. 왜냐하면 그것은 비정통적
인 사상들 또는 '인생에서 혁신적인 실험들'(experiments in living)을
좌절시키는 경향을 갖기 때문이다. 하지만 그는 대중이 사용하게 될 자
유들에 대해서 평생 불안감을 떨쳐 버리지 못했다. 밀에게 있어 개인적
자유는 절대적 선이 아니라 양식(good sense)과 자기 개선 욕구와 관
련된 하나의 우연적 선이다. 또한 문제는 모든 사람이 이 특성들을 소
유하지 못하고 있다는 점이다. 리즈(John Rees)는 그에 대해 다음과
같이 주장한다. "대중은 지도가 필요하며 … 또한 대체로 합리적인 의
견들에 도달할 수 없다는 내적 확신이 자리 잡고 있었다."[8]

그러므로 『자유론』의 중요 목표들 중의 하나는 밀의 마음속에서 서
로 경쟁하고 있는 두 영향력들 사이에 안정적인 평형 상태(또는 가능
한 한 하나로 수렴됨)에 도달하는 것이다. 첫 번째 영향력은 개인적 자

---

7 J. S. Mill, *Earlier Letters, 1812–1848, Collected Works*, 12권, 84쪽.
8 John Rees, *John Stuart Mill's On Liberty*, 71쪽.

유에 대한 애정과 개별적 본성의 표현에 대한 깊은 존중이며, 두 번째 영향력은, 대부분은 아니더라도, 많은 사람들이 좀 더 현명한 두뇌들의 도움 없이는 스스로를 또는 자신의 삶들을 통해서 어떤 것을 만들어 낼 수 없을 것이라는 두려움이다. 이것은 언뜻 보기에 원을 네모로 만들려는 시도와 같이 희망 없는 것처럼 보일 수 있다. 그러나 밀은 다음과 같은 명제를 생각했고 이를 가능하게 만들려고 노력했다. 그것은 사람들에게 자신들의 특성들을 개발할 수 있도록 기회들을 제공하고 권면하지만 '좀 더 훌륭한'(better) 남자와 여자가 되기를 강요하지 않는 어떤 종류의 자유로운 정치체제(liberal polity)는 단순하게 하나의 군중이 아닌 사회 그리고 몇몇 개인들이 '대가들'(giants)이 될 수 있는 환경을 제공하는 사회를 창조할 수 있는 최상의 기회를 산출한다는 것이다. 『자유론』의 성공에 대한 실제적인 판단은 이 명제를 어떻게 훌륭하게 증명할 수 있는가라는 점이다.

국가의 권위와 대중적 견해는 모두 억제되어야만 하며 또한 사상과 행동에 숨 막히는 획일성(uniformity)을 부과해서는 안 된다는 주장에 관한 밀의 관심은 몇몇의 학자들에 의해서 다음과 같이 해석되었다. 만일 매우 강력한 몇몇 통제 수단이 지적 엘리트보다는 천박한 군중을 통제하는 것이라면, 밀의 관심은 사회 내에서 실제로 작동하는 통제 수단을 보고 싶다는 의향을 나타내는 것이 된다. 따라서 카울링(Maurice Cowling)은 논란이 되는 한 해석에서 "밀은 『자유론』에서 중우정치(domination by mediocrity)로부터 엘리트를 보호하려 시도하고 있다"는 점을 지적했다. 왜냐하면 "인습, 관습과 평범한 의견은 밀의 신화에서는 적들이기 때문이다." 그가 보고 싶어 하는 자유는 분명하게 애매모호한 것에 속한다. 왜냐하면 자유는 "사람들의 선입견들을 합리적 권위에 복종시키기 위해서 주어진 것이기 때문이다."[9] 다시 말하면,

밀은 자기에게 유리할 때만 자유주의자이고 대부분의 경우에는 얄팍하게 변장한 권위주의자라는 것이다. 그러나 이런 독해는 설득력이 없다. 밀은 행위자들의 행동들이 타인들에게 해를 유발하거나 또는 해를 유발하려고 위협할 때 합법적으로 통제될 수 있다는 논제를 확실하게 믿었고 지속적으로 발전시켰다. 그러나 그는 오직 자신들에게만 영향을 미치는 것들에 관련된 사람들의 선택들에 참견하는 일을 단호하게 금지하고 있다. 왜냐하면 우리는 때때로 행동들의 결과들에 대해서 사람들에게 합리적으로 경고할 수도 있고 다시 생각해 보라고 촉구할 수도 있지만, 그 이상 다른 것을 할 수 없기 때문이다. 스태퍼드(William Stafford)는 밀의 입장을 다음과 같이 요약하고 있다. "만약 동료 시민들을 개선하려는 일에 전념하는 사람이 온정주의자(paternalist)라면, 밀은 온정주의자이다. 그러나 그는 명백하게 성인들(adults)에게 개선을 **강제하는**(forcing) 일은 거부하고 있다."[10]

　『자유론』에 나타난 가장 신비스러운 측면들 중의 하나에 관한 어떤 주장을 하는 일이 남아 있다. 그것은 이 책의 착상과 저술에 있어서 밀의 아내가 참여한 역할이다. 이 책은 해리엇에게 헌정되었다. 그녀는 "나의 작품들에서 모든 좋은 생각들의 영감 제공자이며 또한 부분적으로 그것들을 기록한 사람"으로서 아낌없는 신뢰를 받고 있다. 1870년에 저술된 『자서전』(Autobiography)의 한 절에서, 밀은 아내를 잃은 '회복할 수 없는 상실'(irreparable loss)을 겪고 나서, 어떻게 "나의 초기 관심들 중의 하나가 상당 부분 내 곁을 떠난 그녀의 작업으로 구성된 논문을 인쇄하여 출판함으로써 그녀를 기념하는 데 그것을 바칠 수 있을까"라는 문제가 되었는지를 기록하고 있다.[11] 그는 다음을 덧붙이

9　Maurice Cowling, *Mill and Liberalism*, 104쪽.
10　William Stafford, *John Stuart Mill*, 99쪽.

고 있다. "나는 그것을 수정하거나 어떤 것도 첨가하지 않았다. 또는
나는 결코 그런 일을 하지 않을 것이다"(이 결정은 자신의 작품들과 관
련해서 상습적인 수정을 해 온 밀에게는 특이한 일이었다). 『자유론』은
명백하게 특별한 사랑을 받는 자식의 지위를 가졌다.

> 『자유론』은 내 이름으로 출간되는 다른 어떤 것보다도 좀 더 직접적으로
> 그리고 문자적인 의미에서 우리의 공동 작업이었다. 왜냐하면 우리는 모
> 든 문장들을 함께 수차례 살펴보고, 수많은 방식들로 뒤집어 보고 또한 이
> 책 안에서 발견된 사고의 오류 또는 표현적 오류를 조심스럽게 제거했기
> 때문이다. … 사고의 측면과 관련해서 나머지 다른 부분들보다 더 그녀의
> 것이라고 말할 수 있는 어떤 특정 부분이나 요소를 찾아내는 일은 쉽지 않
> 다. 이 책에서 표현되고 있는 전체적인 사고 형식은 단연코 그녀의 방식이
> 다. 그러나 나 역시 그 방식에 완전히 감염되어 있기 때문에 동일한 생각
> 들이 자연스럽게 우리 모두에게 떠올랐다. 그러나 그 방식이 나에게 이와
> 같이 침투되었다는 점에서 나는 그녀에게 상당한 빚을 지고 있는 셈이
> 다.[12]

다른 구절들에서 밀은 아내의 도덕적 자질과 정신적 능력을 무제한
적인 과찬을 통해서 기술하고 있기 때문에 독자들은 자신들의 맹신
(credulity)을 비난하게 될 것이다. 그는 그녀에게 자신의 능력보다 훨
씬 뛰어넘는 능력을 부여하면서 그녀의 '완전한 지성', '강력한 능변'
그리고 '인간 본성에 관한 심오한 지식과 실천적 삶과 관련된 안목과
총명'을 칭송하고 있다. 정신적 특성과 기질적 특성과 관련해서 그녀

---

11 J. S. Mill, *Autobiography*, *Collected Works*, 1권, 261쪽.
12 J. S. Mill, 같은 책, 1권, 257–259쪽.

는 밀에게 시인 셸리(P. B. Shelley)를 떠올리게 했다(비록 "사고와 지성에 있어서 셸리는, 그의 능력들이 짧은 생애 동안 발전되었다는 점을 고려해도, 그녀가 최종적으로 도달한 것과 비교한다면 단지 어린아이에 불과하지만 말이다").[13] 그렇지만 해리엇 밀을 알고 있는 사람들은 그녀의 남편이 그녀에게 부여하는 거의 초자연적인 명민함을 그녀에게서 찾아낼 수 없었다. 현존하는 그녀의 편지들과 미출간된 수필들은 그녀가 강력하고 확실한 견해들을 가진 여성이라는 점을 보여 주지만 어떤 뛰어난 지적 탁월성을 가진 여성임을 보여 주지 않는다. 밀의 가족을 모두 알고 있었던 알렉산더 베인(Alexander Bain)은 '수많은 경탄의 원인이 되었던 존 스튜어트가 사용하는 과대 칭송으로 구성된 과장된 언어'를 지적하고 있다.[14] 그는 또한 "『자유론』의 오류들과 탁월성들이 어떻게 그 두 협동적 지성들 사이에서 분리될 수 있을지를 파악할 수 있는 수단들은 아마도 존재하지 않을 것이다"라고 생각했다.[15]

『자유론』에 대한 해리엇의 공헌에 대한 가장 설득력 있는 평가는 힘멜파브(Gertrude Himmelfarb)로부터 제기된다. 그녀는 베인과 다른 학자들은 두 가지 논쟁점들을 혼동할 수 있다는 점을 지적하고 있다. 그것은 해리엇이 가진 지적 능력과 지적 영향력이다.[16] 힘멜파브는 해리엇의 지적 능력이 최고가 아니라는 점을 인정하지만, 해리엇은 다음 같은 점에서 밀에게 중요한 영향력을 행사할 수 있었다고 생각한다. 즉 그녀는 밀로 하여금 논쟁점들에 집중하며, 불확실한 문제들을 해결하도록 도움을 줌으로써 또한 일반적으로 비판적이면서 동시에 서로 마

---

13   J. S. Mill, 같은 책, 1권, 195쪽.
14   A. Bain, *John Stuart Mill*, 168쪽.
15   A. Bain, 같은 책, 171쪽.
16   G. Himmelfarb, *On Liberty and Liberalism*, 225쪽.

음이 통하는 대담자가 되어 그가 다루고 있는 문제들에 대해서 함께 논의를 진행함으로써 영향을 미칠 수 있었다. 비록 "그녀의 편지들이 주는 느낌은 그녀의 천재성과 판단력에 의문을 갖게 만들지만", 그것들은 "재빨리 일반화하고 판단을 내릴 수 있으며, 자신의 의견들의 옳음에 대해 확신을 가지고 있으며 또한 그 의견들을 제시함에 있어 절대 머뭇거리지 않는 개인적이며 직관적인 날카로운 지성"의 인상을 보여주고 있다.[17] 『자서전』은 초기 반자유주의적인 단계에서 제시된 '지나친 통제 경향성'(tendency towards over-government)으로부터 밀을 벗어나게 한 사람이 바로 해리엇임을 기록하고 있다. 그래서 밀은 그녀가 없었다면 "나는 현재의 나보다 철저한 급진주의자이자 민주주의자가 되지 못했을 것이다"라는 점을 솔직하게 인정하고 있다.[18] 그녀는 또한 그가 '다양한 고려 사항들의 상대적 중요성'을 인식할 수 있도록 도움을 줬다.[19] 해리엇의 기여 없이는 의심할 여지없이 『자유론』은 아주 다른 책이 되었을 것이다(만일 그것이 출간되었다면 말이다). 따라서 밀이 해리엇의 기여를 '공동성과'(joint production)로 기술하는 것은 크게 빗나간 것이 아니다. 만일 우리가 해리엇을 창작 과정의 작은 협력자(junior partner)로 이해한다면 말이다.

17 G. Himmelfarb, 같은 책, 225–226쪽.
18 J. S. Mill, *Autobiography*, *Collected Works*, 1권, 259쪽.
19 J. S. Mill, 같은 책, 1권, 259쪽.

II부
주제들의 개관

『자유론』은 5개의 장으로 나뉜다. 개인적 자유의 '매우 단순한 하나의 원칙'이 제시되는 서론 다음에 밀은 순서대로 '사상과 토론의 자유', '행복의 한 요소로서의 개별성(individuality)', '개인을 지배하는 사회적 권위의 한계들', 그리고 자유 이론의 실천적 적용점들에 관해서 논의하고 있다. 이 책의 III부는 밀 자신의 장 배치를 따르고 있다.

I. 서론

밀은 '지극히 중요한 물음'(vital question)을 진술하면서 『자유론』을 시작하고 있다. 즉 "개인을 지배하기 위해서 사회에 의해서 합법적으로 행사될 수 있는 권력의 본성과 한계"는 무엇인가? '자유와 권위(authority)의 투쟁사'에 대한 간략한 개관은 권위의 마지막 단계에 관한 밀의 특징 묘사를 위한 무대장치가 되고 있다. 거기서 개인의 자유에 대한 중요 위협은 왕들 또는 귀족들의 권력이 아니라 민주정으로 조직된 민중들 자신의 권력이다. 이 '다수의 폭정'(tyranny of the majority)은 구식적인 억압보다 은밀하게 퍼져 나간다. 왜냐하면 그것은 육체뿐만 아니라 영혼도 또한 노예로 만들려고 위협하기 때문이다. 민중들은 대부분 모두 각자가 자신이 옳다고 생각하는 방식대로 행동해야만 한다고 생각한다. 그리고 대중 도덕은 행동의 무감각한 일치를 강요하거나 강요하려고 노력한다. 관습은 절대적인 것으로 지배하며 약간 특이하거나 또는 색다른 행동은 좋을 때는 부정되지만 나쁜 때는 억압을 받게 된다.

갈수록 압제적으로 변하는 여론의 경향에 맞선 대항자로서 밀은 "인류에게, 구성원들 중에 어떤 사람의 행동의 자유가 간섭을 받을 때, 인류가 개인적으로 또는 집단적으로 자신들의 구성원 중 한 사람의 자유에 간섭하는 것을 보증해 주는 유일한 목적은 자기 보호(self-protection)라는 점이다"라는 원칙을 제안하고 있다. 만일 어린아이가 아니라면(또는 좀 더 논쟁적으로 '후진' 사회(a backward society)의 구성원을 밀은 덧붙이고 있다), 심지어 개인적인 선이라도 자신의 속박을 강요할 충분한 근거가 되지 못한다. 개인적 행동이 그 밖의 다른 사람에게 해를 일으키지 않는 경우에, 그는 자신이 원하는 방식대로 전적으로 자유롭게 행동할 수 있어야만 한다. "개인은 자신에 대해서, 자신의 육체와 정신에 대해서 주권을 갖는다."

밀은 이 장의 마지막 면들을 이 '매우 단순한 하나의 원칙'(one very simple principle)을 명료화하고 우아하게 다듬는 데 할애하고 있다. '타인들에 대한 해악'(harm to others)의 정의에 관한 물음, 해악들을 예방하거나 제거하기 위한 신중한 간섭의 한계에 관한 물음, 자신들의 무기력(inaction)이 타인들에게 불행한 결과들을 초래하는 상황에서 사람들에게 어떤 행동을 강요하는 일의 바람직함에 관한 물음, 그리고 개인적 자유(individual liberty)와 개인적 성취(personal fulfilment)의 관계에 관한 물음이 제기된다. 밀은 이 책의 후반부에서 논의될 논쟁점들의 전조를 제시하면서 '인간의 자유의 적합한 범위'(appropriate region of human liberty)는 세 가지 중요한 영역을 가지고 있음을 설명하고 있다. 그것은 사상과 표현의 자유, 행위의 자유, 그리고 타인들과 더불어 행동하는 (관계적) 자유이다. 그는 이 모든 것들이 개별성과 천재보다는 획일성과 보통 사람에게 보상하는 경향을 가진 시대에 주의 깊게 보호받아야 할 필요가 있다는 점을 제안하고 있다.

II. 사상과 토론의 자유에 관하여

밀은 어떤 정부라도, 비록 민중의 정부라고 하더라도, 소수 의견의 표명을 막을 자격이 없음을 주장한다(비록 타인들에게 해악을 불러일으키려는 직접적인 선동들을 금하거나 또는 처벌할 수 있다고 하더라도 말이다). 어떤 의견을 짓밟으려 시도하는 일은 그 의견을 품은 사람들의 자유를 모독할 뿐만 아니라 그 의견의 장점들을 음미할 수 있는 기회를 인류 전체로부터 박탈하는 것이다. 여기서 검토되어야 할 두 가지 가능성들이 존재한다. 첫 번째는 그 의견이 옳을 때이다. 이 경우에 사람들은 오류를 진리로 수정할 기회를 박탈당하게 되는 셈이다. 두 번째는 그 의견이 그를 때이다. 이 경우 사람들은 '진리가 오류와 충돌함으로써 생성된' 좀 더 명확하고 좀 더 생생한 진리 개념을 획득할 기회를 상실하게 된다.

　밀은 계속해서 이 쌍둥이 주장들을 좀 더 자세하게 설명하면서 옹호하고 있다. 이 논의의 근본적인 논제는 생각들(ideas)에 관한 자유 시장이 존재한다면 진리는 가장 자연스럽게 드러난다는 것이다. 밀은 올바르지 않거나 부도덕하다고 간주되는 생각들을 (종종 가장 좋은 의도에서) 억누르려는 사람들이 제시하는 암묵적인 무오류(infallibility) 가정을 노골적으로 비판하고 있다. 밀은 역사적 사례들을 인용하면서 종교적 물음 또는 도덕적 물음과 관련해서 정통 규칙을 따르도록 사람들을 강제하는 시도는 종종 박해와 고통, 진정한 통찰들의 상실, 그리고 바보 같은 지적 분위기의 생성으로 이끌게 된다고 주장하고 있다. 심지어 어떤 의견이 거짓인 경우라도, 그것의 억압은 바람직한 것이라고 할 수 없다. 왜냐하면 참된 신념들은 거짓된 신념들과 대비될 수 있을 때에 좀 더 뚜렷하게 부각되기 때문이다. 자기 견해들이 다른 대안들보다 왜 더 선호되어야 하는지를 주장할 수 없는 사람들은 미신들을 숭배하는 사람들보다 더 낫다고 할 수 없다. 밀은 전문적 지식이 요구되는 문제들에 대해서 아마추어가 전문가들과 논쟁하는 일은 어리석은 일이 될 것임을 인정하고 있다. 그러나 우리는 삶을 어떻게 살 것인가, 혹은 어떤 도덕적 표준들 또는 종교적인 교의를 받아들일 것인가와 같은 논쟁점들을 논의할 때 자칭 '전문가들' 을 조심해야만 한다.

그래서 밀은 세 번째 가능성을 도입하게 된다. 종종 의견들 혹은 이론들이 상충하게 될 때, 진리는 이쪽 편이나 혹은 저쪽 편에 배타적으로 존재하는 것이 아니라 그것들 가운데 나뉘어 존재할 수 있다. 논쟁점들이 복잡한 경우, 논쟁하고 있는 양측 모두가 전체 진리는 아니지만 진리의 일정 부분을 포함할 수 있다는 가정이 합리적이다. 한 예로써, 밀은 과감히 기독교 윤리의 사례를 인용하고 있다. 그는 기독교 윤리의 '부정적' 이상, '수동적' 이상, 그리고 다른 세속적인 이상은 어떤 좀 더 적극적이고 실천적인 도덕 원칙들로 보충될 필요가 있다고 주장한다.

밀은 무제한적인 표현의 자유가 종교적 종파주의 또는 철학적 파벌주의를 종식시킬 수 없음을 인정하고 있다. 그러나 그는 '부분적인 진리들이 갈등하는 것' 이 진리의 어느 한 부분이 소리 없이 억제되는 것보다 더 바람직한 것이라고 생각한다. 논의에 참여하는 사람들은 상대

방을 정의롭게 그리고 예의를 갖춰서 다뤄야만 하는 반면, 국가는 공적
논의를 위한 규칙들을 마련하기 위해서 경솔한 행동을 하게 될 것이다.
왜냐하면 규칙들을 시행하는 책임을 맡은 사람들의 공정성(impartiali-
ty)은 담보될 수 없기 때문이다. 따라서 '공적 논의의 실제적인 도덕'
은 국가가 부과하는 일련의 규칙들이라기보다는 개인적인 양심의 문제
가 된다.

III. 행복의 한 요소로서 개별성에 관하여

III장은 '가장 풍부한 다양성으로 나타나는 인간 발달의 절대적이며 본
질적인 중요성'에 관한 확장된 논의를 제공하고 있다. 밀은 개별성(in-
dividuality)이 다르게 되고자 하는 욕구에 동조하지 않는 민주주의 시
대와 물질만능주의 시대에 위협을 받고 있다고 생각한다. 관습과 인습
이 지배하며, 천재와 기행이 난색의 대상이 되고, '집단적 평범'(col-
lective mediocrity)이 고귀함과 탁월함의 추구보다 더 선호된다. 그러
나 우리는 획일주의(conformism)에 대한 이런 압박들에 대항해야 한
다. 왜냐하면 자결권을 갖는 기회는 인간 행복의 중요 요소들 중의 하
나이기 때문이다.

　인간들은 모두가 동일한 거푸집에서 주조되지 않는다. 또한 사람들
이 동일한 것들로부터 자신들의 선을 발견할 것이라고 기대하는 일은
타당하지 못하다. 사람들은 자신의 방식대로 자신들을 개발할 자유가
허용되어야만 한다. 왜냐하면 타인들이 자신을 위해 세운 계획들에 단
순히 동의하는 사람은 "아무런 특성을 갖지 않기 때문이다." 그것은 증
기 기관이 단지 하나의 특성을 가지고 있는 것과 마찬가지이다. 그러나

인생 계획들은 해악의 원칙에 지배받는다. 또한 우리는 타인들에게 상처를 불러일으키는 삶의 방식을 취하지 않을 수도 있다. 밀은 우리의 즉흥적인 욕구들과 충동들이 기본적으로 악한 것이고 억제되어야만 한다는 오랫동안 지속된 견해에 대해 이의를 제기한다(밀은 이것이 상당 부분 칼뱅주의 기독교에 의해서 형성되었다고 주장한다). 분방함(self-will)은 불완전이 아니다. 그리고 신은 우리로 하여금 억제할 목적으로 인간 본성을 우리에게 부여하지 않았을 것이다. 자유는 방종(licence)과 구분되어야만 하지만, 개인적인 탁월성의 추구가 방자함(self-indulgence)의 한 형태라고 간주하는 것은 불합리한 일이다.

만일 모든 사회가 정체(stagnation)를 회피하려 한다면 그것이 가져야만 하는 독창성이라는 요소를 개인들도 역시 제공해야 한다. 사람들은 "새로운 관례들을 시작해야만 하며 좀 더 계몽된 행동의 사례를 제시하고 또한 인간 삶에서 좀 더 고상한 취미와 분별력을 가져야만 한다." 중국이나 인도와 같은 정적인 사회들이 갖는 문제는 정확하게 그 사회들이 창조적 혁신을 좌절시켰다는 점이다. 밀은 빅토리아 시대의 영국이 진취적 정신과 천재성에 대해서 이와 유사한 냉대를 보여 주는 위험에 빠져 있다고 생각한다(비록 동시대의 다른 많은 독자들은 개별성의 사망에 대한 그의 보고가 아주 과장된 것이라고 생각하지만 말이다).

III장의 후반부에서 밀은 다음과 같은 사실을 주장하면서 인간 복지의 다원적 개념을 심도 깊게 주장하고 있다. 훌륭한 삶들은 다양한 형태들을 가질 수 있으며 또한 세계는 다양한 이상들에 의해 고취된 다양한 삶의 방식들을 포괄할 수 있는 너무 좋은 곳이다. 그는 대부분의 경우에 한 개인이 선택한 삶은 그가 그것을 선택했기 때문에 가장 훌륭한 것이라는 다소 논쟁을 촉발하지만 그럴듯한 주장을 제기하고 있다. 인간의 발전에 대한 지속적인 위협은 '관습의 독재'(the despotism of custom)이다. 몇몇 밀의 비평가들은 관습에 대한 공격이 너무 비타협적이라고 평가하지만(왜냐하면 관습은 제약하는 요소일 뿐만 아니라 도움을 주는 요소도 될 수 있기 때문이다), "향상(improvement)의 확실하고 영원하며 유일한 근원은 자유이다"라는 그의 주장은 인상적인 설득력과 열정으로 논의되고 있다.

IV. 개인을 지배하는 사회적 권위의 한계들에 관하여

밀의 '매우 단순한 하나의 원칙'은 자유의 제약들을 정당화할 수 있는 단 하나의 기준을 규정하고 이다. 그러나 이 원칙이 어떻게 실제적으로 적용될 수 있는가를 정확하게 설명하는 것은 단순한 문제가 아니다. IV장에서 밀은 매우 상세하게 개인적 자유의 경계들을 설정하는 노력을 기울이고 있다. 그는 "얼마만큼 인간의 삶이 개별적인 것이며 또한 얼마만큼 사회적인 것인가?"라고 묻고 있다. 사회의 권위가 어디에서 시작하며 또한 사회가 제공하는 혜택을 누리는 대가로 개인들이 치러야 할 사회적 의무들은 무엇일까?

밀은 시민들이 어떤 의무들(services)을 담당해야 한다는 주장을 국가가 합리적으로 요구할 수 있다고 생각한다. 예를 들어 시민들은 외적 침입에 대항하여 국가를 방어하는 데 도움을 제공해야 한다. 그러나 밀은 사람들이 강제적으로 사회 복지에 기여하는 것보다 자발적으로 기여하는 것이 일반적으로 더 좋은 것이라고 생각한다. 그는 또한 자신들의 선을 위한다는 온정주의적 간섭(paternalistic coercion)에 대해서 재차 반대하고 있다. 의기소침한 사람들에게 충고하거나 훈계하는 일은 흔히 적절한 것으로 간주될 수 있지만, 그 누구도 다른 성인 인간에게 다음과 같은 말을 할 자격을 갖지 못한다. "그가 자신의 이익을 위해서 평생 하기로 선택한 것을 해서는 안 된다." 그러나 비록 우리가 사람들이 더 훌륭한 자들이 되도록 강요하는 노력을 해서는 안 되지만 (자신과 관련된 결함들에 대해서는 여전히 사람들을 처벌해서는 안 된다), 우리가 원한다면 그들을 피할 수 있는 권리를 가질 수 있다.

그러나 종종 사람들의 자기 관련 결함들은(예를 들어, 술이나 도박에 사족을 못 씀) 타인들에게 더 해로운 결과들을 초래하게 될 것이다. 그렇다면 그들은 해악의 원칙에 따라 간섭을 받아야만 한다. 그러나 밀은 단지 선을 행하는 일에 있어 무능력함이나 또는 타인들에게 나쁜 사례를 심어 주는 것에 대해서 개인들을 처벌하는 일에 반대한다. 전자의 경우에 처벌은 무익한 원한을 발생시킬 가능성이 있다. 반면 자신들의 악덕들로부터 나오는 고통스러운 결과 또는 불명예스러운 결과를 보여 주는 사람들은 일반적으로 '해로운 사례들보다는 좀 더 유익한 사례를' 제공해 준다. 게다가 사회가 승인하지 않는 자기 관련 행위와 충돌하게 될 때, 사회는 잘못된 입장들에서 그렇게 충돌하는 경향이 있으며 또한 폭군적이며 오만한 방식으로 행동하는 경향을 갖는다.

자유와 통제에 대한 자신의 일반적 논제들을 설명하고 옹호하기 위해서, 밀은 이번 장의 후반부에서 수많은 불법적인 통제(현존하거나 또는 과거에 시도되었던)의 구체적인 사례들을 검토하고 있다. 이것들은 이슬람 국가들의 돼지고기 금지, 영국과 미국에서 이뤄진 알코올 판매를 금지하거나 제한하는 금주 운동 캠페인, 안식일에 오락들을 제한하는 종교 단체들의 시도들, 그리고 색다른 결혼 풍습들 때문에 모르몬 종교 분파의 구성원들을 박해하는 것을 포함하고 있다. 이 대목에서 개인적인 자유에 대한 밀의 옹호에 관한 잠재적인 반론은 그가 사회적 결

집을 지속시키는 데 필요한 공유된 가치들, 관례들 그리고 제도들의 역
할을 과소평가하고 있다는 점이다. 사람들은 자기 삶을 살아야 하고 살
도록 내버려 둬야 한다는 자유주의의 주장은 다음과 같은 사실에 비추
어 평가되어야만 한다. (밀의 초기 작품에서 나온 표현들에 따르면) 모
든 정치적으로 안정된 사회들에서는 "사람들이 거룩한 것이라고 간주
하는 데 동의하는 것"이 존재해야만 한다. 어떤 공통 가치들 또는 표준
들이 강제적으로 부과될 수 있는 단계 그리고 개인적 자유가 사회적 결
집의 지속을 위한 대가로서 희생될 수 있는 단계가 어떤 것인가를 밝히
는 것은 『자유론』이 전적으로 해결하는 데 성공할 수 없는 논쟁점이다.

V. 적용점들

이번 장에서 밀은 이 책에서 옹호된 주요 원칙들에 대한 '실례의 전형
들'(specimens of illustration)을 제공하고 있으며 덧붙여 그것들에 관
한 몇 가지 부가적인 논증들을 추가하고 있다. 그는 또한 개별적인 시
민들을 다룸에 있어 정부의 적합한 역할에 관한 자신의 생각을 확장하
고 있다. 정부는 현대 자본주의 사회의 경쟁 조건들 안에서 우리가 필
연적으로 겪게 되는 좌절들과 실망들로부터 우리를 보호하기 위해서
존재하는 것이 아니다. 오히려 정부는 모든 사람들의 선을 궁극적으로
도모하는 규칙들에 따라서 경쟁들이 공정하게 이루어지고 있다는 점을
확인하기 위해서 존재한다. 정부는 자유로운 거래를 보장하며 또한 개
인들이 원하는 모든 상품들을 (위험한 약들도 여기에 포함된다) 구입
할 수 있는 권리를 보장해야만 한다. 물론 그 상품들의 사용이 타인들
에게 해를 끼치지 않는다는 표준적인 조건하에서 그러하다.

밀은 '예의에 어긋나는 행위'(예를 들어, 공공장소에서 알몸으로 다녀 타인들을 곤란하게 만드는 행동)도 또한 해악의 원칙에 따라 금지될 수 있다고 주장한다. 그러한 '좋은 태도들의 위반들'이 진정한 해악들인지 물음이 제기될 수 있다. 그러나 밀은 그런 행동들은 금지될 수 있다는 몇몇 동시대 작가들의 견해를 수용하고 있는 것처럼 보인다. 왜냐하면 그런 행동들은 피하기 어려운 고통 또는 당혹감을 불러일으키기 때문이다.

다음에 그는 도덕적으로 또는 물리적으로 자기 해악적인 행동들을 하도록 개인들을 고무하거나 권한을 주는 사람들이(예를 들어, 도박장 또는 사창가의 경영자들) 해악의 원칙에 따라 통제를 받아야만 하는지 묻고 있다. 일반적으로 그들은 통제를 받아서는 안 된다고 밀은 생각한다. 왜냐하면 해로운 행동의 주동자가 아니라 방조자를 처벌하는 것은 이상한 일이 될 것이기 때문이다(예를 들어, 도박꾼을 처벌하는 것이 아니라 도박장 관리인을 처벌하는 일).

밀은 한 사람이 어떤 상황들 아래에서 취소할 수 없는 동의들은 자발적인 것으로 간주되어서는 안 된다고 주장하고 있다. 그는 이 원칙이 심지어 결혼에까지도 적용될 수 있다는 논쟁을 불러일으키는 주장을 하고 있다. 비록 그는 이혼 절차들이 특별히 아이들의 이익들이 고려되어야 할 경우에 결코 가볍게 진행되어서는 안 된다고 강조하고 있지만 말이다. 밀은 계속해서 자녀에 대한 부모들의 책임들에 관해 논의하고 있다. 그는 이 책임들을 적절하게 이행하도록 부모들을 강제할 권리와 의무를 국가가 지니고 있다고 주장한다. 따라서 자신의 아이가 적합한 기본적인 교육을 받도록 하는 일에 대한 책임을 방기하는 부모는 그 책임을 이행하도록 강요되거나 또는 교육비용을 부담할 수 있다. 그러나 정부는 교육자의 역할을 떠맡아서는 안 된다. 왜냐하면 이것은 국가에

의한 '정신을 지배하는 폭정'(despotism over the mind)과 같은 처방
이 될 것이기 때문이다. 어떤 사람들이 해악 원칙의 깜짝 놀라운 적용
을 발견할 수 있는 것과 관련해서 밀은 다음과 같이 주장한다. 만일 자
신의 자녀들이 매우 불쌍한 삶을 살거나 또는 모욕적인 삶을 영위하게
될 것처럼 보인다면, 몇몇 사람들에게 자녀들을 갖는 일은 합법적으로
금지될 수 있다.

　정부들은 시민들에게 (보호 차원을 넘어서) 재화들과 편의들을 제공
하는 중요 공급자들이 되는 것을 목표로 삼아서는 안 된다. 사람들은,
개인적으로든 집단적으로든, 자신들의 필요를 스스로 공급하는 것이
바람직하다. 왜냐하면 그렇게 하는 것이 독립성과 자립심을 강화해 주
기 때문이다. 국가 관료들이 업무들을 떠맡게 되면, 권력은 중심으로
모이는 경향이 생기며, 혁신은 질식당하며, 종속성이 강화되기 때문에
어떤 것도 신속하게 또는 효율적으로 이뤄지지 않는다. 밀은 권위가,
실행 가능하다면, 지역 공동체에게 양도되어야만 하며 또한 중앙 정부
의 기능은 조언하고 권고하며 통지하며 감독하는 일이 되어야만 한다
고 주장한다. 그렇게 양도된 정부는 자기 자신들의 삶들을 영위할 수
있도록 개인들에게 좀 더 큰 영역을 허용하게 될 것이며 또한 풍성하게
다양한 인간성의 발전에 좀 더 공헌하게 될 것이다.

III부
본문 읽기

I. 서론

I. 1-5: 자유의 간략한 역사

밀은 '서론'이라고 특징 없이 제목을 붙인 I장을 이 작품의 주제에 관한 뚜렷한 진술로 시작하고 있다. 『자유론』의 목적은 수세기 동안 논쟁이 되어 온 주제의 '근본적인 처리'를 제공하는 것이다. 그러나 이 주제는 밀의 예견에 따르면 '미래의 중요한 물음', 즉 '시민적 자유나 사회적 자유' 또는 '사회에 의해서 개인에게 합법적으로 행사될 수 있는 권력의 본성과 한계'가 될 것이다(I. 1). 자유에 관한 물음이 19세기 중반에 그 자체로 드러나는 특수한 형식, 그리고 그 물음의 긴급성의 이유들을 설명하기 위해서, 밀은 고대에서 현재에 이르기까지 '자유와 권위 사이의 갈등'에 관한 간략한 역사를 다루면서 시작하고 있다. 그는 중요한 세 시기들 또는 국면들로 구분될 수 있다고 주장한다.

　제1기에는 '국민들(또는 국민들의 몇몇 계층들)과 정부의 투쟁'이 있었다. 정부는 단일 통치자 또는 지배 부족 혹은 특권 계급이 될 수 있다. 정부들의 권력은 내부 안전과 외부 적들로부터 보호를 확보하기 위해서 필수적인 것처럼 보였다. 그러나 그것은 또한 두려움의 대상이었다. 왜냐하면 정부들은 피지배자의 이익보다는 자기 이익을 위해서 권력을 더 많이 사용하는 것처럼 보였기 때문이다. 밀이 이 점을 흥미롭게 표현하고 있는 것처럼, '독수리들의 왕'이 '작은 수리들'을 익숙하게 통제하는 동안, 그것들은 가축 떼들을 잡아먹는 것 못지않게 그 왕도 잡아먹는 경향을 갖고 있다. 이윽고 그 위험을 완화하기 위하여 '애국자들'(patriots)은 두 가지 방안들을 고안하였다. 첫째, 통치자들은 백성들의 일정한 권리들과 자유들을 승인하도록 강요를 받게 되었다 (밀은 아마도 여기서 1215년 존 왕(King John)의 대헌장(Magna Carta)의 승인과 같은 사건들을 생각하고 있었을 것이다). 둘째, 헌법적 견제들이 수립되었다. 이를 통해서 통치자들은 좀 더 중요한 법령들을 위해서 공동체의 동의나 또는 그 대표자들의 동의를 추구해야만 했다 (I. 2).

제2기에는 사람들이 단지 자신들의 통치자들에게 저항할 권리를 가져야 할 뿐만 아니라 자신들의 지배자를 스스로 임명해야 한다는 민주주의 관념이 성장하게 되었다. "국가의 다양한 행정관들은 자신들이 하고 싶은 대로 임명을 취소할 수 있는 소작인들 또는 대리인들이 되어야만 한다"는 생각이 사람들에게 "좀 더 좋은 것"으로 간주될 때, 대의 정부 제도들이 등장하게 되었다. 오직 민주정에서만 사람들은 "정부의 권력들이 자신들에게 결코 불리하게 사용되지 않을 것에 관한 완벽한 안전보장"을 누릴 수 있었다. 그리고 사람들은 스스로를 억압할 것이라 생각되지 않기 때문에, 정부 권력을 더 이상 제한할 필요성이 없는 것처럼 보였다. "국민은 자신으로부터 보호받을 필요가 없다. 국민이 그 자신을 압제할까 봐 두려워할 필요가 없다." 자치 정부의 원칙이 확립되면, 정부의 권력들은 안전하게 확장될 수 있다. 왜냐하면 그 권력들은 오직 사람들의 선을 위해서만 사용될 것이기 때문이다(I. 3). 밀은 이 생각을 '유럽 자유주의의 마지막 세대'의 특징으로서 그리고 수많은 동시대 대륙 철학자들에게 여전히 매우 인기 있는 것으로서 기술하고 있다.

밀은 이 생각도 역시 완전히 잘못된 것이라고 간주한다. 그 오류를 발견하는 것이 이제 막 시작된 제3기 자유와 권위 투쟁의 현저한 특징이다. 과거 자유주의 철학자들은 권력을 사람들의 손에 맡긴다는 꿈에 매혹되어 민주 권력 역시 압제적으로 사용될 수 있다는 지극히 중요한 사실을 파악하지 못했다. 밀의 관점에 따르면, 민주적 가치들에 대한 열광은 다음과 같은 소박한 이해를 통해서 진정되어야만 한다. 소박한 이해란 대중의 힘(people-power)은 군주들과 귀족들의 권력만큼 개인적인 자유들에 커다란 위협이 될 수 있다는 점이다. 충고의 예로서 당시 미합중국('지구 표면의 많은 땅을 차지하고 있는 민주 공화국')을 인용하면서, 밀은 '자치'와 '스스로를 지배하는 대중의 권력'과 같은 표현은 매우 높은 오해의 소지가 있음을 지적하고 있다. 왜냐하면 언급된 '자치'는 각자가 스스로를 지배하는 정부가 아니라 각자가 다른 사람들에 의해 지배되는 정부이기 때문이다. 미국식으로 조직된 민주주의에서, '대중의 의지'는 다수의 의지 또는 가장 활동적인 시민들의 의지를 의미한다. 또한 밀이 주장하듯, "대중은 결과적으로 그들 구성원의 일부를 억압하고 싶어 할 수 있다." 권력의 남용에 대한 예방책들이 군주들 또는 왕이나 과두제 지배자들에 의해서 통치되는 공동체들에서와 마찬가지로 민주정에서도 똑같이 요구된다. 밀은 "권력의 소유자들이 공동체, 즉 그 안에서 가장 강한 집단에게 정기적으로 해명할 책임을 져야 할 때 개인들에 대한 정부의 권력의 … 제한은 중요하다"라고 주장한다(I. 4).

밀은 자신이 두려워하는 위험에 관한 인상적인 호칭으로서 프랑스 역사가이자 사회학자인 토크빌(Alexis de Tocqueville)이 최근에 만든 표현인 '다수의 폭정'(the tyranny of the majority)을 빌려 쓰고 있다

(I. 5). 비록 밀은 『자유론』(III장)에서 명시적으로 단 한 번만 토크빌을 언급하고 있지만, 미국과 프랑스의 정치 제도에 대한 토크빌 연구들의 영향력은 밀 자신의 본문에서 분명하게 제시되고 있다. 가장 중대한 토크빌의 저작인 그의 육중한 『미국의 민주주의』는 미국에서 장기 체류한 결과물로 1835년과 1840년에 출간된 두 책으로 되어 있다. 밀은 각 책에 관한 격찬하는 서평을 작성했다. 토크빌의 생각들은 밀에게 깊은 영향을 주었고 또한 밀은 민주 정부의 이익과 '상업 문명'의 동반적 발전이 가져다주는 이익에 관한 프랑스 작가의 수많은 유보조항들을 공유했다. 밀은 미국에서 토크빌이 관찰한 현상, 즉 "집단과 비교할 때 개인이 점차 무가치해짐"이 영국에서도 뚜렷해지기 시작한다는 점에 주목했다.[1] 옛날 사회들은 다양한 본성을 가지고 있었던 반면, 민주주의의 도래는 통일(unity)과 획일(uniformity)을 조장하는 경향을 띠었다. 따라서 토크빌과 밀은 "각 개인의 독특한 특성들이 일반적 측면(the general aspect)이라는 획일 속으로 완전히 사라지게 될 것이다"라는 점을 염려하고 있다.[2] 다수의 통치가 정치적 억압을 막아 낸다는 점을 보장할 수 없다는 밀의 견해는 『미국의 민주주의』에서도 분명하게 예시되었다. 토크빌은 다음과 같이 기술하고 있다. "만약 절대적 권력을 소유한 사람이 그 권력을 잘못 사용해서 자신의 반대자들에게 해를 끼칠 수 있다는 점을 인정한다면, 왜 다수는 그 동일한 비난을 들어서는 안 되는가? 사람들이 서로 결합된다고 하더라도 자신들의 품성들을 바꿀 수 없다." 따라서 다수가 어떤 것을 해야만 한다고 결정하는 경우, "당신이 불만을 가지고 있는 대책이 아무리 불합리하거나 부당

---

1 J. S. Mill, 'De Tocqueville on Democracy in America [II]', *Collected Works*, 18권, 194쪽.
2 J. S. Mill, 같은 책, 18권, 190쪽.

하더라도, 당신은 그것을 할 수 있어야 할 뿐 아니라 복종해야만 한다."[3]

토크빌이 말하는 또 다른 주제 역시 밀의 반향을 불러일으켰고 그것은 『자유론』에서 뚜렷하게 강조되고 있다. 토크빌과 마찬가지로 밀은 다수의 폭정이 단지 그것을 대표하는 '정치 공무원들'(내각의 장관들, 하원의원들, 상원의원들, 공무원들 그리고 다른 정부 관리들)의 공개적 행위들을 통해서 행사되는 것이 아니라 여론의 힘에 의해 좀 더 효과적으로 시행된다는 점을 확신하게 되었다(I. 6). 토크빌의 주장에 따르면, 미국에서는 다수가 결정을 내릴 때까지 문제의 사안에 관해서 토론이 이어지게 된다. "그러나 다수의 결정이 최종적으로 공표되면 모두가 침묵한다. 그리고 그 사안에 대한 찬성자들뿐만 아니라 반대자들도 그 결정의 타당성을 인정하는 일에 협력하게 된다." 참으로 다수의 폭정은 실제적으로 고전적 형식의 폭정들보다 좀 더 강압적이다. 고전적 형식의 폭정에서 왕은 개인의 육체는 통제할 수 있었지만 영혼은 자유롭게 내버려 두었다. "그러한 것은 민주 공화국들에서 폭정이 취하는 방식이 아니다. 왜냐하면 그곳에서 육체는 자유롭지만 영혼은 노예 상태에 처하기 때문이다."[4] 밀 자신의 말들은 토크빌의 말들을 매우 유사하게 되풀이하고 있다.

사회는 자신의 명령들을 실행할 수 있고 또 실행한다. 그리고 만약 사회가 옳은 명령이 아니라 그른 명령을 내리거나 혹은 간섭하지 말아야 할 것들에 명령을 내린다면, 그 사회는 많은 종류의 정치적 압제보다도 더 무서운 사회적 폭정을 행사하는 것이다. 왜냐하면 비록 사회적 폭정은 보통 그런

3 A. de Tocqueville, *Democracy in America*, 1권, 259, 261쪽.
4 De Tocqueville, 같은 책, 1권, 263-264쪽.

극단적 처벌들에 의해서 유지되지는 않지만, 삶의 세부적인 곳까지 깊숙하게 파고들어 영혼 그 자체를 노예화함으로써 도피 수단들을 남겨 두지 않기 때문이다(I. 5).

라이언(Alan Ryan)이 관찰한 것처럼, 밀과 토크빌이 우려했던 폭정의 교활함은 부분적으로 이것이 재래식 무기들로 싸울 수 있는 "가시적인 정치적 폭정이라기보다는 순응을 위해 부드럽게 끊임없이 가해지는 사회적 압박"이라는 사실로부터 일어난다.[5] 인간의 영혼이 민주주의 아래서 속박당하고 비굴하게 될 수 있다는 두 사람의 염려는 현대 자유주의의 본질이라 할 수 있는 사적 영역의 보존에 대한 관심으로부터 기인한다. 자유에 관한 또 다른 중요한 프랑스 철학자인 콩스탕(Benjamin Constant de Rebecque)에 따르면, 바로 이 관심의 전개가 정확하게 자유의 적절한 영역에 관한 고대 개념들과 근대적 개념들을 구분 짓고 있다. 『정복과 찬탈의 정신과 유럽문명에서 그것들의 관계』(1814)에서 콩스탕은 그리스 공화정과 로마 공화정에서 사람들이 일차적으로 추구했던 자유는 "개인적 독립의 평화로운 향유라기보다는 집단적 권력에 대한 능동적 참여"라고 주장했다.[6] 자유민이라는 것은 무엇보다도 정치적 활동에 참여하는 시민이 되는 것이었다. 고전 아테네와 같은 작은 공화정에서 정치를 향한 적극적인 참여 야망은 일반적으로 정치 단체들이 훨씬 크고 좀 더 복잡한 오늘날보다 좀 더 쉽게 만족되었다. (특히 콩스탕은 1789년 이후 프랑스 혁명가들의 최대 실수들 중 하나가 거대한 근대 국가라는 척박한 땅에 구시대적 시민 정치를 이식하려고 노력한 점이라고 생각했다.) 그러나 공화 정부에서 적극적 역할을

---

5   Alan Ryan, 'Mill in a liberal landscape', 500쪽.
6   B. Constant, 『정복과 찬탈의 정신』(The Spirit of Conquest), 102쪽.

수행할 권리는 대가를 치러야만 했다. 시민들은 "국가 경영에 동참하고 자신들의 정치적 중요성을 유지하기 위해서 자신들의 사적 독립을 희생할" 준비가 되어 있어야만 했다. 왜냐하면 시민 공화정들은 오직 엄격한 정치적 평등이라는 조건들이 획득될 때만 번영할 수 있기 때문이다. 그리고 이 조건들을 확보하기 위해서는 "부의 증가를 피하고 차별을 금지하며 또한 부와 재능들과 심지어 덕의 영향까지도 반대하는 것이 필수적이다."[7]

콩스탕은 인간의 번영이라는 개념들이 고정된 것이 아니라 시간에 따라 변화한다는 점을 지혜롭게 인정했다. 그리고 그는 자유에 대한 근대적 열망들이 고대적 열망들보다 훨씬 더 선명하게 사적 영역 내의 자유에 초점이 맞춰지고 있다는 점을 승인했다.

> 고대인들은 자신들의 공적 생활에 큰 만족감을 느꼈고 사적 삶에는 작은 만족감을 느꼈다. 결과적으로 그들이 개인적 자유를 위해 개인을 희생했을 때 더 큰 것을 얻기 위해 작은 것을 희생한 셈이다. 근대인들의 거의 대부분의 쾌락들은 그들의 사적 생활에 놓여 있다. 항상 권력에서 배제된 거대 다수는 필연적으로 오직 자신들의 공적 생활에 매우 일시적 관심만을 취할 뿐이다. 따라서 고대인들을 모방함으로써 근대인들은 적은 것을 획득하기 위해서 좀 더 큰 것을 희생하게 될 것이다.[8]

비록 밀은 반세기 후에 저술할 때, '거대 다수'가 '공적 생활'에 무관심했거나 또는 무관심해야만 한다고 생각하지는 않았지만(또한 우리는 밀이 민주주의에 대한 모든 회의(懷疑)들 때문에 가장 급진적으로는 여

---

7 B. Constant, 같은 책, 103쪽.
8 B. Constant, 같은 책, 104쪽.

성들을 포함해서 교육받은 모든 세대주들에게까지 국회의원 선거들에
서 투표할 수 있는 권리의 확대를 지지했다는 점을 염두에 두어야만 한
다), 그는 근대인들에게 있어 콩스탕이 사적 영역의 중요성을 강조한
점에 대해서 전적으로 찬성하게 될 것이다. 개인의 독립이 집단 의견의
과도한 간섭에 맞서 보호받아야만 한다는 점은 "인간사의 훌륭한 조건
을 갖추는 데 필수불가결한 것이다"(I. 5). 그러나 힘들고 절박한 문제
는 합법적인 간섭의 한계를 결정하는 것이다.

I. 6-7: 관습의 힘

"어떤 사람에게나 존재를 가치 있는 것으로 만들어 주는 것은 다른 사
람들의 행위들에 제약들을 강제할 수 있는가에 달려 있다"고 밀은 I장
문단 6에서 주장하고 있다. 따라서 "인간사에서 중요한 물음은" 법의
집행에 의해서든 여론의 힘에 의해서든 어떤 행위 규칙들이 강제되어
야만 하는가이다. 밀의 견해에 따르면, 이 물음은 중요하지만 지금까지
그 물음에 대한 어떤 진보도 이루어지지 않았다. 모든 시대마다 그 물
음에 대해서 어떤 것을 말해 왔지만 그 물음의 합리적인 경계들을 세우
는 노력은 없었다. 왜냐하면 "인류가 항상 동의해 온 하나의 주제가 존
재하는 것처럼 어느 시대와 국가에 사는 사람들도 그 문제에 포함된 어
려움을 전혀 의심하지 않기 때문이다." 비록 다양한 사회들은 다양한
장소들에서 간섭의 한계들을 설정해 왔지만, 각 사회는 자신에게 익숙
한 규칙들을 "자명하고 자체적으로 정당화된 것"으로 간주하고 있다.
밀은 이 '보편적 착각'을 '관습의 마술적 영향'이라고 간주한다. 이 마
술적 영향은 생각을 불필요한 것으로 만드는 불행한 효과를 갖고 있다
(I. 6).
   그러나 관습이 어떻게 그렇게 강력한 힘이 될 수 있는가? 밀은 수많

은 요소들이 원인이 될 수 있다고 주장한다. 그 하나는 밀의 경멸적 기술에 따르면 "철학자들의 품성을 열망하는"(그래서 더 잘 알고 있어야만 하는) 자들이 사람들로 하여금 "이런 종류의 주제들에 대해서 그들의 감정들이 이성적 판단들보다 더 좋은 것이며, 이성적 판단들은 불필요한 것"이라는 주장을 믿도록 조장했다는 점이다. 그리고 사람들이 유사한 감정들을 느끼고 있다는 점을 발견할 때 이 감정들은 손쉽게 모두가 순응해야만 한다고 기대되는 행위의 표준이 된다.

> 사람들을 인간 행위의 규제에 관한 자신들의 의견들로 인도하는 실천적 원리는 각 사람의 마음속에 있는 감정이다. 그 감정은 자신 또는 자신이 공감하는 사람들이 자신들은 그렇게 행위를 했으면 좋겠다고 생각하는 방식으로 모든 사람들이 행동하도록 요구되어야만 한다는 감정이다(I. 6).

우리가 간략히 살펴보겠지만, 밀은 바로 이 원리를 좀 더 합리적인 대안으로 교체하길 원한다.

밀은 잠시 멈춰 행위에 관해 사람들이 가진 견해들의 기원들을 간략하게 고찰하고 있다. 그는 오히려 이 견해들이 이성적 근거를 전혀 갖고 있지 않다고 생각한다. 의견들의 공통적 근거들은 선입견들과 미신들, 사회적 감정과 반사회적 감정, 시기와 질투, 오만과 경멸, 그리고 (가장 중요한 것으로) 자기 이익을 포함하고 있다. 밀은 "수많은 좀 더 저급한 영향들 중에서 사회의 일반적이고 분명한 이익이 도덕 감정들의 방향에서 어떤 역할을 그것도 아주 큰 역할을 담당한다"고 주장한다. 한 계급이 사회적으로 지배적 위치를 가질 때, 그 계급의 이익이 공공 도덕을 형성하는 데 매우 중요한 역할을 한다. 그리고 그 도덕은 "인간들의 일시적 지배자들 혹은 그들의 신들에 대한 이른바 선호들에

끌려가는 그들의 예속"의 도움을 받는다(I. 6).

사고를 무력화하는 관습의 능력이 갖는 효과에 대한 밀의 비관적 평
가는 빅토리아 시대에 살던 독자들을 놀라게 했다. 『자유론』의 몇몇 초
기 논평가들은 그가 사회적으로 강요된 의견 일치가 갖는 위험을 과장
했다고 비난했다. 그들은 의견 일치를 19세기 중반 영국의 지적으로 생
동감 넘치는 조건들로 인식했다. 예를 들어, 허튼(Richard Holt Hut-
ton)은 『자유론』 출판 직후 『전국 논평지』(The National Review)에
"개인들의 도덕적 자유와 지적 자유에 대한 사회 정치 대중의 점증하
는 독재"에 대한 밀의 공포심을 지적하고 있다. 그는 이 우울한 결론을
"밀이 가정한 전제들에 의해서 전혀 입증되지 않은 매우 성급한 것"이
라고 불렀다.[9] 또 다른 논평자인 처치(Richard William Church)도 관
습에 관한 밀의 과장된 부정적 견해를 발견할 수 있다는 점에 동의했
다. 처치는 1860년 『벤틀리 계간 논평지』(Bentley's Quarterly Review)
에서 "관습은 매우 강력하지만 절대적인 것은 아니다. 사회를 관통하
는 일반적인 관습은 획일적인 것도 아니며 또한 그가 주장하듯이 저항
불가능한 것도 아니다"라고 주장했다.[10]

비록 밀은 이 비판들이 결과적으로 설득력 없다고 주장했지만, 이것
을 심각하게 받아들인 것처럼 보인다. 그는 1870년경에 저술된 『자서
전』(Autobiography)의 한 부분에서 『자유론』에 제기된 염려들은 현 상
태라기보다는 개연적 미래에 좀 더 초점이 맞춰져 있었다는 점을 설명
하고 있다.

사회적 평등과 사회적 여론 지배의 필연적 성장이 인류에게 의견과 관례

---

9 Andrew Pyle (ed.), *Liberty: Contemporary Responses to John Stuart Mill*, 82쪽.
10 Andrew Pyle (ed.), 같은 책, 218쪽.

의 획일성이라는 압박적인 멍에를 부과한다는 우리의 공포심들은, 경향성
들에 주목하기보다는 현재 사실들을 주목하고 있는 사람들에게 비현실적
인 것처럼 쉽게 보일 수 있다. 왜냐하면 이제까지 사회와 제도들에서 발생
하고 있는 점진적 혁명은 새로운 의견들의 발전에 확실히 호의적이었으며
또한 인류가 이전에 경험했던 것보다 훨씬 더 편견 없는 해명을 그들에게
제공했기 때문이다. 그러나 이것은 옛 관념들과 감정들이 난립하고 있고
어떤 새로운 신조들이 주도권을 획득하지 못하고 있는 과도기들에 속하는
특성이다.[11]

이런 설명 시도는 전적으로 성공적인 것이 못 된다. 비록 사고의 사회
적 폭정이 발생하지 않았지만, 만일 방해만 받지 않는다면, 그것은 확
실히 일어날 것이라는 제안은 '자기에게 유리한 주장만 하기'(special
pleading)처럼 들릴 수 있다. "신조의 특정 부분이 그것을 중심으로 대
다수를 결집시키고, 그 자체에 순응적인 행위의 양식들과 사회적 제도
들을 조직화하고" 또한 공교육의 전체 비중을 그것에 맞춤으로써 강화
될 때, 상대적 균형상태의 시대가 유지된다는 점을 밀이 어떻게 그렇게
확신하고 있는지를 우리는 의아하게 생각할 수 있다.[12] 그러나 밀의 동
시대 독자들처럼, 비록 미래에 대한 밀의 두려움들이 그가 제시할 수
있는 증거에 의해서 전적으로 입증될 수 있는가에 관해서 우리가 의심
을 품는다 해도, 그 두려움들의 진정성까지 문제시할 필요는 없을 것이
다. 현실적이든 그렇지 않든, 밀은 자유로운 사고라는 습관들이 새로운
정설들의 지지자들에 대비해서 안전하게 확보될 수 있을 정도로 아직
충분하게 확실히 자리 잡히지 않았다고 생각했다.

11 J. S. Mill, *Autobiography, Collected Works*, 1권, 259쪽.
12 J. S. Mill, 같은 책, 1권, 259-261쪽.

밀은 도덕적 의견을 지배하는 관습이라는 죽음의 손(the dead hand)에 대한 일반적 비난과 관련해서 하나의 부분적인 그렇지만 중요한 예외 조항을 허용하고 있다. 종교적 믿음과 실천이라는 단일 영역에서는 사고의 자유와 양심의 자유 원칙을 확립하는 방향으로 몇 가지 진보들이 이뤄졌다. 그리고 수세기에 걸친 갈등은 최종적으로 다름을 인정하는 쪽으로 끝을 맺었다. 밀은 다음과 같이 주장한다. "따라서 바로 이 전쟁터에서, 거의 전적으로, 사회에 대항하는 개인의 권리들이 원칙의 광범위한 근거들에 기초하여 주장되었으며 또한 의견을 달리하는 자들을 권력으로 무너뜨리자는 사회적 주장들은 공개적으로 반박되었다." 비록 그렇다고 해도, 종교적 관용의 성장은 역시 어느 정도 종교에 대한 대중의 증가하는 무관심에 기인하고 있다(왜냐하면 "인류는 정말로 자신들이 관심을 갖는 것에는 너무나 자연스럽게 불관용적 태도를 갖기 때문이다"). 그는 다음과 같이 주장한다. "다수의 감정이 여전히 진실하고 강렬한 곳이면 어디서나, 복종하라는 그들의 주장은 조금도 경감되지 않았다." 게다가 관용을 보이는 사람들은 자주 "암묵적 조건에 따라" 그렇게 행하는 것이다. 예를 들어, 몇몇 개신교인들은 대부분의 다른 교파 개신교인들에게는 관용을 나타내지만 로마 가톨릭신자들이나 유니테리언 신자들(Unitarians)에게는 관용을 보이지 않는다 (I. 7).

『자유론』이 출간되기 150년 전에 철학자 로크(John Locke)는 "오직 빛과 증거만이 사람들의 의견들을 바꿀 수 있다. 어떤 빛도 결코 육체적 고통 또는 다른 외적 형벌들로부터 생겨날 수 없다"고 주장했다.[13] 밀은 이 생각에 박수갈채를 보냈을 것이다. 그러나 그는 심지어 영국과

---

13   John Locke, "A letter concerning toleration", 128쪽.

같은 상대적으로 자유로운 나라에서조차 1850년대까지 그런 생각이 대중적으로 얼마만큼 받아들여졌는지에 대해서 회의를 품었다. 사람들은 더 이상 다수 의견에 반대하는 종교적 견해들을 유지한다고 화형에 처해지지는 않을 것이다. 그러나 옹졸하고 심술궂은 불관용은 밀이 살던 당시에도 여전히 만연하고 있던 현상이다. 『자유론』이 출간된 바로 그해에 한 전형적 사건이 『런던 도해 뉴스』(*The Illustrated London News*)에 실렸다. 로마 가톨릭 성향을 가진(high-church) 영국 국교회 교구 목사가, 런던 펠(Pell)가에 위치한, 최근에 봉헌되었으며, 그리고 명백하게 저교회파(low-church), 즉 복음주의 계열(evangelical)인 성 마태 성당에서 주일 미사를 집전하려 시도하다가 큰 소동이 벌어졌다. 소년 성가대원들(choristers)과 함께 선 교구 목사가 제단에 엎드려 일상적인 기도문들 대신에 "성부, 성자, 성령의 이름으로"라고 말하자, "야유와 발 구르는 소리와 신도석의 문 닫는 소리들"이 들려왔다. 같은 날 다른 미사에서도 교구 목사가 교회에 자신의 소년 성가대원들과 함께 등장하자,

> 크고 완강한 반대 함성이 터져 나왔다. 그러나 그 목사는 이런 폭력적인 시위에 동요되지 않고서 제단 앞에 무릎을 꿇고 호칭 기도를 이어 나갔다. 그는 미사 내내 야유받고 조롱당하고 조소거리가 되었으며 미사를 마치고 힘들게 부속실로 빠져나왔다.[14]

같은 날 그 교구 목사가 저녁 미사를 집전하지 않는 것이 좋겠다고 생각하자, 그를 야유하기 위해서(또는 더 안 좋은 일을 하기 위해서) 모

---

14 *The Illustrated London News*, 12 November 1859, 464쪽.

인 군중들은 조용히 해산하였다. 1859년 런던에서 불관용은 현존했고
왕성하게 성장하고 있었다.

I. 8-10: '매우 단순한 하나의 원칙'

밀은 "우리 정치사의 특수한 상황들을 고려해 볼 때, 비록 의견의 속박
은 아마도 좀 더 무겁더라도, 법률의 속박은 영국이 대부분의 유럽 국
가들보다 더 가볍다"고 주장하고 있다(I. 8). 밀은 아마도 1689년 소위
명예혁명(the Glorious Revolution)을 통해 완결된 제도적 정착을 고
려해 두고 있었을 것이다. 이를 통해서 결과적으로 제임스 2세가 망명
을 떠나고 영국에서 자유는 확실한 법적 기반을 갖추게 되었다. 17세기
말부터 영국 남성들은 강렬하게 자신들의 권리를 선망해 왔으며 국가
의 입법 기관과 행정 기관이 최소 단위로라도 개인적 자유를 침해하는
것을 허용하지 않았다. (그렇지만 영국 **여성들**은 훨씬 더 무거운 법률
적 제한들에 종속되었으며 빅토리아 중반에도 여전히 자신의 부친들
또는 남편들의 뜻에 복종해야만 했다.) 밀은 영국인들이 보인 태도의
기초는 개인들의 독립에 관한 어떤 원칙적 존중이 아니라는 점을 유감
스럽게 지적하고 있다. 오히려 그것은 "대중에 대한 적대적 관심을 표
현하는 것으로서 정부를 바라보는 잔존하는 습성이다." 다수가 정부를
자신들의 정부로 생각하기 시작할 때, 이런 습성은 바뀔 것이며 또한
정부의 촉수들은 사적 영역으로 훨씬 더 확장될 것이다. (만약 밀의 계
획이 옳다면, 이 자유를 줄어들게 하는 단계는 자유와 권위 사이의 투
쟁의 역사에서 **넷째** 단계가 될 것이다.) 밀의 관점에서 이 일이 발생하
기 전에, 정부의 적법한 간섭의 한계를 명확히 하는 일이 중요하다. 밀
은 『자유론』의 성급한 독자들이 쉽게 간과할 수 있는 한 문안을 제시하
면서 정부가 관례적으로 간섭하지 않지만 **반드시** 간섭해야만 하는 경

우들이 있다는 점을 고려하고 있다. 정부는 공공선에 이바지해야만 하기 때문에 국가 기관들이 현재보다 덜 간섭하기보다는 훨씬 **더** 간섭해야만 하는 삶의 영역들이 있다. 밀의 이런 주장들은 어떤 사람들이 그러하듯 수많은 현대 자유주의자들이 선호하는 '무간섭'(hands-off) 정부 개념의 초기 옹호자로서 그를 바라보는 것은 잘못된 점이라는 유익한 암시를 제공해 준다. 앞으로 살펴보게 되겠지만, 그는 현대의 자유주의 철학자들보다도 훨씬 더 큰 규모의 역할을 갖는 정부를 지지할 준비가 되어 있다. 밀은 정부 그 자체를 반대하는 것이 아니라, 정부 권력들이 그것의 올바른 관심사가 아닌 영역들로 팽창하여 남용되는 것에 반대하고 있다.

그러나 정부도 여론의 강제력도 침범해서는 안 되는 영역들은 어떤 것인가? 다시 말하면 개인적 자유의 한계들은 어디에 위치해야만 하는가? 밀의 답변은 다음과 같은 매우 유명한 구절에 포함되어 있다.

이 논문의 목적은 강제와 통제라는 방법으로 사회가 개인을 대하는 태도를 절대적으로 규정하는 권리를 부여하는 것으로서 매우 단순한 하나의 원칙을 주장하는 것이다. 그 사용된 수단이 법적 처벌들의 형태로 물리적 강압이거나 또는 공적 여론의 도덕적 강제가 될 수 있다. 그 원칙은 인류가 개인적으로 또는 집단적으로 자신들의 구성원 중 한 사람의 행위할 자유에 간섭하는 것을 보증해 주는 유일한 목적은 자기 보호라는 점이다. 권력이 문명 사회의 한 구성원에게 본인의 의사에 반해서 정당하게 행사될 수 있는 유일한 목적은 타인들에게 미칠 해악을 방지하는 것이다. 그 자신의 선(물리적 선이든 도덕적 선이든)은 충분한 보증이 되지 못한다. 그렇게 하는 것이 자신에게 좋다든가, 그렇게 하는 것이 자신을 더 행복하게 할 것이라든가, 다른 사람들의 생각에 따르면 그렇게 하는 것이 현명하다

거나 심지어 옳은 것이기 때문에, 누군가 그렇게 하거나 또는 참으로고 합
법적으로 강요될 수 없다. … 어떤 사람의 행위 중에서 사회에 복종해야
될 유일한 부분은 타인과 관계된 부분이다. 단순하게 자신과만 관련된 부
분에서 그의 독립성은 당연하게 절대적인 것이다. 개인은 자기 자신에 대
해, 즉 자신의 육체와 정신에 대해서 주권자이다(I. 9).

이 유명한 주장들은 계속해서 논의되고 숙고되었다. 실제로 이 원칙
은 (종종 밀의 '해악의 원칙'으로 언급된다) 언뜻 보기에 저자의 기술
대로 '매우 단순'하다고 불릴 만하다. 사람들은 결코 자신의 이익들에
관련해서 억압을 받아서는 안 되며 오직 타인들에 대한 해악을 방지하
기 위해서만 억압을 받을 수 있다는 주장보다 더 간단한 주장이 또 어
디 있을까? 그리고 자신의 목표들을 추구하면서 다른 사람들에게 해악
을 끼치지 않는다면, 우리가 바라는 방식대로 삶들을 영위하는 일이 우
리에게 허용되어야 한다는 생각보다 더 매력적인 생각이 처음부터 나
타날 수 있을까? 그러나 계속해서 주석가들이 지적해 온 것처럼, 밀의
원칙은 처음에 등장할 때처럼 그렇게 쉽게 해석할 수도 없으며 또한 아
무런 도덕적 문제가 되지 않는 것도 아니다.

　예를 들어, 밀이 '해악'(harm)이라는 용어를 사용하면서 정확하게
무엇을 의미하는 것일까? 많은 철학자들은 해악 개념을 이해관계의 방
해(a setback to interests)라는 측면에서 다소 광범위하게 정의하기를
선호한다. 그러나 우리는 이해관계의 **모든** 방해가, 할 수만 있다면, 우
리가 방어해야만 하는 해악이라고 주장해야 할까? 신체 폭행, 강간, 납
치, 절도, 사기는 이 원칙에 따르면 적합한 대리인들 또는 대리기관들
(예를 들어, 법 또는 경찰력)에 의해서 합법적으로 저지되거나 억제될
수 있다는 점은 매우 명확하다. 그러나 만약 내가 거리에서 외설적인

행동을 보게 된다면 또는 다른 사람들이 나의 종교적 신념들의 대상들에 대해서 모욕적으로 말한다면, 나는 '해악'을 입은 것인가? (결국 나는 역겨운 행위에 노출되지 않는 일에 또는 내가 믿는 종교가 경시되는 말을 듣는 일에 **이해관계를** 가지고 있을 뿐이다.) 국가는 특정 종교, 인종, 성, 혹은 다른 사회 집단의 구성원들을 불쾌하게 하는 자료의 출판을 해악으로 금지해야만 하는가? (그러한 자료가 불러일으킬 모욕감이 고의적이었는지 아니면 우연적이었는지에 따라 어떤 차이가 발생하는가?) 또는 '단순히' 불쾌감을 주는 행동들과 관례들은 심지어 광의적 의미에서도 해악으로 간주되어서는 안 되며(비록 그것들이 이해관계들을 방해할지라도) 결과적으로 해악 원칙의 범위에서 제외되어야만 하는가? 이것이 우리가 나중에 이 책에서 다뤄야만 할 논쟁점이 된다.

합법적으로 방지될 수 있는 해악들의 범주는 일상적으로 '불쾌한 행동들'(nuisances)이라고 불리는 것에까지 확장될 수 있을까? 예를 들어, 대형 휴대기기로 공공장소에서 시끄러운 음악을 연주하는 일, 연극이나 연주회의 공연 중에 휴대전화로 통화하는 일, 혹은 자신의 정원에 있는 나무가 이웃의 일광을 제한할 정도로 높이 자라도록 내버려 두는 일 말이다. 비록 사람들은 우연하게 불쾌하다고 생각한 **어떤 것에** 대해서 보호받아야 한다고 마땅하게 기대할 순 없지만, 왜 기대해서는 안 되는지에 대한 원칙적 이유는 없다. 예를 들어, 만약 내가 내 까다로운 색감 때문에 빨강 원색 옷을 입는 사람들을 쳐다보는 것에 고통을 느낀다 해도, 내가 자주 다니는 장소들에 사람들이 진홍색 양말들을 신거나 주홍색 스웨터를 입지 못하도록 경찰이 저지해 줄 것을 요구할 자격이 없다. 여기서 문제는 내가 싫어하는 옷을 입는 사람들이 아니라 내 자신과 관련되어 있다. 그래서 나는 좀 더 인내심을 가져야 하며 또한 미학적으로 좀 더 열린 사고를 가져야만 한다. 때때로 평화로운 공동체

관계들을 위해서 우리는 불쾌한 행동들을 금지하려 노력하기보다 억지로 웃으며 참는 것이 더 좋을 수 있다. 그러나 모든 일들을 다 그렇게 할 수 없다. 왜냐하면 작은 해악도 여전히 해악이기 때문에, 타인들에게 불쾌감을 주는 사람들을 저지하는 일은 개인의 자유에 대한 보증된 간섭이 되어야만 한다.

또한, 자본주의 사회들을 대표하는 상업적인 착취 형식들은 어떤 때에 국가의 간섭을 요청하는 '해악들'로 간주될 수 있을까? 만약 대형 슈퍼마켓 체인점의 공격적인 판매 책략이 내가 사는 지역의 모든 소형 식료품점들을 폐업시키고 그 결과 그들 가게에서만 물건을 구매하는 것 외에 다른 실행 가능한 대안이 없다면, 나는 해를 입은 것일까? 강압에 의해서 사업을 접게 된 상점들의 소유주들은 자신들의 거대한 경쟁자들의 활동들 때문에 해를 입었다는 점은 좀 더 명확한 사실이다. 그러나 자본주의 국가의 정부가 이런 종류의 해악들을 금지하기 위하여 상업 활동에 엄격한 제재들을 부과해야만 할까? 만약 제재들을 부과한다면, 그 조치는 자유 시장이 제공할 수 있는 유익들을 위험에 빠뜨리게 함으로써 확실하게 좋음보다는 해를 불러일으키게 될 것이다. 이때에 밀은 타인들에 대한 해악들이 **반드시** 가능한 곳에서는 금지되어야만 한다고 주장하는 것이 아니라 단지 해악들은 금지**될 수도 있다**는 점을 주장하고 있음을 주목해야 한다(즉 해악 원칙은 금지적 간섭을 위한 충분조건이 아니라 필요조건이 될 뿐이다). 이 주장은 중요한 논점이 되며 밀에게는 동시에 유리하면서 불리하게 작용한다. 밀은 정당한 대리인들 또는 대리 기관들이 **항상** 할 수만 있다면 해로운 행동을 금지할 의무를 갖는다고 주장하고 있지 않기 때문에, 몇몇 해악들이 일어나는 것을 허용해도 무방하다는 점을 드러내고 있다. 왜냐하면 그 해악들을 금지하게 될 때 개인들이나 전체 사회에 과도한 비용이 발생하기 때문이다. 이 주장은 자유에 관한 밀의 입장을 사회 복지와 관련된 논쟁점들에 대한 그의 일반적인 공리주의 접근 방식과 좀 더 완벽하게 일치시키는 데 일조하고 있다. 그러나 만약 해악의 원칙이 타인들의 일들에 대한 간섭을 위한 충분조건이 아니라 오직 필요조건만을 진술한다면, 밀이 자유의 적합한 박탈과 부적합한 박탈 사이의 경계를 명확하게 기술할 수 있는 원칙의 필요성에 대해서 주장하면서 찾고 있던 것을 제공해 줄 수 없다.

　밀이 바로 다음 문단에서 '매우 단순한' 원칙의 범위에 부과하려는 제한 사항은 또 다른 이유 때문에 문제가 된다. 그는 다음과 같이 적고 있다. "아마도 이 이론은 오직 자신들의 능력들이 성숙해진 인간들에게만 적용되어야 한다는 점을 말할 필요가 있다." 그 이론은 아이들 또는 "법적으로 결정된 성인 남성이나 성인 여성의 나이에 미치지 못한 청소년들에게는 적용되지 않는다"(I. 10). 또한 (매우 놀랍게도) 이 이론은 "인종 그 자체가 미성년기(즉 청춘기 — 노년기의 반대)에 있는 것처럼 간주될 수 있는 후진적(backward) 사회 상태들의 경우에는 적용되지 않는다." 그러나 훨씬 더 놀라운 문장이 곧바로 등장한다. 밀은 다음과 같이 주장한다. "폭정(despotism)은 야만인들을 다루는 데 있어 통치의 합법적인 방식이다. 그 목적이 그들을 향상시키는 것이며 그 수단들이 그 목적을 실제적으로 수행할 수 있는 것에 의해서 정당화된다는 조건하에서 그렇다." 사실상, 자유의 원칙은 "인류가 자유롭고 평등한 토론에 의해 발전될 수 있게 되기 전까지 어떤 사태에도 적용될 수 없다." 사람들이 그런 행복한 상태에 도달하기까지, 만일 그들이 아크바르(Akbar) 황제 또는 샤를마뉴(Charlemagne) 황제를 발견할 수 있을 정도로 행운이 있다면, 그들에게 암묵적으로 복종할 수밖에 없다 — 밀은 이들을 계몽된 통치자의 사례들로 간주하고 있다(I. 10). 19세기 세계에서, 밀은 '후진적인' 사람들에 대한 자비로운 폭정이 영국과 같은 선진국들에 의해서 실행되기를 요구하고 있다.

  아이들의 자유는 자신들의 이익들을 위해서 제한되어야만 한다는 밀의 견해는(이 입장은 온정주의(paternalism)로 알려져 있다. 이것은 아버지를 의미하는 *pater*라는 라틴어에서 유래되었다) '야만인들'과 '후진적 사회 상태'에서 살고 있는 사람들과 관련해서 제시된 제안보다 일반적으로 더 우호적으로 그의 독자들에게 수용되었다. 아이들은 특별히 아주 어릴 때는 자기 결정권을 안전하게 행사할 수 있는 지식과 정신적 능력을 결핍하고 있다. 밀이 주장하듯이, 아이들은 타인들의 돌봄이 필요하고 또한 "외적 침해뿐만 아니라 자신들의 행위에 대해서도 보호받아야만 한다." 만약 아이들이 아무런 제약을 받지 않고 자신들이 원하는 모든 것을 할 수 있게 된다면, 아마도 그들 중 아무도 살아남아 성숙하게 되지 못할 것이다. 만약 아이들이 자율적이며 자기 결정권을 갖는 성인이 되려면, 그들의 자유는 미성숙한 나이일 동안에는 반드시 제한되어야만 한다는 점이 상식이다. 파인버그(Joel Feinberg)는 아이의 자율권(스스로 결정들을 내릴 수 있는 권리)이란 그 아이가 그 권리를 현명하게 사용할 나이에 도달할 때까지 그를 위해 사실상 타인에게 신탁된 권리라고 주장하고 있다.[15] 물론 밀은 아이들의 경우에 안전과 보호가 자율보다 더 중요한 반면, 성인의 경우에는 안전과 보호가 자율보다 덜 중요하다는 점을 주장하고 있는 것은 아니다. 밀의 입장은 좀 더 일관된 것이다. 그것은 아이들의 자유를 제한하는 반면 아이들의 능력을 개발하고 세상사에 따라 그들을 교육하는 것이 나중에 자율적인 개성을 위한 그들의 가능성을 극대화한다는 것이다.

---

15 Joel Feinberg, "The child's right to an open future", 98쪽.

그러나 그러한 논증이 근대 이전(밀의 용어로는 '후진적인') 사회에 살고 있던 성인들과 관련해서 밀의 온정주의 입장을 정당화할 수 있다는 점은 불명확하다. 1859년 대영제국은 거대했고 여전히 발전하고 있었다. 대영제국은 이미 아프리카와 아시아(인도를 포함), 북미, 호주, 그리고 뉴질랜드의 주요 지역들을 점령했다. 밀은 영국의 통치권(im-perium)이 전반적으로 좋은 일이 될 것이라고 믿었다. 그 일은 선진 서양 문명의 혜택들을 대부분의 사람들의 삶이 가난, 압제, 무지와 질병이라는 악들에 의해서 황폐화된 나라들에 가져다준 또는 가져다준다고 약속한 것이었다. (사정은 때때로 심지어 가장 잘 운영되는 제국들에서도 잘못될 수 있다. 따라서 1865년 자메이카의 총독 에어(Eyre)가 지독한 착취를 당하는 그 섬의 농장 노동자들의 반란을 무자비하게 진압했을 때 밀은 저항의 선봉에 서게 되었다.) 오늘날 우리는 "대영제국이 가장 잘 알고 있다"는 밀의 근사한 가정과, 비유럽적인 가치들과 삶의 방식들에 대해 모욕을 줄 만큼 경멸적인 그의 태도는 순진할 뿐만 아니라 잘난 척하고 있음을 쉽게 발견할 수 있다. 그러나 대영제국에 대한 그의 환상은 어떤 사람들의 환상과는 달리 근본적으로 자비로운 것이라는 한 가지 장점을 가지고 있었다. 그러나 밀이 무엇을 생각하든지 성인 인도인들 또는 성인 아프리카인들은 어린아이들이 아니다. 따라서 **비록** 그들의 사회들이 밀이 주장하듯이 몇 가지 중요한 의미에서 미성숙할지라도, 그들이 어린아이처럼 대우받아야만 한다는 사실은 도출되지 않는다. (이 주장은 인도 문화와 중국 문화와 같은 정교한 고대 문화들의 경우에 입증되기 어렵다.) 개인의 자율권들은, 어린아이들의 자율권들처럼, 그들이 문화적으로 성인의 상태에 도달할 때까지 자신들을 위해서 타인들의 신탁을 받아야만 한다고 주장할 수도 없다. 왜냐하면 밀은 성인에 도달하는 것이 수세대를 거치게 되는 하나의 과정이라고 생각했기 때문이다.

  밀에 관한 몇몇 동시대 비판가들이 지적했듯이, **모든** 영국 성인들은 성숙하고 현명한 선택들을 취할 수 있는 반면(따라서 그렇게 행위를 하도록 허용되어야만 한다), **모든** 성인 인도 사람들 또는 성인 아프리카 사람들은 그런 능력이 없다고 가정하는 일은 매우 타당치 못하다. 스티븐(James Fitzjames Stephen)의 견해에 따르면, 밀이 주장하듯이, 만약 온정주의적인 '강요 원칙'(principle of compulsion)이 어린아이들과 '후진적' 민족들과 관련해서 정당화된다면, 어리석거나 현명하지 못한 성인의 경우에까지 그것을 확대하는 것이 '가능해진다.' 스티븐은 "밀은 지혜라는 논점에서 우리 사이에는 어떤 중요한 차이들이 존재하지 않는다는 점을 증명했어야만 했다"고 주장했다. 그러나 모두가 "15세인 A가 30세인 B보다 좀 더 성숙할 수 있다"는 사실을 알고 있다. 어쨌든, 왜 밀은 인도 사람들 또는 아프리카 사람들은 "자유롭고 평등한 논의"(이 명칭 아래 그가 정확하게 무엇을 생각했든지)에 참여할 수 없다고 생각해야만 했을까? 스티븐은 "어떤 종류의 교육이 가능하다면 가장 사나운 야만인들이나 가장 미성숙한 청소년들도 다양한 주제들에 대한 자유로운 토론에 의해 향상될 수 있다"라고 생각했다. 따라서 밀의 입장은 부자연스럽고 일관적이지 못하다. 그래서 스티븐은 "오늘날 매우 평범하게 무지한 농부 또는 작은 가게 주인의 품성 안에서, 아크바르에 의해서 지배를 받은 힌두 귀족들과 왕들과는 달리, 자신을 밀의 원칙에 따라 지배받지 않는 신하로 만드는 것이 무엇인지를" 정당하게 알고 싶어 했다.[16] 둘 모두는 온정주의적 지배에 복종하든지 아니며 둘 모두가 복종해서는 안 된다.

---

16 James Fiztjames Stephen, *Liberty, Equality, Fraternity*, 19-20쪽.

　밀의 '매우 단순한 하나의 원칙'은 얼마나 독창적인 것일까? 밀 자신의 관점에 따르면, 전혀 독창적인 것이 아니다. 『자유론』의 중요성은 전에 결코 주장되지 않았던 어떤 것을 논의하는 것이 아니라 사회가 변화하는 시기에 그 메시지를 반복적으로 강조하는 것이다. 그는 자신의 『자서전』에서 다음과 같이 반추하고 있다. "이 책의 주도적인 생각은, 비록 그것이 수세기 동안 소수의 철학자들에게만 제한되었지만, 문명이 시작된 이래로 아마도 인류가 결코 완전하게 잊어 본 적이 없는 생각이다."[17] 만일 그런 일이 있었더라도, 다수의 폭정이 "의견과 실천에 획일성이라는 압제적인 멍에를" 위협적으로 부가했던 빅토리아 왕조에서보다 개인의 자유에 관한 신조를 방어하는 것이 좀 더 중요한 일이 되지 못했다.

　아마도 해악 원칙에 관한 가장 가까운 전례는, 적어도 영국의 저술가들 중에서, 1689년에 라틴어로 출간되고 다음 해에 영어로 출간된 로크(Locke)의 『관용에 대한 서한』(*Letter Concerning Toleration*)에서 발견될 수 있다. 비록 로크는 종교적 관용이라는 특수한 주제에 관심을 갖고 있었지만, 그가 제시한 불간섭(non-interference) 원칙은 그 구조와 본질의 측면에서 좀 더 확대된 밀의 원칙을 예언하고 있다. 로크는 한 사람의 종교적 신념들과 예배 양식은 타인들의 구원과 아무런 관련이 없다는 점을 지적하면서 "각 사람의 구원에 대한 관심은 오직 자기 자신에게만 속한다"는 점을 선포했다. 다른 사람들은, 만일 그들이 그가 잘못하고 있다고 생각한다면, 그에게 자비롭게 충고하고 실수들을 만회할 수 있도록 너그럽게 기회를 제공할 수 있고 제공해야만 한다. 그러나,

---

17　J. S. Mill, *Autobiography, Collected Works*, 1권, 260쪽.

모든 형태의 물리력과 강제는 금지되어야 한다. 그 어떤 것도 고압적으로 이루어져서는 안 된다. 어떤 사람도 그 문제와 관련해서 그 자신이 납득된 것 이상으로 타인의 훈계들 또는 명령들에 복종할 의무가 없다. 그 점에 있어 모든 사람은 자신에 대해서 판단할 수 있는 최고 절대적 권위를 갖는다. 그 이유는 다른 어떤 사람도 그 권위에 관심을 갖지 않으며 또한 그 점에 있어 그의 행동으로부터 어떤 편견도 갖지 않기 때문이다.[18]

우리는 각자 다른 사람의 구원이 아니라 우리 자신의 구원에 책임을 진다는 로크의 강력한(동시에 급진적인) 진술은 밀을 통해서 우리는 삶들의 모든 측면들의 방향에 대해서 개별적으로 책임을 진다는 명제로 확대되었다. 두 작가들은 유일한 제한 조건을 스스로 타인들에게 어떤 해를 가하는 행동을 금지하는 일을 의무적으로 선택하는 자유에 위치시키고 있다. 또한 둘 다 자유주의 전통의 핵심인 개인적 자율이라는 이상에 확고한 충성을 나타내고 있다. 밀은 『자서전』에서 『자유론』을 "급변하는 시기에 절대적으로 필요한 의미를 갖고 (다시 말하면 인간과 사회에 중요함), 다양한 종류의 특성들을 갖으며, 그리고 갈등하는 수많은 방향들 중에 진리를 확장하기 위해서 인간 본성에 완전한 자유를 주는, 단일 진리에 관한 일종의 철학 교과서"라고 기술하고 있다.[19] 오직 사람들이 스스로 선택을 내릴 수 있을 때만 또한 통치의 중요 목적이 최대한 자율이 실행될 수 있음을 보장함으로써 자율을 증진하는 것일 때만, 그들은 개별자들로서 발전할 것이다. 밀은 현대 정치철학자인 라즈(Joseph Raz)가 제시하고 있는 해악 원칙의 독해를 승인하게 될 것이다. 라즈는 국가의 역할을 자율적 행동의 조건들을 보증하는 것

18 John Locke, "A letter concerning toleration", 151–152쪽.
19 J. S. Mill, *Autobiography, Collected Works*, 1권, 259쪽.

으로 이해하고 있다. 라즈는 다음과 같이 기술하고 있다. "**만일 강압이 해악을 막아 냄으로써 자율을 증진하지 못한다면**, 강압의 사용은 자율을 침범하기 때문에 자율의 향상이라는 목적을 좌절시키게 된다."[20]

I. 11-16: 현대 사회에서 자유와 강제

밀은 첫 장의 마지막 문단들에서 어떤 영역들에 대해 몇 가지 좀 더 자세한 논평을 제시하는 데 할애하고 있다. 그것들은 현대 사회에서 사람들이 자신들만의 선호들을 추구할 수 있도록 허용된 영역들이며 또한 그들이 외적 통제에 합법적으로 따를 수 있도록 만들어진 영역들이다. 그러나 그는 먼저 중요한 해명을 삽입하고 있다. 밀은 자유의 **권리들**에 대한 논의는 매우 적절한 것인 반면, 그 권리들을 "유용성으로부터 독립된" 어떤 존재 형식을 갖는 것으로 생각하는 것은 잘못된 일이라고 주장하고 있다(I. 11). 밀은, 자신보다 앞선 벤담처럼, 추상적 권리들이 존재한다는 관념을 형이상학적 오류라고 간주했다(벤담은 모두가 알다시피 그런 권리들에 대한 논의를 "수사학적 엉터리 또는 엉터리 과장"이라고 묵살했다).[21] 밀의 견해에 따르면, 권리 개념은 사실 유용성 개념(즉 대략적으로 공공복지 또는 공적 행복을 의미)에 종속되어 있다. 또한 권리 주장들은 항상 얼마나 훌륭하게 그것들이 일반적 복지를 증진하는가에 대한 공리주의적 기준에 의거하여 평가되어야만 한다. (이것이 어떻게 작용하는지에 관한 좀 더 분명한 사례를 제시해 보면 다음과 같다. 만일 어떤 사람이 자신이 원하는 물건들은 무엇이라도 다른 사람들의 집들에서 취할 권리를 가지고 있다고 주장한다면, 벤담과 밀은 그가 그러한 권리를 갖지 않았다고 답할 것이다. 왜냐하면 그러한

---

20 Joseph Raz, *The Morality of Freedom*, 420쪽. 강조는 저자에 의한 것임.
21 Jeremy Bentham, "Anarchical fallacies", 501쪽.

행위는 물건들을 잃은 사람들에게 고통을 줄 뿐 아니라 사유 재산이라는 사회적으로 유용한 제도를 해치기 때문이다.)

『자유론』과 관련해 수많은 논의를 거치는 논쟁점은 개인의 자유에 대한 밀의 충실한 방어가 자신의 공리주의 이론과 상당하게 일치하고 있는지에 관한 것이다. 피상적인 견해에 따르면, 자유에 대한 요구와 유용성에 대한 요구가 서로 지향하는 방향들이 다른 경우들이 존재할 수 있는 것처럼 보인다. 예를 들어, 사람들이 음주나 마약에 탐닉하여 자신들을 해치는 일을 막기 위한 어떤 권위적인 간섭들은, 비록 해악의 원칙에 따르면 허용될 수 없지만, 공리주의적 근거들에 따라 정당화된 것처럼 보일 수 있다(물론 만일 음주하는 사람 또는 마약 복용자의 습관이 그가 다른 사람들에게 피해를 유발하도록 이끌지 않는다면 말이다). 공리주의자들은 공공선에 실질적인 기여를 할 수 있는 게으른 또는 무관심한 사람들이 그들의 나태한 방식들을 던져 버리고 자신의 본분을 다하는 일을 시작하도록 강제하는 것을 찬성해야만 한다는 점이 그럴듯하게 보일 수 있다. 그러나 밀이 설명하고 있는 것처럼, 이와 같은 자유와 유용성의 갈등 현상들은 우리들이 좀 더 철저한 견해를 취하면 사라지게 된다.

밀은 "유용성은 윤리적 물음들에 있어서 마지막 호소점이다"("그러나 그것은 진보하는 존재로서 인간의 영구적 이해관계들에 근거하고 있는 광의적 의미에서 유용성이 되어야 한다")라는 점을 강조하고 있다(I. 11). 다소 모호하지만 이 인상적으로 들리는 정식은 빠르게 명쾌해진다. 인간은 강제적으로 자신을 향상하도록 요구된다면 지성 또는 품성 자질들의 측면에서 진보하지 못할 것이다. 진정한 향상은 언제나 자기 향상이며 강제될 수 없는 것이다. 게다가 선의 가장 실제적인 행위자들은 강제로 공적 이익을 위해 노력하는 자들이 아니다. 왜냐하면

유용성을 증진하기 위해서 사람들에게 용기를 주고 설득하는 일이 일
반적으로 사람들의 팔을 비틀려는 노력(이것 역시 분노를 불러일으킨
다)보다 좀 더 생산적이기 때문이다. 유용성의 극대화를 생각한다면,
우리는 어떤 종류의 세계에서 살고 싶어 하는지를 고려해야만 한다. 밀
에게 있어 행복하고 번영된 사회란 문화적 교양의 일정한 수준에 도달
한 사회이며 또한 그 구성원들은 타인들의 유사한 자율성을 존중하는
일에 일관적인 만큼 자신들의 삶들을 완벽하게 통제하고 있기 때문에
자발적이며 또한 자기 주도적인 개인들이다. 때때로 사람들은 차선적
인 선택들을 또는 자신들에게 적극적으로 피해가 되는 선택들을 내리
게 될 것이다. 그러나 대부분의 사람들은 여전히, 비록 선의가 반영되
었더라도, 자신의 위신을 떨어뜨리는 타인들의 권위적 간섭에 굴종하
기보다 스스로 잘못을 범하는 일을 선택하게 될 것이다. 그레이(John
Gray)가 설명하듯이, 밀에게 있어서, "자유의 원칙들은 행복의 최대 증
진을 위한 합리적 전략으로서 채택되었다(그것은 유용성의 극대화를
위한 장치들이다)."[22]

　그러나 밀은, 적어도 원칙상, 사람들이 실행하도록 마땅하게 강제될
수 있는 일정한 종류의 행위들이 존재한다는 점을 승인하고 있다. 왜냐
하면 그들에게 있어 **무기력**(inaction)은 타인들에게 해가 될 수 있기
때문이다. 이것들은 법정에서 증거 제시, 사람들이 향유하는 보호를 위
해서 "사회의 이익에 필수적인 어떤 공동 작업 또는 공동 방어의 공
유", 동료 인간의 목숨 구하기, 또는 약자의 학대에 대한 저항을 포함
한다(I. 11). 그러나 밀은 사람들이 **실제적으로는** 강제에 의해서라도
악을 막아야만 한다는 주장을 독특하게 경계하고 있다. 왜냐하면 "통

22　John Gray, *Berlin*, 8쪽.

제하려는 시도는 막으려는 악들보다 좀 더 큰 악들을 만들어 내는 일이 항상 가능하기 때문이다." 그는 "타인들에게 악을 행한 것에 대해서 어떤 사람을 책임지도록 만드는 일은 규칙이다"라고 주장한다. 비교해서 말하면 "악을 막지 못한 것에 대해서 그에게 책임을 지우는 것은 예외이다." 모든 것들을 고려했을 때, 위험에 처한 또는 고통을 당하는 자들을 돕도록 사람들을 강제하는 일(또한 만일 그들이 그렇게 하지 않는다면 아마도 처벌하는 일)이 합리적인 것이 될 수 있는지에 대해서 밀이 고민하고 있을까 하는 문제는 여전히 불명확한 채로 남겨져 있다. 아마도 그는 개별적인 사례들은 그 자체의 공적들에 따라 판단되어야만 한다고 믿고 있는 듯하다. 그러나 그는 만약 어떤 것도 강제되지 않는다면, "행위자 자신의 양심은 텅 빈 심판대를 대신해야만 한다"는 점을 의심하지 않았다(I. 11). 선한 도덕 행위자는 강요당하지 않고서도 선하게 행동할 것이다.

밀은 또한 "오직 자신에게만 미치는 개인적 삶과 행동의 모든 영역에 사회가 간섭하는 일은 전적으로 금지되어야 하며, 만약 그 행동이 타인들에게 영향을 미친다면, 오직 그들의 자유롭고, 자발적이며 또한 순수한 동의와 참여를 통해서만 간섭할 수 있다"는 점을 강경하게 주장하고 있다. 그러나 그는 한 사람에게 영향을 미치는 것은 그를 통해서 다른 사람들에게 영향을 미칠 수 있다는 점과 그런 '간접적' 영향들은 도덕적인 논쟁점들을 복잡하게 만들 수 있다는 점을 인정하고 있다. 그러나 그는 이 난제들을 추가적 논의를 위해서 "다음으로"(즉 IV장) 넘기고 있다.

밀은 자신이 "인간 자유의 적절한 범위"라고 부르는 것을 세 가지 중요한 영역들로 구분할 것을 제안하고 있다. 첫 번째는 "의식의 내적 영역"이다. 그것은 양심의 자유, 우리가 원하는 것을 생각하고 느낄 자유, "실천적 또는 사변적, 과학적, 도덕적 또는 신학적인 모든 주제들에 대해서" 우리 자신의 견해들을 형성할 수 있는 자유를 포함하고 있다. 그리고 또한 그것은, 이와 연관된 자유로서, 사람들에게 우리 자신의 의견들을 표현하고 출판할 자유를 포함한다. 두 번째 영역은 개인적인 행동의 자유와 관련되어 있으며 그래서 우리 자신의 삶의 계획을 수립할 수 있는 자유, 우리 자신의 취향들과 일들을 추구할 자유 그리고 일반적으로 우리의 행동들과 선택들이 다른 사람들에게 해악을 불러일으키지 않는다면 우리가 좋아하는 것을 할 수 있는 자유를 포함하고 있다. 이 두 번째 영역은 역시 세 번째 영역의 기초가 된다. 왜냐하면 사람들이 개인적으로 자유롭게 할 수 있는 것을 공동으로도 역시 자유롭게 할 수 있어야만 하기 때문이다. 따라서 "다른 사람에 대한 해악을 포함하지 않는 목적이라면 서로 결합할 수 있는 자유가 존재해야만 한다. 결합하는 사람들은 성년이 되었다고 간주되며 강제나 속임수에 의해서 결합되어서는 안 된다"(I. 12).

이러한 자유의 영역은, 밀의 징조(signs) 해석에 따르면, 사회가 개인을 더 억압하게 되며, 오직 그 사회가 승인하는 방식으로만 행동할 것을 개인들에게 강요하고 또한 그 사회 자체가 갖는 "사회적 탁월성 개념뿐만 아니라 개인적 탁월성 개념"을 개인에게 부과하는 시대에 정성을 다해 유지되고 보호받을 필요가 있다(I. 12).

이름에 걸맞은 유일한 자유는 우리 자신의 방식대로 우리 자신의 선을 추구하는 자유이다. 단 우리가 다른 사람들의 선을 빼앗으려 시도하지 않고 또 그 선을 획득하려는 그들의 노력들을 방해하지 않는 한도 내에서 그렇다. 각 사람은 육체적이든 혹은 정신적이든 영적이든 자신의 건강을 지키는 고유한 수호자이다(I. 13).

밀은 자신이 염려하는 자유에 대한 공격들이 상당 부분 호의적 의도들에 의해서 뒷받침된다는 점을 정확하게 인지하고 있었다. 이 점이 바로 그 공격들을 그렇게 위험한 일로 만드는 것이다. 개인의 자유를 방해하고 싶어 하는 사람들은(그들은 종교 지지자들뿐만 아니라 프랑스 철학자인 콩트(Auguste Comte)와 같은 새로운 형태의 사회 조직의 제창자를 포함한다) 자신들이 선호하는 제약들을 정당화하고 있다. 그 근거는 그 제약들이 사람들에게 최상의 이익들이며 따라서 그들이 자신들을 위해서 욕구해야만 하는 것이기 때문이다. 개인적인 선에 대한 이런 호소는 자유에 대한 그들의 공격을 심지어 좀 더 교활한 것으로 만들어 준다. 왜냐하면 그것은 개별성(individuality)에 가해지는 실제적인 피해를 모호하게 만들기 때문이다.

개인주의의 가치에 대한 밀의 열정적인 옹호는 몇몇 그의 초기 비판가들에 의해서 의문시된 것처럼 충분히 의문시될 수 있다. 심지어 밀에 공감하는 주석가들조차도 때때로 그가 개별성과 단순한 기이함(eccentricity)의 적절한 구분을 내리지 못하고 있지 않은지 염려했다. 모든 독특한 개성들과 삶의 방식들이, 편견 없이 바라볼 때, 특별하게 가치있는 것으로 나타나는 것은 아니다. 우리가 자신의 방식에 따라 자신의 선을 추구하는 것은 의심할 여지없이 좋은 것인 반면, 만일 선을 사람들의 판단에만 맡겨 둔다면, 모든 사람이 확실히 선으로서 인정될 수 있는 것을 추구하지는 않을 것이다. 『자유론』을 처음 읽고 난 후 칼라일(Thomas Carlyle)은 "인간 돼지를 어떻게든지 통제하거나 더 나은 방법들로 강제하는 것은 마치 죄악이라도 되는 것 같도다 … 아, 하늘에 계신 신이시여!"라고 한탄했다. 우리는 인간을 돼지로 간주하는 칼라일의 기술에 대해서 반대할 수 있지만, 사람들이 자신들의 최고 이익들을 찾는 일에 항상 특별하게 능숙하지는 않다는 그의 걱정을 공유할

수 있을 것이다.[23]

그러나 밀은 개인주의의 장점들과 그와 관련된 문제들에 관한 깊은 논의를 III장으로 미루고 있다. 그 사이에 II장은 "말하기와 쓰기 같은 유사 자유와 구분할 수 없는 사상의 자유"라는 주제를 다루고 있다. 밀이 인정하듯, 이것은 자유의 지지자들에게 있어서 친숙한 근거이다. 그러나 그는 이 주제의 중요성이 "하나의 다른 논의에 대한" 그의 모험을 정당화해 주는 것으로 생각될 것이라는 점을 믿고 있다(I. 16).

연구를 위한 물음들

1. 사람들을 그들의 이익을 위해 강제하는 일이 도대체 정당화될 수 있을까?
2. 사람들은 타인들을 돕기 위해서 어쨌든 강요되어야만 하는가?
3. 밀은 "다수의 폭정"이라는 논제를 설득력 있게 방어하고 있는가?
4. 적절한 공리주의적 정당화가 밀의 "해악의 원칙"에 제시될 수 있을까?

II. 사상과 토론의 자유에 관하여

II. 1-2: 검열의 거부

『자유론』 II장은 이 책에서 단연코 가장 길고 또한 전체 작품에서 독립해서 그 자체로 한편의 논문으로 간주될 수 있다. 의견의 자유로운 표현에 관한 밀의 강하고 활발한 방어는 아마도 이 주제와 관련돼 지금까

---

23 『자유론』에서 인용됨. Thomas Carlyle, ed. Alexander, Edward, Appendix C: Comments by Contemporaries about *On Liberty* and Mill, 184쪽.

지 기여한 가장 중요한 공헌이라고 할 수 있을 것이다. 또한 그것은 오늘날까지도 영감을 주고 도발하는 능력을 간직하고 있다. 그러나 그 논증이 갖는 모든 명료성과 탁월함 때문에 II장은 『자유론』의 독자에게 몇 가지 난제들을 제시하고 있다. 어떻게 II장의 관념들과 관심들이 이 책의 전반적인 그것들과 연관되는지를 알기가 항상 전적으로 쉬운 일은 아니다. 왜냐하면 분명하게 제시되었더라면 훨씬 유용했을 법한 관련성들이 암시적으로 표현되었기 때문이다. 게다가 여러 비판가들이 지적하듯, 자유로운 발언에 관한 밀의 방어가 보여 준 상당히 비타협적인 특성은 I장의 해악 원칙의 엄격한 준수와 약간의 긴장관계에 놓일 수 있다(왜냐하면 발언은 때때로 타인들에게 해를 불러일으키는 행동들을 자극할 수 있기 때문이다). 우리는 논의해 나가면서 이 논점들을 다루게 될 것이다.

밀은 정치적 사안들을 논의하기 위해서 언론의 자유를 위한 장기간의 투쟁을 통해 이뤄진 진보에 관한 낙관적 보고로 논의를 시작하고 있다. 비록 억압적인 법률들은 법령집에 남아 있을지라도, 그것들은 "어떤 일시적 공황 상태 기간에 폭동에 대한 공포가 각료들과 재판관들의 이성을 마비시킬" 때를 제외하고는 거의 더 이상 실시되지 않았다. 그러나 이것은 환영받을 만한 발전이지만, 새로운 위험이 모습을 드러내게 되었다. 자유의 현시대에(I장에 제시된 연대기에 따르면 제3기), 주요 걱정거리는 국민들을 대변하는 정부가 공적으로 대중적인 견해들을 강제하기 위해서 그리고 다른 반대 의견들의 표현을 짓누르기 위해서 권력을 사용할 것이라는 점이다. 만일 소수 혹은 비대중적 의견들이 일상적으로 억압당한다면, 그것은 점증하는 다수의 폭정의 또 다른 실례가 될 것이다. 밀은 국민들을 대신하는 정부에 의한 그런 권력 사용은 항상 유해하고 불법적인 것임에 틀림없다고 주장하고 있다. 그는 그런 경향에 반대자로서 고귀한 일반 원칙을 주장하고 있다.

> 만일 한 사람을 제외한 모든 인류가 동일한 의견을 가지고 있고 오직 한
> 사람만이 반대 의견을 가지고 있다면, 그 한 사람이 권력을 가지고 있어서
> 전 인류를 침묵시키는 것이 정당화되지 않는 것과 마찬가지로, 인류가 그
> 한 사람을 침묵시키는 것도 정당화되지 못할 것이다(II. 1).

소수 의견들의 억압은 그것들을 지지하는 사람들의 자유를 단지 모욕하는 것만이 아니다. 그것은 또한 좀 더 공리주의적 입장에서도 잘못된 것이다. 왜냐하면 "그것은 현세대뿐만 아니라 후세대의 인류(그 견해를 지지하는 사람들뿐만 아니라 반대하는 사람들까지)에게 선택 권리를 강탈하고 있기 때문이다." 억압된 의견은 참일 수도 있고 거짓일 수도 있다(우리는 여기서 밀이 나중에 II장 문단 34에서 세 번째 가능성을 추구하고 있다는 점, 즉 그것은 둘 모두의 혼합이 될 수 있다는 점을 주목해야만 한다). 만약 그 의견이 참이라면, 사람들은 오류를 진리로 대체하는 기회를 상실하게 된다. 만일 그 의견이 거짓이라면, 그들은 "커다란 혜택", 즉 "오류와 대립을 통해서 생성된 진리에 관한 좀 더 명확한 인식과 생생한 인상을" 획득할 수 있는 기회를 몰수당한 것이다. 이것들은 자유로운 표현과 생각들의 교환을 통해서 생겨나는 "인식론적"(epistemic) 혜택들이라고 기술될 수 있다(그리스어 에피스테메(epistēmē)는 신념을 의미한다). 왜냐하면 그 혜택들은 옳은 신념들의 획득에 기여하고 거짓의 방지에 기여하기 때문이다. 그러나 인상적인 것은 밀이 표현의 자유가 중요한 선으로 간주될 수 있는가에 관한 자세한 이유를 밝히고 있지 않다는 점이다. 즉 밀은 화자들이 표현의 자유를 행사할 때 자신들의 개별성을 나타낸다는 점을 말하고 있지 않

다. 밀이 『자유론』의 다른 곳에서는 개별성에 중요성을 부여하고 있다
는 관점에서 보면 여기서 그의 침묵은 예상 밖의 일이다. 만일 사람들
이 자신의 생각들을 말할 수 없고 강제로 공인된 노선을 따르거나 침묵
을 강요당한다면, 그들은 자율적 판단과 행위를 수행할 수 있는 개인들
로서 적합한 존중을 받고 있는 것이 아니다. 게다가, 만일 그들이 말하
고 싶어 하는 바가 타인들에게 해를 끼치지 않는다면, 그런 억압이나
검열은 역시 해악 원칙의 커다란 위반이라 할 수 있다(그러나 밀은 이
상하게도 이 점을 지적하는 일을 잊어버린 듯하다). 그레이(John Gray)
는 밀이 "표현의 자유를 부분적으로 자율적 행위자의 구성 요소로서
간주하고 있다"고 제안한다. 그러나 만일 밀이 그렇게 했다면, 그는 자
신의 견해를 『자유론』의 다른 장들(특히 III장 "개별성에 관하여")로부
터 유추될 수 있도록 남겨 두었을 것이다. 왜냐하면 II장은 (여기서 우
리는 그것이 방어되고 있다는 점을 찾으려고 살펴보게 될 것이다) 이
상하게도 그 주제에 관해서 침묵하고 있기 때문이다.[24]

 II장 문단 1의 각주에서 밀은 1858년의 정부의 출판물 고발 사건들
을 언급하고 있다. 그것들은 폭정적인 군주를 살해하는 것이 합법적이
라는 이른바 부도덕적인 교설을 옹호하는 기사의 출판 때문에 일어났
다. 비록 고발 사건들은 중단되었지만, 밀은 그 고발 사건들이 결코 발
생하지 말았어야 한다고 생각하고 있다. 그는 폭군살해의 적법성을
"모든 시대에 존재하는 윤리에 관한 미결 문제들 중의 하나로서"(그리
고 논의에 적합한 주제로서) 기술하고 있다. 또한 그는 "특수한 경우에
폭군살해 교사"는 처벌받아 마땅하나 오직 "명백한 행동"(즉 실제적인
암살 시도)을 불러일으켰다고 간주될 수 있는 경우에만 처벌되어야 한

---

24 John Gray, *Mill on Liberty: A Defence*, 110쪽.

다는 점을 추가하고 있다. 이 구절에 근거해서 우리는 다음과 같이 생각해 볼 수 있다. 밀은 모든 연설 또는 글쓰기는, 그것이 얼마나 선동적인 것인가와 무관하게, 어떤 폭력적 행동 또는 다른 해로운 행동을 불러일으키지 **않는다면** 그리고 불러일으킬 **때까지**, 처벌 또는 심지어 제한을 받지 않는다고 생각한다. 그러나 III장의 서두에서 밀은 자유주의와는 다소 다른 관점을 취하고 있다. 그는 "의견들은 그것들이 표현되는 상황들이 그 표현을 어떤 유해한 행동의 적극적인 선동으로 만들어 준다면 (억압 혹은 고발에 대한) 면책 특권을 상실하게 된다"는 점을 제안하고 있다(III. 1). 다시 말하면, 의견들은 그것들이 단순하게 해로운 행위를 불러일으키는 데 **책임이 있다면** 억압당하거나 처벌받을 수 있다. 밀은 옥수수 판매자들이 가난한 자들을 굶어 죽게 하는 자들이라고 언론에서 주장하는 것과 동일한 말을 "한 옥수수 판매자의 집 앞에 모인 흥분한 군중에게" 구두로 또는 현수막 형태로 전달하는 것 사이에는 커다란 차이가 있다고 주장한다. 사람들은 자신들의 자유를 남용함으로써 타인들에게 방해가 되어서는 안 된다. 또한 그렇게 방해가 되는 사람들은 "비우호적 감정들" 또는 심지어 "사람들의 적극적 간섭"을 통해서 통제될 필요가 있다(III. 1).

아마도 밀은 선동적인 신문 연재 기사들에서 탐욕스러운 옥수수 판매자들을 모두 가장 가까운 가로등 기둥에 목매달아야만 한다는 주장이 불행을 불러일으키는 용인될 수 없는 선동이라고 간주하게 될 것이다. 불법 선동은 반드시 현장에서 발생할 필요는 없다. 그러나 이것은 자유로운 표현은 어디까지 적법한가라는 물음을 불러일으킨다(밀은 전혀 이를 논의하지 않고 있다). 만일 신문기자가 단지 옥수수 판매자들은 대중의 분노를 느껴야만 한다고 썼다면 그 기사는 용납될 수 있는 것인가? 아니면 그 기사는 그가 어디에 썼으며 누구에게 썼는가에(『더 타임스』(*The Times*)의 점잖은 칼럼난에서 그 의견을 말하고 있는지 아니면 옥수수 판매자들에 대해 이미 거칠게 격앙되어 있다고 알려진 사람들이 읽고 있는 대중적인 삼류 신문에서 말하고 있는지에) 따라 결정되는가? 비난을 담은 진술은 그 공격 목표에 대한 부정적 감정들을 자극하기 쉽기 때문에, 문제는 어떻게 표현에 합리적인 한계들을 부과할 수 있는가로 귀결된다. 그 한계들은 해악 원칙과 연결된 필수적 보안조치들을 제공하지만 그 목적 달성에 필요한 가장 최소 등급을 벗어나 자유로운 표현을 제한해서는 안 된다. 수많은 주석가들이 지적하듯이, 밀은 여기서 그가 말할 수 있는 것보다 훨씬 적은 주장을 하고 있다. 텐(C. L. Ten)은 "(밀의) 자유 이론은 허용될 수 있는 제약들의 유형들에 관한 좀 더 구체적인 검토로 보충되지 않는다면 불완전한 것이다"라고 주장한다.[25] 또한 그레이(Gray)는 "밀에게 결핍된 것은 … 행동의 선동을 행위의 장점들에 대한 옹호와 논쟁으로부터 구별할 수 있는 판단 기준들이다"[26]라고 불평한다.

우리는 해악 원칙의 직접적 적용이 자유로운 발언의 적절한 한계들을 결정하는 데 요구되는 전부라고 생각해 볼 수 있다. 그러나 우리는 밀이 그 원칙을 간섭에 대한 충분조건이라기보다는 필요조건으로 간주하고 있다는 점을 기억해야만 한다. 왜냐하면 그는 때때로 "통제를 행사하려는 시도가 다른 악들, 즉 그것이 막으려는 악들보다 더 큰 악들을 만들어 낼 수 있다"는 점을 인식하고 있기 때문이다(I. 11). 따라서 말하기 또는 쓰기의 어떤 특정한 사례가 해악을 불러일으키는 데 책임이 있다는 단순한 증명이 항상 그것의 억압을 보장하기에 충분한 것이

---

25   C. L. Ten, *Mill on Liberty*, 136쪽.

26   John Gray, *Mill on Liberty*, 106쪽. 동일한 주제와 관련해서 John Skorupski, *Why Read Mill Today?* 56–61쪽을 참조하라.

될 수 없다. 만약 해악 원칙이 간섭을 위한 충분한 근거를 제공한다고 해석된다면, 그 결과 밀이 기꺼이 용인할 수 있는 것보다 훨씬 더 많은 일련의 규제적 지침들이 만들어질 것이다. 따라서 왓킨스(J. W. N. Watkins)의 예로, 간섭을 위한 충분한 근거로 간주되는 해악 원칙에 기초해서 다음과 같은 주장이 개연적으로 제시될 수 있다. 원자폭탄들은 명백한 해악을 끼칠 수 있기 때문에, 원자폭탄의 제조를 가능케 하는 일련의 과학 논문들은 금지되어야 한다.[27] 밀이 그러하듯, 동일한 근거로 오직 해로운 행동들을 부추기는 직접적이고 즉각적인 선동들만을 받아들일 수 없는 표현 양식들로 분류하는 일은 자의적인 것처럼 보인다. 결국 훨씬 더 많은 피해가 밀이 금지되어야 한다고 생각하는 수많은 대중 선동적인 발언들보다는 히틀러가 쓴 『나의 투쟁』(*Mein Kampf*)의 출판에 의해서 일어났다. 그러나 바이마르 공화국의 선견지명을 가진 몇몇 검열관들이 히틀러 책을 금지하는 일을 밀이 승인했을 것이라고 생각할 수 없다. 『나의 투쟁』의 생각들은 혐오감을 줄 수 있다. 그러나 밀은 나쁜 생각들이 책상 아래로 치워지기보다는 책상 위에 놓일 필요가 있다고 주장한다. 결과적으로 그것들의 결점들은 공개 토론의 과정을 통해서 드러나게 된다. 나쁜 생각들이 때때로 그것들의 가치보다 더 성공적일 수 있다는 점은 삶의 불행한 사실이다. 그러나 앞으로 살펴보게 되겠지만, 밀의 관점에 따르면 그것은 검열의 실시와 관련된 다양한 악들을 피하기 위해서 지불할 가치가 있는 대가이다.

II. 3-20: 참된 의견을 억압하는 위험

밀이 고려한 첫 번째 가능성은 정부가 억압하려는 의견은 "아마도 진

---

[27] C. L. Ten, *Mill on Liberty*, 133쪽에서 인용됨.

리가 될 수 있다"는 점이다. 그 의견을 억압하려는 사람들은 그것의 진리를 부정하려 하지만, 그들이 오히려 잘못될 수 있다. 밀은 다음과 같이 주장한다. "한 의견이 그른 것이라고 사람들이 확신하기 때문에 그 의견을 경청하기를 거부하는 것은 **자신들의** 확실성을 **절대적** 확실성과 동일한 것으로 가정하는 것이다. 모든 논의의 묵살은 무오류를 가정하고 있다"(II. 3).

밀의 친구이자 전기 작가인 베인(Alexander Bain)은 밀이 이 논점에 할애하고 있는 내용들은 "지적 자유를 위해서 (만일 이전에 동등한 것으로 간주되었다면) 한 번도 추월당하지 않았던 이성과 수사술의 조합을 보여 주고 있다"고 생각했다.[28] 밀의 본질적인 불만은 인간들이 모두 너무도 자주 지적 겸손을 결여하고 있기 때문에, 특별히 자신들의 가장 소중한 신념들에 있어서, 자신들이 잘못될 수 있다는 점을 받아들이지 못한다는 것이다. 모든 사람은 원리상 자신들이 오류를 범할 수 있다는 점을 알고 있지만, 거의 모두가 자신들의 오류 가능성에 대해서 실제적 주의를 기울이려 하지 않는다. 심지어 잘못을 범해서 반박당하고 수정된 경험을 가진 사람들조차도 "다수"(the world)의 지지를 받는 의견들 또는 최소한 그들이 접촉하고 있는 부분(자신들의 정당, 학파, 교파 또는 사회 계급)을 뒷받침하는 의견들을 암묵적으로 신뢰하는 경향이 있다(II. 4). 미국의 저명한 판사인 핸드(Learned Hand)는 "자유의 정신이란 자신이 옳다는 점을 너무 확신하지 않는 것이다"라고 일찍이 주장했다.[29] 밀은 이 주장에 전적으로 동의할 것이다. 밀은 모든 세대가 종종 다음 세대에 의해서 자신들의 가장 중요한 신념들에서 오류를 범하고 있다는 사실이 밝혀졌다는 점을 우리에게 상기해 주고 있다(II.

---

28 Alexander Bain, *John Stuart Mill*, 104쪽.
29 Jason Epstein, "Mystery in the heartland", 9쪽에서 인용됨.

4). 만약 우리가 확실하다고 간주할 **수 있는** 한 가지가 존재한다면, 그
것은 인간은 실수를 범한다는 점이다.

밀은 계속해서 자신의 입장에 대한 반론을 논박하고 있다(II. 5-6).
정부가 오류의 확대를 금지할 때 실제로는 자신의 무오류성을 당연하
다고 생각하는 것이 아니라 단순하게 자신의 최상의 판단을 사용하고
있는 것이다. 이것은 정부가 국민을 대신해서 다른 모든 결정들을 내릴
때 취하는 방식과 유사하다. "판단은 사람들에게 주어진 것이다. 왜냐
하면 사람들이 그것을 사용하기 때문이다. 그러나 판단이 잘못 사용될
수 있는 가능성이 있기 때문에, 사람들에게 그것을 사용해서는 안 된다
고 말해야만 할까?"(II. 5) 이런 반론에 대한 밀의 대답은 간단하고 확
고하다. 물론 사람들과 정부들은 최선을 다해 자신들의 능력을 발휘해
야만 한다. 그리고 이것은 사실 판단들을 내릴 것을 그들에게 요구하게
된다. 그러나,

> 한 의견이 논쟁의 기회를 통해서 아직 반박되지 않았기 때문에 참이라고
> 간주하는 것과 그 의견을 반박하지 않기 위해서 그것의 참을 당연하다고
> 생각하는 것 사이에는 큰 차이가 존재한다(II. 6).

다시 말하면, 무오류의 부당한 가정은 사람들이 판단들을 내릴 때 일어
나는 것이 아니라, 사람들이 그런 판단들이 잘못될 수 있다는 점을 인
정하는 일을 거부할 때 일어난다. 그들은 자신들의 오류 가능성을 부정
함으로써, 다음과 같은 사실을 망각하게 된다.

> 우리의 의견을 반박하고 부정할 수 있는 완벽한 자유가 어떤 행위를 목적
> 으로 그것의 진리를 당연한 것으로 간주하는 일에 있어 우리를 정당화해

주는 조건이다. 다른 모든 조건들하에서는 인간적 능력들을 가진 존재가
옳다는 것에 대한 어떤 합리적 보증을 가질 수 없다(II. 6).

밀이 여기서 토론과 논쟁의 가치에 부여하고 있는 강조점은 그 자신
이 가장 깊이 간직하고 있는 신념들 중의 하나를 반영하고 있다. 즉 진
리는 생각들의 자유로운 시장이 존재할 때 가장 자연스럽게 드러난다
는 점이다. (일관성을 유지한다면, 밀은 이 견해도 역시 잘못될 수 있
다는 점을 반드시 승인해야만 한다. 그러나 그는 어쨌든 자신의 반대자
들의 견해들을 경청하려는 생각을 가지고 있다는 점에서 그들에 비해
도덕적 우위를 점유하고 있다. 경쟁하는 반자유주의적 개념들은 누구
나 검토하고 싶은 사람에 의해서 검토될 수 있도록 계속 상정되어 있어
야만 한다.) 진리의 확정과 관련해서 한 사람보다는 많은 사람들이 있
는 것이 더 좋다. 스코럽스키(John Skorupski)는 밀에게 있어 "주장하
기와 증거 평가는 집합적 작업이다"라고 올바로 논평하고 있다. 또한
그는 이 점을 "밀의 논의에서 가장 깊은 단층으로" 그럴듯하게 간주하
고 있다.[30]
밀은 "사람들에게 전반적으로 합리적 의견들과 합리적 행동이 우세
하게 되는 이유는 무엇일까?"라고 묻는다. 물론 "인간의 이해력이 가
진 선천적 능력" 때문만은 아닐 것이다. 거의 백 명 중의 한 사람 정도
가 자명하지 않은 진리를 판단하는 데 능숙할 뿐이다. 오히려 참된 신
념은 오류들이 토론과 경험을 통해 충분한 시간을 거쳐 수정되는 **과정**
으로부터 만들어진다. 한 주제에 관한 지식을 획득하는 일에 유일하게
신뢰할 만한 방법은 "다양한 견해들을 가진 사람들로부터 그것에 대해

---

30 John Skorupski, *John Stuart Mill*, 380쪽.

논의될 수 있는 것을 듣는 것과 지성의 다양한 특성들을 통해서 관찰될 수 있는 모든 양상들을 연구하는 것이다"(II. 7). 지혜로운 사람들은 자신들의 지혜를 독립적으로 자신의 지성이 가진 능력에 의존함으로써 획득하는 것이 아니라, 자신들의 의견들을 타인들의 의견들과 비교하며 다른 사람들이 자신들의 의견들에 대해 반박하는 것을 이해함으로써 획득하는 것이다. 요약하면 "우리가 가장 확신하는 신념들은 기초할 수 있는 아무런 안전장치를 갖지 않으며 오히려 그것들이 근거 없는 것임을 증명해 보라고 모든 사람들을 초청하는 항시적 초대장(a standing invitation)이다"(II. 8). 우리가 아무리 한 의견이 참이라고 확실하게 믿고 있다고 해도, 그것에 반론을 제기하는 다른 사람들이 존재한다면 그것에 무제한적 신뢰를 부여할 수 없다(II. 9).

밀의 주장에 따르면, 때때로 사람들은 "자신들의 견해들이 참이라고 주장하는 것이 아니라 그것들이 없다면 무엇을 해야 할지 알 수 없다"라고 주장하며 또한 사회에서 그 의견들의 중요성이 정부로 하여금 다른 경쟁 의견들을 제거하는 일을 정당화한다고 주장한다. 복지에 "필수적인 것이라고 말할 수는 없지만 유용한" 견해들의 경우에, "무오류에 가까운 것이 … 정부들로 하여금 사람들의 일반적 의견에 의해서 확증된 자신들의 의견에 따라 행동하는 일을 보증하거나 심지어는 의무로 부여할 수 있다." 이러한 이른바 "절대 필요한"(indispensable) 신념들에 해당하는 예들은 신과 내세에 대한 믿음 또는 "일반적으로 수용되는 도덕의 교설"이다. 악인들만이 이러한 유익한 신념들을 약화하려 한다고 말해지기 때문에, "악인들을 구속하고 그런 사람들이 실행에 옮기려는 것을 금지하는 일"에 대해 반대하는 것은 좋은 일이 될 수 없다(II. 10).

밀이 염두에 두고 있는 한 종류의 견해는 20세기 중반 영국의 재판

관인 데블린 경(Lord Patrick Devlin)이 저술한 매우 논쟁적인 책인
『도덕의 강요』(*The Enforcement of Morals*, 1965)에서 옹호되었다. 데
블린에 따르면, "어떤 공유된 도덕, 즉 옳은 것과 그릇 것에 대한 어떤
공통적 일치는 어떤 사회에서든지 헌법이 갖는 본질적 요소이다."[31] 데
블린은 도덕적 판단들에서 일치라는 **어떤** 기준이 사회적 유대들의 유
지에 절대적으로 필요한 것이 될 수 있다는 점에서 옳을 수 있다(비록
얼마나 많은 합의가 필요하고 또한 어떤 논쟁점들에 대해서 합의가 필
요한지에 관한 논의의 여지가 있지만 말이다). 그러나 그는 자신의 사
회학적 전제로부터 훨씬 더 의심스러운 반자유주의적 결론을 도출해
냈다.

> 일반 도덕이 준수되지 않을 때 붕괴가 일어나게 된다. 역사는 도덕적 유대
> 들의 이완이 종종 붕괴의 제일단계가 됨을 보여 주고 있다. **그 결과 사회가**
> **자체 정부와 다른 필수적인 제도들을 유지하는 것과 마찬가지로 자체 도덕률**
> **을 보존하기 위해서 동일한 수단들을 취하는 것은 당연하다.**[32]

데블린은 영국에서 일어난 동의하는 남성들 사이의 동성애 관계들을
금지하는 법률들의 예상된 폐지에 관한 강렬한 공공 토론이 벌어진 시
점에 글을 쓰면서, 이런 방향의 모든 변화는 사회 조직을 극도로 위태
롭게 하며 또한 법률에 대한 사람들의 신뢰를 약화할 것이라고 주장했
다. 만약 법률이 존중받으려면 그 자체로 "반드시 기독교적 도덕에 기
초해야만 하며 그 능력의 한계에 이를 때까지 그 도덕을 실시해야만 한
다."[33] 사회는 도덕 없이는 존속할 수 없기 때문에, 심지어 다른 사람에

---

31   Patrick Devlin, *The Enforcement of Morals*, 114쪽.
32   Patrick Devlin, 같은 책, 13쪽. 저자 강조.

게 해를 주지 않는 부도덕한 행동들조차도 처벌되어야만 한다. 사람들이 자유롭게 죄를 범하도록 허용하는 것은, 아무리 사적인 것이라고 하더라도, 국가의 생존을 위험에 빠뜨렸다. 데블린은 확실하게 결정적 주장으로 간주되는 부분에서 독자들에게 어떻게 불확실한 도덕성을 가진 나라가 25년 전에 히틀러와 나치 도당들에 맞서 싸울 수 있었겠는가라는 점을 생각하라고 요구했다. "방탕한 자들의 국가는 1940년 피와 수고와 땀과 눈물을 요구하는 처칠(Churchill)의 요청에 충분하게 화답할 수 없었을 것이다."[34]

밀은 데블린의 주장과 같은 견해가 질색이다. 이러저러한 신념들 또는 원칙들이 사회의 질서에 본질적인 것이다라고 하거나 모든 경쟁적인 신념들은 반드시 근절되어야만 한다는 점을 주장하는 모든 사람은, 밀의 주장에 따르면, 사회적 이해관계들의 필수적인 사항에 관해서 절대 확실한 재판관으로 자신을 설정하는 것이다. 왜냐하면 "한 의견의 유용성은 그 자체로 의견의 문제이며(논의할 여지가 있는 것으로서, 토론할 수 있는 것으로서) 또한 그 의견 자체가 존재하는 만큼 논의를 요구하고 있다"(II. 10). 어느 누구도 자신은 의견들을 사회적으로 필수적인 것의 범주 또는 사회적으로 불필요한 것의 범주로 지정하는 일에 결코 실수를 범하지 않는다고 주장할 권리가 없다. 게다가 밀은 "한 의견의 진리는 그것이 갖는 유용성의 일부"라고 주장한다. 왜냐하면 "진리와 모순되는 모든 신념은 실제적으로 유용할 수가 없기 때문이다." 따라서 우리는 한 명제가 참인지를 결정하기 위해서 일상적인 방법들을 사용하지 않는다면, 그 명제를 믿는 것이 과연 바람직한지 아닌지를 알 수 없다. 자유로운 토론이 존재하지 않는다면, 우리는 어떤 신

33 Patrick Devlin, 같은 책, 25쪽.
34 Patrick Devlin, 같은 책, 111쪽.

념들이 진정으로 유용한 것인지를 단순하게 말할 수 없다(II. 10).

밀은 아무리 우리가 어떤 것을 확신한다 하더라도, 만일 다른 사람들과 관련된 문제를 결정하려 한다면, 우리는 무오류성에 대한 거짓 주장을 하게 된다는 점을 반복해서 강조하고 있다(II. 11). 우리는 결코 자신의 엄숙한 신념들을 이웃들에게 강요하려 노력해서는 안 된다. 아마도 우리 이웃들이 우리보다 진리에 더 가까울 수 있다. 역사는 신앙 또는 도덕이라는 이름으로 "훌륭한 사람들과 고귀한 교설들을 근절하기 위해서" 사용된 법률의 실례들로 가득 차 있다. 밀은 독선적인 자들에 의해서 유덕한 자가 정죄받는 극적인 예시들로서 소크라테스와 예수의 사례를 지목하고 있다(II. 12-13). 예수의 죽음에 책임이 있는 사람들은 악인이 아니라 "오히려 그 반대이다. 그들은 당대의 그리고 사람들의 종교감, 도덕감과 애국심을 엄청나게 또는 그 이상으로 매우 엄청나게 소유했던 사람들이다"(II. 13). 그들의 중요한 과실은 자신들에 대해서 너무 확신하고 있었다는 점이다.

밀은 로마 황제인 아우렐리우스(Marcus Aurelius)가 자행한 2세기 기독교인들의 박해라는 비극적 사례에 특별히 유의하고 있다. 그는 뛰어난 덕과 이해력을 갖춘 사람이며 스토아학파의 지도적인 철학자였다(II. 14-15). 아우렐리우스는 사회가 로마의 전통적 만신전(pantheon)에 모신 "일반적으로 인정되는 신들에 대한 믿음과 존경에 의해서" 유지된다고 생각했기 때문에, 그러한 버팀대들을 와해하려 위협하는 신흥 종교를 박멸하는 일이 자신의 의무라고 간주했다. 따라서 밀의 고찰에 따르면, "이 사람, 즉 지금까지 통치한 거의 모든 표면적인 기독교 군주들보다 그 말이 갖는 독단적 의미를 제외하고 더 훌륭한 기독교인이었던 그가 기독교를 핍박했던 것이다"(II. 14). 이 사례를 인용한 밀의 목적 중에서 한 가지는 어떻게 심지어 가장 훌륭한 사람들조차도 자신들이 믿어야만 한다고 생각하는 것을 타인들에게 강제할 때 실수를 범하게 되는지를 보여 주는 것이다. 만약 아우렐리우스와 같이 지혜롭고 선한 사람도 그렇게 잘못된 일을 행할 수 있다면, 우리 모두도 그렇게 될 수 있다. 그러나 밀은 특별하게 그 사례가 자신들의 견해들이 시행되고 무신론이 진압되기를 보고 싶어 하는 동시대 기독교인들의 눈들을 열어 주기를 소망하고 있다. 만일 기독교인들이 아우렐리우스보다 좀 더 지혜롭고 훌륭하다고 생각하지 않는다면 "무오류성의 추정을 끊어야만 한다"(II. 14).

　밀은 그가 그럴듯하지만 위험한 교설로 간주하는 것, 즉 진리가 박해로부터 유익을 얻는다는 점 또는 종교적 불관용은 체(a sieve)와 같이 기능하기 때문에 참된 진리들은 최종적으로 그것을 통과하지만 거짓들은 통과하지 못하므로 실제로는 위장된 선이라는 점을 반박할 기회를 찾고 있다(II. 15-17). 비록 참된 교설은 거짓 교설이 결핍하고 있는 어떤 본질적인 생존 능력을 갖고 있다는 점을 인정한다 하더라도, 밀은 적어도 초기 기독교인들이나 16세기 개신교 개혁가들처럼 "위대한 선행들의 창시자들"은 순교를 통해 보상을 받아야 하며 또한 그들의 상급(賞給)은 가장 지독한 범죄자들에게 주어지는 것처럼 다뤄져야만 한다"라고 가정하는 것은 옹졸한 처사가 될 것임을 제안하고 있다(II. 16). 그는 "선행을 행한 사람들을 이렇게 다루는 방식을 옹호하는 사람들은 그 선행에 많은 가치를 부여하고 있다고 간주될 수 없다"고 냉담하게 논평하고 있다(II. 16). 그러나 어쨌든 "진리가 항상 박해를 이긴다는 격언은 상투어가 될 때까지 사람들이 계속해서 반복하는 유쾌한 거짓들 중의 하나이지만 모든 경험들은 그것들을 반박하고 있다"(II. 17). 밀은 자신들의 교설들과 함께 성공적으로 진압된 종교 개혁가들의 긴 목록을 제시하면서 역사적 교훈을 도출하고 있다. 그것은 "박해가 이단들이 너무 강한 패거리여서 실질적으로 핍박을 당하지 않는 경우를 제외하고는 항상 성공적이다"라는 점이다. "진리가, 단지 진리로서, 오류에 맞서 지하 감옥과 화형을 압도하는 어떤 본래적 능력을 가지고 있다는 주장은 일종의 나태한 감상이다. 사람들은 종종 오류에 대해서 열정을 갖지 않는 것처럼 진리에 대해서도 열정을 갖지 않는다"는 점이 기정사실이다(II. 17). 우리가 잘못됐다 또는 위험하다고 믿는 생각들에 대해서 사용할 수 있는 올바른 무기는 불과 칼이 아니라 증거와 논증이다.

　문단 18에서 20은 특별히 종교적 문제들과 관련해서 이단적 견해들의 지지자들에 대한 동시대적 태도들의 개관에 할애되고 있다. 밀은 자신의 사회를 저울로 달아 보고 그것이 슬프게도 함량미달이라는 점을 발견한다. 사실상 빅토리아 시대 중반 영국은 이단들과 새로운 견해들을 도입한 사람들을 더 이상 사형에 처하지 않았다. 그러나 불관용이 존재하는 않는다고 생각하는 것은 어리석은 자기 만족이 될 것이다. 국가는 국민들이 사회적 낙인을 두려워하지 않고 자신들의 의견들을 피력할 수 있는 "정신적 자유의 요람"이 아직 되지 못했다(II. 19). 참으로 밀의 주장에 따르면 우리는 "심지어 법적 박해라는 오점조차도 염려할 필요가 없다"고 스스로 자랑해서는 안 된다(II. 18). 최근 1857년에도 "삶과 관련해서 평범한 행동을 했다고 말해진 한 불행한 사람은" 기독교에 대해서 몇 가지 모욕적인 언사들을 말하고 출입문에 기입했다는 죄목으로 "20개월의 구금을 선고받았다"(II. 18). 밀은 무신론적 의견들을 고백한 개인들이 법정에서 판사들로부터 모욕적인 대우를 받았거나 또는 공정한 재판을 거부당한 더 많은 사례들을 인용하고 있다. 또한 그는 진실을 말하겠다는 종교 선서를 거부한 사람의 재판에서는 증인의 입장을 금지한 일을 특정한 조롱거리로서 지적하고 있다. 가장 간결하고 강력한 밀의 논증 양식의 한 예로서, 다음 주장을 전부 인용할 가치가 있다.

> 그 규정은 … 자멸적이며 그 자체의 토대를 붕괴시킨다. 그 규정은 무신론자들이 거짓말쟁이라는 구실하에서, 자발적으로 거짓말하는 모든 무신론자들의 증언은 받아들이지만, 거짓을 긍정하기보다는 혐오적인 교리를 공개적으로 고백하는 불명예를 자랑스러워하는 자들만은 거부한다. 따라서 그 공언된 목적과 관련해서 지금까지 불합리성을 스스로 입증한 규정은 오직 증오의 상징, 박해의 잔재로서만 유효하게 실시될 수 있다. 박해는 또한 그것을 당하는 자격조건이 박해를 전혀 받을 필요가 없다는 명백한 증명이라는 이상한 특성을 가지고 있다(II. 18).

그러나 밀의 생각에 따르면, 실제적 문제는 법적 박해의 "단편들과 잔재들이" 아니라 "단순한 사회적 불관용"이다. 비록 그것은 어떤 사람을 죽이거나 투옥하지 않지만, 반대 의견들을 표명하는 사람들이 사회적으로 채용되거나 출세하는 일을 어렵게 만든다. 인기 없는 의견의 표현은 어떤 사람의 평판이나 직업의 장래에 심각한 해악을 미칠 수 있기 때문에, 그런 모든 의견들을 자신만 품고 있는 것이 훨씬 안전하다. 그러나 "가장 적극적이고 탐구적인 지성들이 자신의 신념들의 일반적 원칙들과 근거들을 자신의 가슴속에 보존하는 것이 바람직하다"고 생각하는 사태들은 건강한 것이 못 된다. 왜냐하면 그것은 도덕적 용기를 억압하고 사람들로 하여금 "단지 상투적인 것에 순응하게 만들거나 아니면 진리와 관련해서 기회주의자가" 되도록 만들기 때문이다(II. 19). 밀은 어떻게 도덕적 용기가 사상과 표현에 그 어떤 제한들도 부과되지 않는 상황(누구나 부정적인 법적 또는 사회적 반향들을 두려워하지 않

고 어떤 것이든 마음대로 말할 수 있는 상황)에서 유지될 수 있는지를
다루고 있지는 않다. 자신의 생각을 말할 수 있는 용기의 필요성은 그
생각을 말하는 일에 처벌들이 가해지는 경우를 제외하고는 거의 존재
하지 않는다. 그러나 이 구절에 나타난 밀의 핵심 주장은 강력하고 그
럴듯하다. 왜냐하면 강요된 생각의 일치는 지적 삶을 무감각하게 만드
는 영향을 미치고 또한 "최상의 주제들에 관한 자유롭고 대담한 고찰
을" 가로막게 되기 때문이다(II. 19).

게다가 자유로운 사고가 억압을 받을 때, 단지 진압된 이단적 견해들
을 주장한 사람들뿐만 아니라 우리 모두가 고통을 받게 된다. 밀의 주
장에 따르면 "최대 해악은 이단이 아닌 사람들에게 일어나며 그들의
모든 정신적 발전은 속박당하고 그들의 이성은 이설에 대한 두려움에
위협당하게 된다." 논쟁은 모두에게 좋은 것이다. 왜냐하면 그것은 단
지 진보 사상가들뿐만 아니라 "가장 일반적인 지성을 가진 사람들"이
관습적인 틀 밖에서 사고하도록 자극하기 때문이다. 그러나 오늘날 현
시대는 중요한 물음들에 대한 모든 논쟁들을 박멸하고 또한 정신적인
바보로 만드는 생각의 일치를 지키기 위해 최선을 다하고 있다(II. 20).
적어도 밀은 그렇게 주장하고 있다. 앞에서 살펴본 것처럼, 밀의 모든
동시대 사람들은 그 시대의 추세가 옛 의견들에 대한 도전과 새로운 의
견들의 도입에 적대적이었다는 점을 굳게 확신했던 것은 아니다. 또한
『자유론』이 1859년 영국 출판사로부터 발행된 유일한 대작이 아니라는
점을 이 문맥에서 다시 한 번 상기해 볼 필요가 있다. 또 다른 대작은
다윈(Charles Darwin)의 『종의 기원』(*On the Origin of Species by
Means of Natural Selection*)이었다.

II. 21-33: 거짓에 맞서는 진리의 가치

밀은 이제 논증의 두 번째 부분으로 이동한다. 비록 수용된 관념들이 우연히 참이라고 하더라도, 여전히 그것들이 스스로 자립해서 경쟁하는 관념들과 전투를 치를 수 있도록 해 주는 것이 좋다. 왜냐하면, 어떤 의견이 아무리 참이라고 하더라도, "만약 그것이 충분하게, 자주 그리고 대담하게 논의되지 않는다면, 살아 있는 진리가 아니라 죽은 독단(dogma)으로 간주될 것이기 때문이다"(II. 21). 만일 우리가 어떤 견해를 공격들로부터 방어할 수 없고 또한 왜 그것이 다른 대안들보다 선호되어야만 하는지를 말할 수 없다면 (심지어 그 의견이 참이라고 할지라도) 그것을 왜 주장해야 하는지 할 말을 잃게 된다. 밀의 주장에 따르면 이것은 "진리가 합리적 존재에 의해서 주장되는 방식이 아니다." 참으로, 이런 방식으로 주장된 참된 신념은 실제로 미신이나 다름없다(II. 22).

합리적 존재로서 우리는 **왜** 자신이 행하는 것을 믿는지 그 이유를 알아야만 한다는 밀의 주장은 밀턴(John Milton)의 『아레오파기티카』(*Areopagitica*, 1644)에 나타난 "신앙과 지식은 실천을 통해서 성장한다"는 주장의 강한 메아리이다. 언론의 자유를 지지하는 밀턴의 유명한 소책자는 찰스 1세와 의회 사이에 발발한 영국 내전이 3년이 되던 해에 출간되었다. 이 당시 양 진영은 사건들의 전개과정에 관해 그리고 영향력 있는 의견을 갖기 위해 노력해 온 다양한 종교 교단들과 분파들에 관해 자기 방식으로 해석하려 극단적으로 혈안이 되어 있었다. 밀턴은 "한 사람은 진리의 측면에서 이단이 될 수 있다"고 적었다. 왜냐하면 "만일 그가 다른 이유를 알지 못하고서, 단지 목사님이 그렇게 말하기 때문에 또는 의회가 그렇게 결정하기 때문에 그렇게 믿고 있다면, 비록 그의 믿음이 참이라고 하더라도, 그가 신봉하고 있는 진리는 이설이기 때문이다." 성경은 진리를 흐르는 샘과 비교하고 있다. 그러나 "만일 샘물이 지속적으로 흘러 나가지 않는다면, 그것은 일치와 전통의 진흙탕으로 역겹게 된다."[35]

이것이 바로 정확하게 밀의 견해이다. "오직 잘못된 문제에 대해서는 달리 말할 것이 전혀 없는" 수학의 경우를 제외하고, 만일 우리가 한 의견이 왜 그 경쟁하는 관념들보다 우리의 충성을 요구하는지에 관해서 어떤 관념을 갖고 있지 않다면, 우리는 그것을 합리적으로 신봉한다고 주장할 수 없다(II. 23). 게다가 한 의견의 근거들이 토론의 부재로 잊힌다면, 그 의견의 진정한 의미도 역시 매우 자주 상실된다.

의미를 전달하는 말들은 관념들을 제시하지 못하거나 또는 의사소통을 위해서 원래 사용되었던 관념들의 단지 일부만을 제시하게 된다. 생생한 개념과 살아 있는 믿음 대신, 오직 암송으로 유지되는 몇 가지 구절들만이 남아 있을 뿐이다. 어떤 부분이 남아 있다 하더라도, 그 의미의 껍질과 겉모습만 보존되고 있을 뿐, 그 순수한 본질은 사라지게 된다(II. 26).

우리는 **왜** 그 의견을 신봉하는지 알 수 없을 뿐만 아니라 우리가 신봉하는 그 의견이 **어떤** 의견인지도 알지 못한다. 우리는 단지 어떤 형식에 말로만 동의를 나타낼 뿐이다.

베인(Alexander Bain)은 한 의견이 활기 없는 독단이 되지 않도록 막기 위해 모든 의견의 반대를 고려해야 할 필요성을 밀이 과장하고 있다고 생각했다. 베인은 한 관점이 활발하게 도전을 받을 때, 그것의 옹호자들은 "경계태세로 방어한다"는 점을 승인하고 있다. 그럼에도 그

---

35   John Milton, *Areopagitica*, 26쪽.

는 줄곧 "가상적 반대자들"을 상정하지 않고서도 우리가 매우 합리적으로 믿을 수 있는 수많은 의견들이 존재한다고 생각한다. 예를 들어, "수백 개의 천문대들과 수십만 척의 선박들이 끊임없이 중력의 결과를 검토하고 있는 한, 우리는 중력을 믿지 않는 사람들을 상상할 필요가 없다."[36]

　그러나 이 반론은, 피상적으로는 그럴듯하지만, 베인이 생각한 것보다 더 잘 버티고 있지 못하다. 우리가 공중에 공을 던지고 그것이 다시 떨어지는 것을 볼 때 또는 가파른 언덕을 하산할 때보다 등반할 때 얼마나 더 많은 노력을 기울이는지를 생각해 볼 때, 우리는 사실상 중력법칙을 비판적으로 시험하고 있는 것이다. 그래서 현재까지 우리의 모든 경험이 그 법칙을 지지하고 있기 때문에, 갑자기 그 법칙이 유지되지 않을 수도 있는 가능성을 마음에 품는 것은 거의 의미가 없다. 그러나 논리학의 관점에 따르면 비록 수많은 실증적 사례들이 유사 법칙 진술을 절대적인 참으로 만들 수는 없지만, 단 하나의 부정적인 사례가 그 진술을 거짓으로 만들기에 충분하다. 따라서 법칙들이라고 간주되는 원칙들의 **거짓을 입증하는** 조건들을 발견하려는 시도가 건전한 과학적 실천이다. 과학자들은 가설들을 확증하는 것처럼 보이는 끝없이 되풀이되는 실험들을 통해서가 아니라, 이렇게 "곤란거리를 찾아 감으로써" 좀 더 자신들을 자극하고 그 결과 자신들의 이론들을 향상시키는 증거를 만나게 된다. 그런 "반증주의적"(falsificationist) 방법론의 사용과 또한, 좀 더 광범위하게 말하면, 이론적 대안들의 착상이 지난 이백 년 동안 과학적 지식에서 수많은 인상적인 진보들을 이끌어 왔다. 이것은 밀이 예측했던 것과 정확히 일치한다.

36　Alexander Bain, *John Stuart Mill*, 104-105쪽.

일반적으로 과학 이론들은 경쟁적인 이론들과 투쟁해야만 한다. 그리고 한 이론의 지지자들은 반대 견해들이 거짓이라는 점을 확정적으로 보여 줄 수 있기 전에 자신들의 손으로 장기적으로 어려운 전투를 치룰 수 있다(II. 23). 정반대로 종교적 신념(예를 들어, 그리스도가 신이다 또는 신은 세 명으로 구성되어 있다)을 주장하는 자들은 경험이나 실험을 통해서 증명이나 반증이 불가능한 어떤 것을 믿고 있다. 그러나 이 점은 자신들의 신앙이 도전받을 수 없는 것이라는 점을 주장할 수 있는 자격을 그들에게 부여하는 것은 아니다. 종교적 신자들에게 기대할 수 있는 최소 요구사항은 그들이 비판에 귀 기울여야 하며 자신들의 입장과 다른 대안들을 고려해야만 한다는 점이다. 만약 그들이 이를 거부한다면, 그들은 본질적으로 편협한 방식으로 믿고 있으며 또한 그들의 신앙은 그 모든 내용과 목적에 있어서 "미신"(밀의 주장) 또는 "이단"(밀턴의 주장)이다.

그렇다면 밀이 밀턴과 공유하고 있는 견해에 따르면, 만일 우리가 어떤 문제를 모든 측면에서 알지 못한다면, 우리는 그것을 거의 할 수 없는 것이다.

> 어떤 사정을 단지 자신의 측면에서만 알고 있는 사람은 그것을 모르고 있는 것이다. 그의 논거들은 훌륭한 것일 수 있으며 또한 아무도 그것들을 논박하지 못할 수 있다. 그러나 만일 그가 똑같이 반대편의 논거들을 논박할 수 없다면, 즉 만일 그가 그 논거들이 무엇인지조차도 알지 못한다면, 그는 어떤 의견을 선호하는지에 대한 근거를 갖지 못한 것이다(II. 23).

그러나 의견들에 대한 비판적 검토와 논쟁을 시도하는 것이 중요하다고 인정한다 하더라도, 그 의견들을 신봉하는 **모든 사람들이** 그것들의 찬반에 따라 말해질 수 있는 모든 것들을 알고 있어야만 할까? 모든 사람들이 "영리한 반대자의 허위 진술들 또는 오류들"을 다룰 수 있는 수많은 기술들을 가지고 있지는 않다. 따라서 신학자들과 철학자들이 다른 모든 사람들을 대신해서 그 임무를 떠맡는 것이 좋지 않을까? 그렇게 되면 스스로 모든 지적 난제를 해결할 수 있는 지식 또는 능력을 결핍하고 있는 사람들은 자신의 신념들에 대해서 권위자들에게 의탁할 수 있게 된다. 그리고 그들은 제기된 모든 난제들이 "그러한 일에 특별하게 훈련을 받은 사람들에 의해서 답변되었고 답변될 수 있다는 지식 안에서 안전하게 살 수 있다(II. 24)." 게다가 만약 사람들이 어떤 것을 믿으라는 말을 듣게 된다면, 그들은 자신들이 이해하지 못하는 문제들에 잘 모르는 반론들을 제기하는 일을 그만두게 될 것이다. 스티븐(James Fitzjames Stephen)이 몇 년 후에 쓰고 있는 것처럼, 만일 사람들이 모두 참된 의견들을 갖게 된다면, 이것은 "모든 지적 축복들 중에 가장 큰 축복"이 될 것이다.[37]

밀은 이 견해를 반박하기 위해서 여러 쪽들을 할애하고 있다. 이것은 그가 얼마나 심각하게 이 점을 다루고 있는지를 보여 준다. 이것은 전혀 놀라운 일이 아니다(왜냐하면 그는 활동 초기에 스스로 정확하게 이 입장을 옹호했기 때문이다). 밀은 1836년에 발행된 논문인 「문명」('Civilization')에서 이 세상에는 성급하게 저술되고 또한 심지어 너무나 성급하게 읽히는 수많은 도서들이 있다고 불평했다. 그 결과, 슬프게도 "세상은 … 지적 음식을 게걸스럽게 먹고 있으며 또한 더 많은 것을 삼키기 위해서 그것을 씹지도 않고 **삼키고** 있다."[38] 밀은 이때 최상의 치료가 "당대의 지도적 지성들이" 새로운 출판물들에 대한 판결을

37 James Fitzjames Stephen, *Liberty, Equality, Fraternity*, 36쪽.
38 J. S. Mill, "Civilization", *Collected Works*, 18권, 134쪽.

내리기 위해서 협력하는 것이 될 것이라고 생각했다. 그 결과 진정한 가치를 갖는 출판물들은 "맨 처음부터 그것들 위에 권위를 갖는 이름 있는 사람들의 승인 도장을 받아 출판되어야만 한다."[39] 그로부터 얼마 후(1840), 시인이자 철학자인 콜리지(Coleridge)에 관한 논문에서, 밀은 콜리지가 제안한 **지식인 집단**(clerisy)의 형성에 대해서 열광적 환호를 보내고 있다. 이것은 관념들의 심판자들로서 기능하며 일반 군중을 진리로 인도하는 지혜롭고 박식한 사람들의 집단이다.[40]

1859년쯤에 밀은 일련의 전문가들에게 사회의 다른 구성원들을 위해서 지적인 지도자들 그리고 스승들의 역할을 안전하게 위탁할 수 있을 것이라는 견해를 완전히 포기했다. 물론 전문적 지식 영역은 전문적 지식을 요구한다. 밀은 어떤 기술적 주제에 관해서 우리가 아는 것보다 좀 더 많이 알고 있는 사람들의 권위를 따르는 일에 반대하지 않는다. 적합한 훈련을 받지 않는 사람이 지진들의 진원들에 대해서 지질학자들과 논쟁하려는 시도나 암의 원인들에 대해서 암 전문의들과 논쟁하려는 시도는 어리석은 일이 될 것이다. (이런 고려 사항들은 밀이 놓치고 있는 다음 가능성을 제안하고 있다. 즉 비전문가들은 평가할 수 없는 물품들의 효능들에 대해서 사기 주장들을 펼치면서 값비싼 특효약들 또는 건강식품들을 판매하려는 자들에 맞서 해악의 원칙에 따라 국민을 위한 정부의 보호를 옹호하는 논증이 있다.) 그러나 우리는 어떻게 삶을 영위해야 하는지, 어떤 도덕적 가치 또는 정치적 가치를 신봉해야 하는지, 어떤 종교적 교리를 따라야만 하는지에 관해 어떤 사적 또는 공적으로 지정된 "전문가들"의 충고를 그대로 믿는 일에 주의해야만 한다. 이것들은 시장에서, 공개적으로 그리고 모든 사람들에 의해서 논쟁거리가 되는 문제들이다.

　밀은 지적 엘리트뿐만이 아니라 가능한 한 많은 사람들이 이 영역들에 속한 논의와 논쟁에 참여해야 한다는 자신의 입장을 옹호하기 위해서 2개의 소논증들을 제시하고 그다음에 좀 더 중요한 고려 사항을 제시하고 있다. 첫째 논증은 인신공격 논증으로, 특별히 개신교 교회들의 신자들(따라서 함축적으로 영국의 지배층)을 그 대상으로 삼고 있다. 인신공격 논증(문자적으로는 사람에 대한)은 특정한 반대자의 입장에 드러난 어떤 모순이나 비정합성을 증명하는 것을 목표로 삼는다. 개신교 신자들은 자신의 종교적 헌신을 결정하는 것이 각 개인에게 달려 있다고 생각하기 때문에, 그들은 행위의 책임을 목사 또는 교사와 같은 다른 사람에게 양도할 수 있다고 주장하지 못한다. 둘째 논증은 참고 서적들이 이제는 너무 많아졌기 때문에 "교육받은 자"에게만 독서를 제한하는 것은 (비록 우리가 그것을 원리상으로는 바람직하다고 생각하더라도) 거의 실행 불가능하다는 점이다. 좋든 싫든(밀은 분명히 좋은 것이라고 생각한다) 일반적 관심을 갖는 관념들에 대한 논의를 좁은 전문가 집단 안에 제한하는 것은 더 이상 불가능하다.

　그러나 가장 중요한 고려 사항은 사람들이 자신의 신념들을 활발하고 생생한 상태로 유지해야만 한다는 점이다. 이 목적을 위해서 사람들은 자신들의 신념들이 끊임없이 도전받고 재검토되고 있다는 점을 경험해야만 한다. 중국 공산당 지도자인 모택동은 사회는 혁명의 소요 상태로부터 벗어나자마자 나태하고 유약해지며 자기 만족에 머물게 된다고 주장하면서 1960년대 문화 혁명을 정당화했다. 밀은 사회 혁명가는 아니지만 관념들이 당연한 것으로 받아들여지기 시작할 때, 그것들은 빠른 속도로 따분해지고 식상해지며 단조로워지고 무익하게 된다고 생각했다. 그는 이런 운명이 이미 동시대의 종교적 신념을 압도하고 있다고 생각했다. 그의 판단에 따르면, 많은 사람들의 종교적 견해들은 이제 너무도 둔해지고 생기를 상실했기 때문에 더 이상 "인간의 내적 삶"과 실제적 연관성을 갖지 못한다. 자신들의 신앙을 열정적으로 유지하고 심지어 박해 기간에 신앙을 위하여 자신들의 생명을 바친 초기 기독교인들과는 대조적으로, 그들의 근대 후손들은 단순히 "지루하고 무감각한 동의를 얻은 예식서들을 제외하고 모든 신념들을" 대부분 망각했다(II. 27). 밀의 제안에 따르면 종교는 점잖은 행동에 관한 단순한 규정으로 바뀌었다. 많은 사람들이 여전히 신실한 기독교인이라고 주장하지만, 그들의 삶의 양식은 예수가 가르친 검소, 겸손, 사랑과 전혀 관계가 없다. 실제로 그것은 성질상 전적으로 관습적인 것이 되었기 때문에, "행동해야 할 때마다 그들은 어디까지 예수에게 복종해야 하는가에 관해서 자신들을 지도해 줄 아무개 씨를 찾기 위해 둘러본다"(II. 28).

그러나 빅토리아 중반의 기독교는 모두 허식이고 그 자체로 어떤 실질적인 것은 존재하지 않는다는 밀의 주장은 도전을 받게 된다. 그 당시 수많은 종교적 논쟁들에서 떠올랐던 맹렬한 당파성은 사람들이 종교를 공정하게 주시했다는 관념을 지지해 주지 않는다. 심지어 몇 가지 논쟁들은 — 예를 들어, 교회들의 적절한 비품에 관해서 또는 예배를 집전하는 성직자가 흰색 성의(surplice)를 입어야 하는지에 관해서 — 기독교의 핵심 교의와 많은 관련을 갖기 때문에 놀랄 필요가 없다. 밀이 주장하듯이, 모든 사람이 복음의 말씀들을 단순하게 "상냥하고 부드러운 것으로" 들은 것은 아니다(II. 29). 빅토리아 통치기는 헌신적인 남자들과 여자들이 계속 확장되고 있는 제국의 암울한 공업 도시들과 들에서, 가난한 자, 궁핍한 자, 고통받는 자에게, 결코 부드럽지 않았던 종교적 메시지를 뼈저리게 느끼게 하기 위해서 열심히 노력했던 근육적 기독교(muscular Christinity, 신앙과 동시에 강건한 육체와 명 랑한 삶을 존중함)의 시대였다. 많은 빅토리아 사람들에게 교회나 성 당에 참여하는 것이 자신의 불멸적인 영혼의 구원보다는 자신의 사회 적 책임을 증명하는 문제였다는 점에서 밀은 틀림없이 옳았다. 그러나 그는 기독교가 더 이상 "행위를 규정하는 살아 있는 신념"이 아니라고 주장하면서 이를 지나치게 일반화하고 있다(II. 28).

대부분의 중기 빅토리아인들은 기독교 신앙이 여전히 활발하게 성장 하는 초목이라고 생각했기 때문에, 특별히 신학에 대해서 많이 알고 있 거나 또는 종교가 금세기 중반에 놓여 있는 좀 더 엄격하고 난해한 형 식의 지적 비판들에 익숙할 것이라는 주장은 개연성이 없다. 그러나 이 것은 그들이 생생한 신앙을 위한 자극들을 결핍하고 있다는 점을 의미 하는 것은 아니다. 수학자 라플라스(Laplace)의 정교한 표현에 따르면 "그런 가설을 필요로 하지 않았던" 진보적 학자들에 의해서 기독교가 점차 위협을 받게 되었다는 점을 사람들이 일반적으로 걱정했다. 기독 교는 또한 명백하게 공장 노동자 계급에서 지반을 상실하고 있었다. (1851년 종교 인구조사는 영국과 웨일스의 전체 인구 중 겨우 50퍼센 트만이 사순절 넷째 일요일(Midlent Sunday) 예배에 참석했으며 런던 과 다른 대도시들에서는 노동자들의 절반에도 못 미치는 사람들이 참 석했다는 놀라운 사실을 보여 줬다).[41] 만일 기독교가 전통적으로 이데 올로기적 우월성과 도덕적 우월성을 보존하길 원한다면, 회의주의와 무관심에 관한 방어가 요구된다는 점이 명백했다. 수많은 빅토리아 기 독교인들에게 있어, 돈과 기계들이 지배하는 시대에 자신들의 신앙을 증언하고 복음의 영원한 관련성을 증명하기 위해서, 공개적으로 지지

---

41 빅토리아 시대의 종교적 관행에 관한 좀 더 자세한 분석은 Geoffrey Best, *Mid-Victorian Britain, 1851-75*, 3장을 참조하시오.

를 밝힐 순간이 도래했다. 만일 현존하는 종교 제도들이 그 사역에 부합하지 않는다면, 새로운 제도들이 만들어져야만 할 것이다. 『자유론』이 출간되고 6년 후에 감리교 출신의 부스(William Booth) 목사는 이스트 엔드(East End, 전통적으로 노동자 계층이 사는 런던 동부지역)에서 가난한 사람들에게 옷과 음식을 나눠 주는 기독 선교회(Christian Mission)를 발족했다. 이후 1878년 이 선교회는 가장 극적으로 성공적인 기독교 자선 단체들 중의 하나인 구세군(the Salvation Army)의 기초가 되었다. 부스 목사와 다양한 교파 출신의 한마음을 가진 수많은 다른 기독교인들의 선교적 노력들은, 밀의 주장들에 따르면, "우리 본성의 좀 더 고귀한 부분들에 미친 모든 다른 영향력들과는 반대로" 전적으로 껍질로 덥혀 있고 화석화된 종교를 의미하지 않는다(II. 27). 정반대로 그 노력들은 신념들이 그것들에 대항하는 반대 세력들이 존재할 때 가장 큰 생명력을 나타낸다는 밀의 논제를 확증해 주고 있다.

만약 신념들이 도전받음으로써 이익을 얻는다면, 신념의 주장자들 역시 그 신념을 방어하게 될 때 이익을 얻을 수 있다. 우리의 신념들을 정당화할 의무는 우리를 정신적으로 기민하고 민첩하게 만들어 준다. 이것은 우리의 지적 건강을 위한 강장제(a tonic)가 된다. 비록 밀은 『자유론』 II장에서 이 논제를 크게 강조하지 않았지만, 2년 후 밀이 행복의 본성을 상세하게 논의하고 있는 『공리주의』에서 이 논제가 등장한다. 왜냐하면 인간들은 "동물의 욕구들보다 좀 더 고상한 능력들을" 소유하고 있기 때문에, 자신들의 정신적 능력들을 사용하지 못한다면 그들은 진정으로 행복할 수 없기 때문이다. 밀은 "단순한 감각의 쾌락들보다 지성, 감정들과 상상, 도덕적 정서들의 쾌락에 훨씬 더 높은 가치를 부여하지 않는 그 유명한 에피쿠로스의 삶의 이론은"(즉 행복이 삶의 고유한 목적이라고 주장하는 이론) 잘못됐다고 주장한다.[42] 그리

고 심지어 정신적 투쟁들이 유쾌하기보다는 좀 더 고통스러운 것으로
판명 나는 경우에도, 중요한 사실은 다음과 같다.

> 어떤 인간도 짐승이 갖는 쾌락들의 최고 한도를 기대하고서 하등 동물들
> 중의 하나로 변신하는 일에 동의하지 않을 것이다. 비록 사람들이 바보, 저
> 능아, 또는 악당이 되는 것이 현 상태보다 자신들의 운명을 더 만족시켜
> 줄 것이라고 설득당한다 하더라도, 어떤 총명한 인간도 바보가 되기를 동
> 의하지 않을 것이며, 어떤 교육받은 인간도 무식한 사람이 되지 않을 것이
> 며, 감정과 양심을 가진 어떤 사람도 이기적이고 비열한 사람이 되지 않을
> 것이다.[43]

우리의 정신들을 사용하는 것이 우리를 좀 더 행복한 개인들로 만들어
준다는 주장은 쉽게 『자유론』의 논의와 잘 들어맞는다. 그리고 그것은
다수가 지적 엘리트나 지식인 계급에 의해 그들에게 숟가락으로 받아
먹여진 의견들만을 가져야 한다는 관념에 관한 추가적 반론을 제공해
준다. 어떤 사람이 자신에게 어떤 것을 믿으라고 말했기 때문에 그것을
믿는 것은 바보 같은 방식이다. 만일 진리를 찾기 위해서 적극적으로
자신들의 지성들을 활용하는 사람들보다 바보들이 행복과 성취감을 덜
느낀다면, 사람들이 그런 방식으로 믿는 것은 좋은 것이 될 수 없다.

II. 34-39: 상충하는 의견들이 그것들 사이에 진리를 공유할 가능성
밀의 생각에 따르면, 세 번째 가능성은 가장 일반적으로 마주치게 되는
것이다. 대부분의 논쟁적 문제들에서, 진리는 전적으로 한쪽 또는 다른

---

42 J. S. Mill, 『공리주의』(*Utilitarianism*), 2장, 문단 4.
43 J. S. Mill, 같은 책, 2장, 문단 6.

쪽에만 있는 것이 아니다. 더 자주 한 쌍의 갈등하는 의견들의 각 요소
는 몇 가지 거짓뿐만 아니라 부분적인 진리를 포함하고 있다. 밀은 물
론 논리학의 배중률(한 명제는 참이든 거짓이든 그 하나이지 둘 모두
가 될 수 없다는 원칙)을 부정하는 것은 아니다. 밀은 논리학에 관한
주요 논문을 작성했기 때문에 오늘은 화요일이다 또는 2 + 2 = 4라는
명제가 참이면서 동시에 참이 아니라는 주장이 성립할 수 없음을 알고
있다. 그의 주장은 오히려 우리가 표현하는 의견들이 일반적으로 명제
들의 복합물로 구성되어 있으며 그중에서 어떤 것은 참이고 어떤 것은
거짓이라는 점을 의미한다. 수많은 문제들에 대한 우리의 지식은 부분
적이고 완벽하지 않기 때문에 우리는 자신이 간과하고 있는 진리의 측
면들을 우리에게 전달해 줄 수 있는 반대 의견들에 관대해야만 한다
(II. 34).

밀은 어떻게 진리가 두 쪽으로 나뉘며, 어느 쪽도 진리를 독점할 수
없는지 보여 주기 위해서 수많이 다양한 논란거리들에 관한 사례들을
제공하고 있다. 첫 번째는 "문명이라고 불리는 것과 근대 과학, 문학과
철학의 경이로운 결과들을 깊이 흠모하는" 사람들과 스위스 철학자인
루소(Jean-Jacques Rousseau, 1712-1778)의 추종자들 사이에 벌어진
18세기 논쟁이다. 루소의 추종자들은 "삶의 단순성"의 상실에 대해서
한탄하며 "인공적인 사회의 구속들과 위선들의 무력적이며 부도덕적
효과"에 관해서 푸념했다(II. 35). 밀의 견해에 따르면, 양쪽 모두 어떤
한계들 내에서 옳은 것이다. 왜냐하면 근대 문명은 한쪽이 확인한 덕들
과 다른 쪽이 기술하고 있는 악덕들을 모두 보여 주고 있기 때문이다.
유사한 방식으로, 동시대의 정치적 삶을 지배하는 보수주의와 개혁의
반대 당파들은 각자 일정 부분의 진리만을 파악하고 있다고 주장할 수
있다. 밀의 주장에 따르면 "이런 사고 양식들 각각은 타자의 결핍들로

부터 그것의 유용성을 도출해 낸다. 그러나 대부분 바로 타자의 반대가 각각을 이성과 냉정의 한계 내에 머물러 있게 해 주는 것이다"(II. 36).

그러나 밀은 특별하게 바로 기독교를 그 자신이 부분적 진리에 불과하다는 점을 인지하지 못하는 부분적 진리의 일차적 사례로서 주목하고 있다. 이번에 그의 통찰들의 대상은 기독교의 윤리적 규범이다. 그는 그것을 "불완전하고 편파적인 것"이라고 논쟁적으로 기술하고 있다(II. 37). 밀은 기독교 도덕의 실체를 쟁점으로 삼는 상당한 담력을 보여 주고 있다. 그것은 심지어 1859년에조차도 대부분의 사람들에게 충격과 분노를 불러일으킬 만큼 위험했다. 밀은『자유론』의 이에 관한 논의에서 표현의 자유에 대한 권리를 옹호하기보다는 그것을 적용하고 있다. 심지어 그의 일반적인 충실한 지지자인 베인조차도 광신자들의 분노를 너무 공개적으로 초래했다는 점 때문에 밀은 지혜롭지 못했다고 생각했다. 그는 밀의 흠잡기가 냉정한 것으로 간주될 수 없다고 생각했다. 왜냐하면 그것은 필연적으로 "신적 계시라는 기독교의 주장들에 관한 도전"으로 간주될 것이기 때문이다.[44]

기독교 윤리에 대한 밀의 반론의 요점은 그것이 불합리하게도 적극적인 삶의 방식보다는 소극적인 삶의 방식을 선호하는 경향을 갖는다는 점이다. 밀은 자신의 비난의 주요 대상은 복음의 신성한 계시가 아니라 지난 수세기에 걸쳐 발전해 온 기독교 윤리라는 점을 분명하게 밝히고 있다. 그러나 심지어 예수 자신의 윤리조차도 몇 가지 비난의 대상이 되고 있다. 밀은 그것이 결코 그 자체로 완벽한 도덕규범을 형성할 목적으로 제시된 것은 아니며 또한 그것은 다른 자료들에 의해서 보충될 필요가 있다고 주장한다(II. 38). 다행히도, "윤리학에서 탁월한

---

44 Alexander Bain, *John Stuart Mill*, 105쪽.

모든 것은" 일관되게 복음의 윤리에 추가될 수 있다. 왜냐하면 복음의 윤리에 관련된 문제는 그것이 포함하는 것이 아니라 배제하는 것이기 때문이다. 그러나 밀은 기독교의 도덕적 가르침과 관련된 문제는, 그것이 어느 정도는 옳지만 단지 부분적인 진리에 속한다고 **주장하고** 있기 때문에, 기독교적 이상들에 대한 그의 몇 가지 비평들은 좀 더 깊은 불만족을 유발하게 된다.

> (소위) 기독교 도덕은 반동의 모든 특성들을 가지고 있다. 그것은 주로 이 교사상에 대한 항의였다. 그것의 이상은 적극적인 것이 아니라 소극적인 것이다. 능동적인 것이 아니라 수동적인 것이다. 고귀함이 아니라 순결함이다. 선의 활동적 추구가 아니라 악행의 금욕이다. 그것의 교훈들에서 (잘 언급되어 왔듯이) "하지 마라"라는 표현이 "하라"보다 훨씬 우세하다 (II. 37).

게다가 "육적 욕망에 대한 공포 때문에" 기독교 도덕은 금욕과 자기 부정이라는 우상을 만들었다. 비록 밀이 이런 불만을 아주 명확하게 설명하고 있지 않지만, 그의 논점은 아마도 기독교는 우리가 죽을 때 천국에 들어가는 것에 중요 초점을 맞춤으로써 현재 생활의 수많은 선들을 과도하게 경시하고 있다는 점이 될 것이다. 고발장을 완성하기 위해서, 밀은 기독교 윤리가 주로 우리의 눈앞에 '천국이라는 소망과 지옥이라는 위협'을 제시함으로써 우리에게 도덕적으로 살도록 자극하는 시도를 하기 때문에 인간의 도덕에 '본질적으로 이기적인 특성'을 부여하고 있다고 주장한다. 이와 관련해서 인간의 도덕은 '고대인들(즉, 그리스 철학자들)의 최고선'에 의해서 설정된 표준 아래로 상당하게 뒤떨어지게 되었다. 고대인들은 우리가 좀 더 이타적인 동기들을 위해서 이웃들에게 의무를 다해야만 한다고 가르쳤다(II. 37).

밀의 비판적 논의로부터 도출된 결론은 "순수 기독교적 기원들로부터 발전될 수 있는 것과는 다른 윤리들이 인간의 도덕적 개혁을 이룩하기 위해서 기독교 윤리와 함께 존재해야만 한다"(II. 38)는 것이다. 비록 그가 그 '다른 윤리들'이 어떤 것이 되어야만 하는지 상세하게 설명하고 있지 않지만, 그가 탁월성들에 대한 그리스 철학(특히 아리스토텔레스 철학)과 공리주의의 결합을 염두에 두고 있었다는 점을 가정해 볼 수 있다. 이것들 모두는 앞으로 다가올 어떤 (매우 의심스러운) 생활이 아니라 현재 삶에서 우리의 개인적 충족과 사회적 충족의 조건들을 깨닫도록 우리를 고무하는 '세속'(this-worldly) 철학들이다. 또한 밀에게 제시된 그것들의 매력은 그것들이 수동적 삶의 형식보다는 능동적 삶의 형식을 증진한다는 점이다. 이 삶의 형식 속에서 우리는 자신의 삶을 최대로 풍요롭게 해 주며 또한 우리 자신을 타인들에게 가장 유용한 존재로 만들어 주는 품성의 탁월성과 지성의 탁월성을 획득하려고 노력하게 된다. 베인(Bain)은 "탁월성의 활동은 교리만큼이나 개인적인 탁월성에 의존하고 있다"고 주장한다. (그는 "전형적인 앵글로 색슨 사람들은, 그들이 최고로 유덕했을 때, 확실히 적극적으로 그렇게 된다는 점을 덧붙이고 있다").[45] 밀은 이 점에 동의하게 될 것이며 그것을 비판으로 간주하지도 않을 것이다. 그러나 그는 그러한 적극적 또는 '앵글로 색슨'적 탁월성이 기독교 도덕에 의해서 적절하게 증진되었다는 베인의 함의에는 분명히 반대할 것이다.

밀이 기독교 윤리의 특성에 관한 공정하고 정확한 윤곽을 제시하고 있는지 아닌지는 논쟁의 여지가 있다. 『자유론』에 관해 대체로 공감하

[45] Alexander Bain, 같은 책, 106쪽.

는 초기 논평가이자, 영국 성공회 신부이며 교회사가인 처치(Richard Church)는 밀이 기독교 중에 편협한 칼뱅주의 또는 청교도주의 해석을 취하려는 경향이 너무 강했다고 정당하게 주장하고 있다. 처치의 주장에 따르면 이것은 "소위 칼뱅주의의 도덕보다 좀 더 광범위하고, 좀 더 오래된, 좀 더 인간적인 기독교 도덕 개념이 존재했다"는 사실을 놓치고 있다. 만약 밀이 바울의 『빌립보서』의 몇몇 구절들을 숙고했다면 기독교 이상이 단순하게 부정적인 것만은 아니라고 생각했을 수 있다고 그는 믿었다. "결국 형제들아 무엇에든지 참되며 무엇에든지 경건하며 무엇에든지 옳으며 무엇에든지 정결하며 무엇에든지 사랑할 만하며 무엇에든지 칭찬할 만하며 무슨 덕이 있든지 무슨 찬사가 있든지 이것들을 생각하라."[46] 처치는 밀이 좀 더 폭넓고 관대한 형태의 기독교 도덕을 고려하지 못한 이유는 다음과 같은 (밀 자신이 아마도 인정하게 될) 사실에 기인하고 있다고 생각한다. "위대한 현상들은 그들의 일상적인 생각과 삶의 방식들에 낯선 것일 때 종종 심지어 아주 강력한 지성인들에 의해서도 인식되지 못할 수 있다."[47]

밀은 "모든 가능한 의견들을 말할 수 있는 자유의 가장 무제한적인 사용이 종교적 분파주의 또는 철학적 분파주의의 악들로 끝맺게 될 것인가"라는 물음을 제기하면서 II장의 문단 34-39를 마치고 있다(II. 39). 그의 솔직한 결론은 그렇게 되지 않을 것이라는 것이다. 참으로, 분파적인 것이 되는 의견들의 경향은 자유 논의의 습성에 의해서 치료되기보다는 실제로 더 악화된다. 그러나 이것은 확실히 두 악들보다 더 작은 악에 속한다.

Andrew Pyle, *Liberty: Contemporary Responses*, 251쪽.

47 Andrew Pyle, 같은 책, 252쪽.

진리의 부분들 사이의 격렬한 갈등이 아니라 절반의 진리에 대한 은밀한 억압이 무서운 악이다. 사람들이 강제로 양측 말을 듣는다면 항상 희망이 존재한다. 바로 사람들이 오직 한쪽만을 듣게 될 때, 잘못된 생각들이 편견들로 굳어지며 그리고 진리 그 자체가 거짓으로 과장됨으로써 진리 효과를 갖는 일을 그치게 된다(II. 39).

"진리의 부분을 구성하는 모든 의견들이 지지자들을 발견할 뿐만 아니라 귀를 기울일 수 있을 정도로 지지받을" 때까지 진리가 드러날 기회가 존재하지 않는다(II. 39). 인정하건대, 분파들의 열정적 지지자들은 단순히 자신들의 선입견들만 강화해 주는 토론의 과정으로부터 아무런 선도 수확하지 못할 수 있다. 그러나 만일 분파주의의 오만과 기만적 확실성이 추하고 유감스러운 것이라면, 그것들은 생각들에 대한 자유시장의 현존을 위해서 지불할 가치가 있는 비용이다. '열정적 지지자'는 미련하게 자신의 편협한 상태에 머물러 있는 것에 만족하지만, '좀 더 조용하고 무관심한 구경꾼'은 한 문제가 갖는 모든 측면들을 들을 수 있는 기회로부터 유익을 얻게 된다(II. 39).

II. 40-44: 결론들, 그리고 토론 윤리에 관한 메모

지금까지 도달한 결론들을 요약해 주고 있는 짧은 세 개의 문단들(40-43) 다음에, 밀은 II장의 마지막 문단에서 한 가지 최종적인 윤리적 논쟁점을 도입하고 있다. 그의 지적에 따르면 어떤 사람들은 의견들의 자유로운 표현이 오직 아직 언급되지 않은 한 가지 조건하에서만 허용되어야 한다고 주장한다. 즉 견해들은 항상 온화하고 정중한 방식으로 제시되어야 하며 또한 반대자들의 욕설, 빈정거림 그리고 부당한 명예훼손과 같은 결함들이 없어야 한다(II. 44). 밀은 토론의 정직함과 예의바

름에 대한 요청에 공감하고 있다. 따라서 그는 자신들의 논증들의 결핍들을 만회하기 위해서 자신들의 반대자들을 중상하는 사람들을 비난하고 있다. 그러나 그는 토론의 예의를 강화하려는 제안에는 확고하게 반대한다. 그는 그것을 여러 어려움들이 따르는 것으로 간주하고 있다.

우선, 모든 사람들을 만족시킬 수 있는 어떤 규칙들을 정하는 것은 불가능하다. 특별히 어떤 사람들은 다른 사람들보다 비판에 더 민감해서 자신들의 견해들에 대한 어떤 강력한 반론에 쉽게 모욕감을 느끼게 될 수 있기 때문이다. (이와 연관해서 우리는 어떻게 밀의 시대와 마찬가지로 우리 시대에도 종교적 견해들의 몇몇 지지자들은 자신들의 입장에 대한 **모든** 비판을 불경하고 용납할 수 없는 것으로 간주하는지를 고찰해 볼 수 있다.) 그다음으로 누가 토론에서 용인될 수 있는 양식과 용인될 수 없는 양식의 경계들을 구분해 줄 수 있는 심판인가라는 물음이 존재한다. (이 물음은 지식인들의 몇몇 위원회의 손에 달려 있다는 생각은 『자유론』의 정신과 전적으로 일치하지 않는다.) 만일 정통 교리의 지지자들이 그 임무를 맡고 있다면, 그들은 고의적으로 또는 비고의적으로 이중적인 표준들을 사용함으로써 관습적인 의견들을 지지하는 사람들보다는 공격하는 사람들에 대한 좀 더 강한 제재와 복종을 요구하게 되는 실제적 위험이 존재한다. 밀은 "법과 권위는 토론을 구속할 권리가 없다"는 점과 또한 사람들은 논의가 적절하고 공정하게 실행되는지에 대해서 자신의 생각들을 결정해야만 한다는 결론을 도출하고 있다. 이 목적을 위해서 사람들은 '솔직함의 결여, 악의, 편협, 감정의 과민'을 주의해야만 한다. 또한 사람들은 어떤 이가 취하는 **관점**(side)으로부터 이런 과실들이 있다고 추론하지 않도록 조심해야만 한다. 밀의 주장에 따르면, '진정한 토론의 윤리'는 자신들의 견해와 반대자들의 견해를 차분하고 정확하게 제시하는 사람들에게 그리고 그런 반대자들을 정의롭게 그리고 존중하면서 대우하는 사람들에게 '당연한 명예'를 수여하는 것이다(II. 44).

밀이 지혜로운 당부를 했는데도, 어떤 사람들은 어떻게 민감한 주제들에 관한 공적 토론과 논의가 실행되고 있는지와 관련해서 실제 환경들은 현대의 정부로 하여금 전적으로 방관자적 입장을 취하도록 허용하지 않는다고 주장할 것이다. 그들의 논증에 따르면, 정부들은 평화를 유지해야 할 의무를 갖기 때문에, 어떤 청중들에게 돌아갈 공격을 통해서 사회적 무질서를 불러일으키는 위험을 갖는 활자화된 자료, 구두 자료 또는 인터넷 자료의 출판 또는 살포를 타당하게 억압할 수 있다. 2005년에 덴마크의 신문사들이 예언자 마호메트를 풍자한 만화들을 게재했을 때, 수많은 사람들의 생명을 앗아간 항의 폭동이 여러 나라들에서 발생했다. 또한 한 서방 신문사 편집자가 이슬람 극단주의자들에 의해 살해되었다. 그런 사례들을 고려할 때, 몇몇 정치 평론가와 정치가들은 특정 종교 집단이나 민족 집단의 구성원들에게 위험하게 선동적인 영향을 미칠 수 있는 모든 자료의 출간을 금지하는 것이 국가의 공적 이익에 부합할 것이라는 점을 제안했다.

우리는 밀이 이 주장들에 찬동하지 않을 것이라는 점을 확신할 수 있다. 그는 무례한 토론 방식들, 잔혹한 풍자 또는 의도적으로 유해한 또는 모욕적인 빈정거림의 전개에 개탄하겠지만, 그는 공적인 자료가 명백하게 타인들에게 미치는 해로운 행동의 의도적이며 즉각적인 선동이 되는 경우를 **제외하고** 그것에 대한 정부의 검열 또는 사법기관의 검열을 승인하지 않을 것이다. 밀에게 있어서 어떤 특정한 관점의 출판이 어떤 집단들 또는 개인들에게 모욕을 불러일으킬 수 있다는 점은 그것을 금지할 충분조건이 아니다. 왜냐하면 진리는 모욕을 주는 것**이기**(is) 때문이다(또한 우리는 어떤 경우든 결코 모욕을 당하지 않을 권리

를 갖고 있지 않다). 사람들이 논쟁적인 것들을 주장할 때, 그들은 그
것들을 말할 수 있도록 허용되어야만 하며 또한 반론들에 대해서 자신
들의 의견들을 방어할 수 있도록 허용되어야만 한다. (밀은 독일, 오스
트리아, 그리고 다른 나라들에서 나치의 유태인 학살을 부정하는 것을
금지하는 법률들의 존재에 강력하게 반대했을 것이라는 점은 의심의
여지가 없다. 그는 이 법이 언론 자유라는 자유주의 원칙들과 일치하지
않을 뿐만 아니라 유태인 학살을 부정하는 자들의 입장이 갖는 어리석
음을 증거를 통해 증명할 수 있는 기회를 낭비하는 것이라고 생각했을
것이다.)

　밀은 사람들로 하여금 타인들을 해롭게 하는 행동을 불러일으키는
자료와 잠재적으로 해로운 미래의 결과들을 통해서 사람들의 마음속에
공포, 미움 또는 경멸감을 심어 놓는 것의 경계를 주의를 기울여 묘사
하고 있지 않다는 점을 우리는 이미 지적했다. 그러나 그를 옹호하자
면, 이것은 경계 짓기 아주 어려운 것이라고 말할 수 있다. 여기에는 두
가지 중요한 이유들이 존재한다. 우선 첫째로, 한 특정 연설, 도서 혹은
신문 기사의 장기적인 결과들이 무엇이 될 것인지 정확하게 예측하기
가 종종 매우 어렵다. (예를 들어, 덴마크의 풍자만화들이 이슬람 국가
들에서 국내 정치적 목적들을 위해서 갑자기 재출간되지 않았다면, 그
것들은 단지 몇몇 사소한 불평들만 불러일으켰을 것이다.) 둘째, 표현
의 자유를 존중하고 **또한** 개인들의 생명과 안전의 보존을 존중하는 자
유주의 국가에서, 원리상 양립 가능하지만, 우연한 이유들 때문에 상충
할 수 있는 이 두 가치들 사이에 절충하는 일이 때때로 필수적인 것이
될 것이라는 점이다. 해악의 원칙에 따라, 자유의 실행이 타인들에게
해로운 결과들을 유발하는 위협이 된다면, 자유는 마땅히 제한된다. 불
행히도, 아직 어떤 자유주의 철학자도 이 조화를 위한 만족할 만한 일

반적 도식을 발견하지 못했다. 또한 우리는 어떤 도식이 곧바로 출현할 것이라고 기대해서도 안 된다.

연구를 위한 물음들

1. 정부들이 자유로운 표현을 합법적으로 제한할 수 있는 상황들이 존재하는가?

2. 자신들이 동의하지 않는 의견을 억압하려 하는 사람들은 사실상 자신들의 무오류성을 가정하는 것이라는 밀의 주장은 옳은가?

3. 어떤 명제에 대한 우리의 합리적인 믿음은 우리가 자신이 그를 수도 있다는 논증들 또는 증거를 자발적으로 고려해야만 한다는 점을 항상 요구하는가?

4. 상충하는 의견들은 일반적으로 '그것들 사이에 진리를 공유하고 있는가?'

5. 밀의 주장처럼, 기독교 도덕은 그것의 기본적 이상들의 측면에서 매우 부정적인가?

6. 어떤 윤리적 표준들이 토론과 논의의 실천을 지배해야만 하는가?

III. 행복의 한 요소로서 개별성에 관하여

III. 1: 개별성과 행복

밀은 『자유론』 III장을 '개별성 예찬'이라고 부를 수 있었다. 문자적으로 또한 상징적으로 이 책의 중심에서 III장은 이 작품의 '중요한 생각'의 가장 지속적인 방어를 제공해 주고 있다. 즉 그 생각은 '인간과 사회에 있어 다양한 형태들을 갖는 품성의 중요성과 인간 본성을 수많은 그래서 서로 상충하는 방향들로 확장하기 위해 인간 본성에 완전한 자유를 부여하는 일의 중요성'을 의미한다.[48] 밀은 이 장에서 아주 독창적인 어떤 것을 주장하고 있다는 명예를 겸손하게 거절하고 있다. 그는 이것이 "비록 수세기 동안 고립된 철학자들에게만 제한되었지만, 문명의 시작과 더불어 아마도 인간이 한 번도 전적으로 결핍한 적이 없었던" 진리를 재진술하는 것이라는 기술을 선호하고 있다.[49] 그러나 그는 이 진리를 19세기 중반에 재진술하는 일의 중요성이 과장될 수 있다고 생각했다. 왜냐하면 이 시기는 개인들이 관습적 규범들로부터 벗어나려는 출발들에 대해 특별히 적대적이기 (또는 그가 그렇다고 주장하기) 때문이다. 밀의 비관적 견해에 따르면, 사람들은 점점 더 서로 닮아 가고 있다. "비교해서 말하면, 사람들은 지금 같은 것을 읽고, 같은 것을 보고, 같은 것을 들으며, 같은 곳에 가고, 같은 대상들을 향한 희망과 공포를 느끼며, 같은 권리와 자유를 가지고, 그것을 주장하는 같은 수단들을 가지고 있다"(III. 18). 현존의 한 양식으로서 개별성은 소멸하게 될 심각한 위험에 처해 있다.

명예가 돌아가야 할 곳에 항상 명예를 부여했던 밀은 부분적으로 동시대인인 독일의 자유주의 철학자 폰 훔볼트(Wilhelm von Humboldt, 1767–1835)가 자신의 생각에 미친 깊은 영향을 인정했다. 심지어 그는 이 노 작가가 쓴 몇몇 구절들을 빌려와 『자유론』의 헌사(epigraphy)를 지었다.

이 책에서 전개되는 모든 논증이 직접적으로 집중하고 있는 가장 크고 중요한 원칙은 가장 풍부한 다양성을 가진 인간의 발전이 갖는 절대적이며

---

48 J. S. Mill, *Autobiography*, *Collected Works*, 1권, 259쪽.
49 J. S. Mill, 같은 책, 260쪽.

　　본질적인 중요성이다.

이 구절은 폰 훔볼트의 가장 중요한 책인 『정부의 영역과 의무들』(*The Sphere and Duties of Government*)로부터 발췌되었다. 이 책은 1792년에 독일어로 처음 출판되고 1854년에 영어로 번역되었다. 밀은 인간이 갖는 차이들의 가치에 대한 폰 훔볼트의 감동적인 옹호와 우리가 '실험적 삶들'(experiments in living)을 감행해야만 한다는 그의 제안에 감명을 받았을 뿐 아니라(이것은 『자유론』 III장 문단 1에 반영되었다), 개인적 발전을 위한 필수 조건으로서 그의 자유 개념에 의해서 감명을 받았다. 이 독일 작가에 따르면,

> 인간의 참된 목적은, 즉 모호하고 일시적인 욕구들에 의해서 제시된 것이 아니라, 이성의 영원하고 불변적인 명령들에 의해서 규정된 것으로, 완벽하고 일관된 전체에 이를 수 있는 인간 능력들의 가장 고귀하고 가장 조화로운 발전이다. 자유는 그런 발전의 가능성이 전제하고 있는 중요하며 필수적인 조건이다. … [50]

밀은 각자의 청사진에 따라 자신의 품성, 재능들과 관심들을 개발할 자유가 현대 문명의 조건들에 의해서 약해지고 있다고 생각했다. 그 조건들은 타인들이 사는 것처럼 살며 또한 '사회의 일반적 합의들'에 동의하도록 점진적으로 압력을 가하고 있다. 개인적 발달에 미치는 동시대의 사회적 합의들의 치명적인 결과들에 대한 밀의 공포심들은 이미 1836년에 발표된 「문명」('Civilization')이라는 논문 속에 분명하게 나

50　Wilhelm von Humboldt, *The Sphere and Duties of Government*, 11쪽.

타나 있다. 그는 이 글에서 '개인들의 힘의 이완'(또는 오히려 개인들
의 돈벌이 추구라는 좁은 영역에 그 힘을 집중하는 일)에 대해서 불만
을 토로하고 있다.[51] 그의 결론에 따르면, 현대 문명은 그 나름대로 장
점을 가지고 있다. 왜냐하면 현대 문명은 환영받을 만한 인간성의 증
가, 편협함의 감소와 더불어 우리들의 명백한 계급들에서 드러나는 자
만심과 계급제도(caste)가 갖는 자만심의 감소를 이끌었기 때문이다.
많은 사람들은 과거 그 어느 때보다 좀 더 편안하고, 안전하며, 부유하
게 되었다. 그러나 불리한 면은 "문명의 자연적 성장에 의해서 권력이
개인들로부터 대중으로 옮겨 갔으며, 한 개인의 무게와 중요성은, 대중
과 비교할 때, 점점 더 무의미한 것으로 빠져들었다는 점이다."[52] 다수
의 폭정 아래에서, 개인은 주체가 될 수 없었다.

도너(Wendy Donner)의 글에 따르면, "「자유론」은 자기 발전과 좀
더 가치 있는 쾌락들과 추구들의 평가를 위해서 요구되는 개별성을 증
진하는 자유를 위한 열정적 간청이다."[53] 앞에서 살펴 본 것처럼, 밀은
「자유론」이 아니라 「공리주의」에서 개인의 품성과 정신의 탁월성들의
발전과 또한 그가 거기서 '고차적인' 정신적 쾌락들이라고 부르고 있
는 것의 검토가 행복의 본질적 구성 요소들이라는 점을 분명하게 제시
하고 있다(즉 행복은 사실상 단순한 감각적 만족과 다른 것으로서 그
렇게 불린다). 밀의 기록에 따르면 "인간은 동물적인 욕구들보다 좀 더
고상한 능력들을 가지고 있으며 또한 그것들을 자각하자마자, 그 능력
들을 만족시키지 못하는 것들은 행복으로 간주하지 않게 된다."[54] 「자

51 J. S. Mill, 'Civilization', *Collected Works*, 18권, 129쪽.
52 J. S. Mill, 같은 글, *Collected Works*, 18권, 126쪽.
53 Wendy Donner, *The Liberal Self: John Stuart Mill's Moral and Political Philosophy*, 150쪽.
54 J. S. Mill, 「공리주의」, 2장, 문단 4.

유론』에서 자기 발전의 증진은 인간의 행복을 고양시키는 밀의 공리주의 계획과 직접적으로 관련되어 있다고 이해하는 일이 합리적이다. 만약 가능한 한 많은 사람들이 최대로 행복해질 수 있다면, 사회는 사람들의 능력들을, 그들 시대와 그들 방식에 따라, 발견하고 발전시킬 수 있는 충분한 공간을 그들에게 허용해야만 한다.

　밀은 해악의 원칙을 상기시키는 말로 III장을 시작하고 있다. "개인의 자유는 여태까지 제한되어야만 했다. 왜냐하면 개인은 타인들에게 귀찮은 존재가 되어서는 안 되기 때문이다." 따라서 행위자들은 직접적으로 자신들의 행위를 통해서 또는 해로운 행동을 하도록 제삼자들을 선동함으로써 "정당화될 수 있는 이유들 없이 타인들에게 해악을 가해서는" 안 된다. 한 개인이 "타인들과 관련해서 그들을 간섭하지" 말아야 한다고 가정하면, 그는 "간섭 없이 자신이 희생을 치르더라도 자신의 의견들을 실행에 옮길 수 있도록" 자유로워야만 한다. 이것은 마지못해 인정되는 한 권리로서가 아니라 매우 가치 있는 선으로서 이해되어야만 한다. 사람들은 다양한 '실험적 삶들'을 시도해야만 한다는 점과 "다양한 품성들이 자유롭게 수용되어야 한다"는 점이 절대적으로 필요하다. 만일 사람들이 항상 타인들이 규정한 전통들과 관습들을 따르도록 강요받는다면, "개인적 진보와 사회적 진보의 중요한 구성 요소"뿐만 아니라 "인간 행복의 주요한 구성 요소들 중의 하나가" 실종된 것이다(III. 1).

III. 2-9: 행복에서 개별성의 중요성

다음에 나오는 몇몇 문단들에서 밀은 개별성에 대한 자신의 이해와 그것이 갖는 중요성에 대한 이유들을 좀 더 자세하게 피력하고 있다. 극복할 필요가 있는 주요 장애물들 중의 하나는 개별성의 가치에 대한 유

행하는 일반적 무관심이다. 그의 주장에 따르면 '개인적 자발성'(indi-
vidual spontaneity)은 상식적 사고 방식들에 의해서 어떤 것이 되었든
어떤 본래적 가치를 갖는 것으로서 인정되지 않는다. 대부분의 사람들
은, "지금 그들이 처해 있는 동일한 인간의 방식들에 만족하고 있기 때
문에, 왜 그런 방식들이 모든 사람들에게 충분히 좋은 것이 되어서는
안 되는지를 이해할 수 없다." 아주 극소수의 사람들만이 완벽하고 일
관된 전체에 이를 수 있는 인간 능력들의 가장 고귀하고 가장 조화로운
발전이 되는 것으로서 인간의 목적에 대한 폰 훔볼트의 고무적인 선견
(vision)을 공유(또는 심지어 이해)할 수 있을 뿐이다(III. 2).

밀은 아무도 사람들이 자신들의 품성과 행동에서 서로가 정확하게
동일하게 되는 것이 좋은 것이라고 주장하지 않는다는 점을 인정하고
있다. 그러나 논쟁적인 쟁점은 어느 정도까지 다양성이 바람직한 것인
가라는 문제이다. 밀은 대부분의 사람들이 다양성에 전혀 만족하지 않
는다고 생각한다. 물론, 한 개인이 자신의 인생 행로를 선택할 때 인간
의 이전 경험을 경시하는 것은 어리석은 일이 될 것이다. 밀은 사람들
이 서로에게서 많은 것을 배운다는 점과 우리 모두는 "어릴 때 교육과
훈련을 통해서 인간 경험의 확증된 결과들을 배워야 하고 또한 그것들
에 의해서 유익을 얻어야만 한다"는 점을 인정하고 있다. 그렇지만,

자신의 방식대로 경험을 사용하고 해석하는 것은 성숙한 능력들에 도달한
인간의 특권이며 적합한 조건이다. 인간은 기록된 경험의 어떤 부분이 자신
의 상황들과 품성에 적절하게 적용될 수 있는지 발견해야만 한다(III. 3).

관습과 전통은 이 과정에서 약간의 유용한 지침을 제공할 수 있다. 그
러나 개인들은 여전히 그것들의 옳음과 지혜를 평가해야 하며 또한 그

것들이 자신들의 경우에 어떻게 적합한지를 결정해야만 한다. 여기서 우리는 자신들의 신념들과 행동들에 전적인 책임을 부담하는 자율적인 개인들이라는 밀의 개념이 매우 강조되어 있음을 알 수 있다. 밀의 주장에 따르면 "관습이기 때문에 그것을 행하는 사람은 아무런 선택을 하지 않는 것이다." 또한 "만일 한 견해의 근거들이 그 개인의 추론의 결론이 아니라면, 그의 추론은 그 견해를 채택함으로써 강화될 수 없고 오히려 약화될 것이다"(III. 3). 참으로,

> 세상이 또는 그것의 일부분이 자신을 위한 삶의 계획을 선택하도록 맡기는 사람은 유인원의 모방 능력 이상의 다른 능력을 필요로 하지 않는다. 자신의 계획을 스스로 선택하는 사람은 자신의 모든 능력을 사용하고 있는 것이다. 그는 보기 위해서 관찰력, 예측하기 위해서 추론과 판단력, 결정을 위해 자료 수집활동, 결정을 위해서는 분별력을 사용해야만 한다. 또한 그가 결정을 내린 다음에는, 자신의 신중한 결정을 유지할 수 있는 확고함과 자제력을 사용해야만 한다(III. 4).

인간의 본성은 모형에 따라 제작되는 기계가 아니라, 자신을 생명체로 만들어 주는 내적 힘들에 따라 성장하고 발전하게 될 나무와 같은 것이라고 밀은 이어서 주장하고 있다(만일 그런 일이 가능하다면 말이다). 아리스토텔레스의 평범한 반영을 통해서, 밀은 "사람들이 무엇을 하는지가 중요할 뿐만 아니라 그것을 행하는 자들이 어떤 종류의 사람인가도 중요하다"는 점을 진술하고 있다. 왜냐하면 "인간의 삶이 정당하게 사용되어 완성하길 원하고 아름답게 만들길 원하는 인간의 작품들 중에 첫 번째로 중요한 것은 확실히 인간 그 자신이기 때문이다"(III. 4).

이 점에서 밀은 가능한 반론을 예견하고 있다. 어떤 사람들은 자신의 욕구들과 충동들에 근거해서 열정적으로 행동하도록 사람들에게 용기를 주는 것이 아주 좋은 일이라고 생각할 수 있다. 그러나 그들은 자신들의 욕구들과 충동들이 나쁜 목적들을 지향하고 있는 행위자들의 경우에 이런 행위의 결과들이 무엇이 될지 염려하게 된다. 이런 이유 때문에 강한 충동들은 전통적으로 '위험과 함정'으로 간주되었다. 따라서 자기 표현보다는 자기 절제가 덕스러운 것으로 간주되었다(밀은 의지가 강한 사람들은 역시 자신들의 좀 더 약한 이웃들을 지배하고 제압할 개연성이 있다는 점을 부연하지는 않았지만 기회가 되었다면 그렇게 했을 것이다).

이 반론(III. 5-6)에 대한 밀의 반응은 불충분하고 불만족스러운 것이다. 그는 단지 "강한 충동들과 약한 양심 사이에 어떤 자연적 관계도" 없다는 점만을 지적하면서 논의를 시작하고 있다(III. 5). 이 주장이 옳다 하더라도, 강한 본성과 약한 도덕감을 결합하는 사람들(즉, 어떤 도덕적 규제들을 인정하지도 않고 준수하려는 충성심을 갖지 않는 외고집적인 행위자들)에 대해서 무엇을 해야만 하는가 하는 문제는 여전히 남아 있다. 밀은 강한 본성들은 약한 본성들보다 더 많은 선을 산출할 수 있다는 점을 주장함으로써 이 답변보다 더 나은 결과를 도출하려고 노력하고 있다. 그러나 이 주장의 효과는 강한 본성들이 또한 더 많은 악을 산출할 수도 있다는 그의 솔직한 인정 때문에 곧바로 반감되고 만다(III. 5). 그는 또한 **"좀 더 많은 선은 나태하고 무감각적인 본성이 아니라 활동적인 본성에 의해서 만들어진다"**는 점과 "교양 있는 감정들은 가장 자연적인 감정을 가진 사람에게서 **가장 강력한 것으로 만들어질 수 있다"**는 점을 제안하고 있다(III. 5. 저자 강조). 그러나 이 제안들은 누가 진보의 과정을 통제할 수 있다고 간주되는가라는 명백한 문제를 불러일으킨다. 만약 (그 용어가 암시하는 것처럼 보이듯) 그 생각이 타인들은 의지가 강한 행위자의 삶에 개입해서 그를 좀 더 고상하고 좀 더 적절한 감정들을 갖춘 더 좋은 사람으로 만들려고 노력해야만 한다는 것을 의미한다면, 밀의 입장은 자기 모순적인 것이 된다.

밀의 주장에 따르면, "증기 기관이 품성을 갖지 않는 것처럼, 자기 자신의 욕망들과 충동들을 갖지 않는 사람은 아무런 품성도 갖지 못한다"(III. 5). 해악의 원칙 아래에서 한 행위자는 자신의 이웃들에게 해악을 끼치는 일을 강제로 저지당할 수 있다. 그러나 밀은, 거의 니체적인 문구로, 자신의 생각에 따르면 과거에는 너무나도 흔했던 관행에 대한 반론을 되풀이하고 있다. 그것은 사회적 규칙들에 복종하기를 거부하는 "강력한 육체들 또는 정신들을 소유한 사람들"의 품성을 지배하려는 시도였다(III. 6).[55] 그런 간섭이 그의 현존하는 욕구들과 충동들 대신에 다른 것들, 즉 좀 더 사회적으로 수용 가능한 것들로 대체하는 데 성공함으로써, 그것은 사실상 강한 사람으로부터 그의 품성을 빼앗아 버렸다. 그러나 우리는 사람들의 강한 욕구들과 충동들이 사회의 다른 구성원들에게 위협이 될 때, 그 사람들의 훌륭한 감정들을 개발하는 어떤 종류의 강제적인 재교육 또는 다른 수단들을 지지하는 일을 거부하는 밀의 일관성에 대해서 정당하게 물음을 제기할 수 있다. 만약 해악의 원칙 아래에서 그들의 해로운 **행동들이** 간섭을 받을 수 있다면, 왜 그들의 해로운 **품성들도** 역시 간섭을 받으면 안 될까? 밀에게 있어서 개별성의 가치는 단순히 한 사람의 품성을 누그러뜨리는 데 너무 중요하기 때문에 받아들일 수 없는 것이다. 그러나 이것은 두 가지 명백한 물음들을 제기한다. 첫 번째 물음은 단지 **모든** 개별적인 품성이 가

---

[55]   밀과 니체의 유사점과 차이에 관해서는 아래 IV부를 참조하라.

치 있는 것으로 간주되어야만 하는가라는 것이다. 사람들이나 동물들을 고문하고, 아이들을 성폭행하고, 또는 자신의 이익을 위해서 다른 모든 사람들을 부도덕하게 약탈하려는 강한 경향을 가진 성격(person-ality)도 선한 것인가? 히틀러와 사드 후작(the Marquis de Sade)은 타인들에게 해악을 입히려는 매우 강한 충동들을 가지고 있지만 독특한 성격들을 가지고 있다는 점에서 훌륭한 사람들이었는가? 두 번째 물음은 개인의 품성에 대한 밀의 자유방임적 태도는 한 공리주의자가 나쁜 품성들을 가진 사람들로부터 흘러나올 것 같은 타인들에 대한 심각한 해악들에 관해 가져야만 하는 관심과 양립할 수 있는가 하는 것이다. 밀은 강한 성격을 가진 사람들에 의해서 행해질 수 있는 **선**을 언급함으로써 그가 개별성에 부여하고 있는 가치를 끊임없이 정당화하고 있다. 그러나 이것은 강한 성격을 가진 일부 사람들이 똑같이 행할 준비가 된 **악**을 편리하게 그리고 비현실적으로 간과하고 있는 것이다.

이 반론에 대한 밀의 최종적인 답변은 "사회가 이제는 개별성을 능가했고 또한 인간 본성을 위협하는 것은 개인의 충동들과 선호들의 과잉이 아니라 결핍이기" 때문에, 만약 그것이 문제라면, 그런 문제는 더 이상 존재하지 않게 될 것이라는 점을 제안하는 것이다(III. 6). 이런 노선의 문제는 (현 상황에 대한 의심스러운 평가는 제쳐 놓더라도) 만일 새로운 개별성의 시대가 시작된다면, 어떤 문제가 생겨날 수 있다는 점을 암묵적으로 인정하고 있다는 것이다. 밀은 그 시작을 불러일으키기 위해서 『자유론』에서 최선을 다하고 있기 때문에, 그는 다만 자신의 실패를 미리 가정하는 상황에서만 그 걱정을 중요하지 않은 것으로 일축할 수 있는 권리가 있다.

밀은 빅토리아인들이 욕구들과 성향들을 결핍하지 않았다는 점을 인정하고 있다. 그러나 문제는 이것들과 관련해서 어떤 개별적인 것 또는 자발적인 것이 존재하지 않는다는 점이다. 밀의 생생한 표현에 따르면, "그들은 군중 안에 있는 것을 좋아한다." 이것은 마치 그들이 자신의 성향들보다 우선적으로 관습적인 것을 선택하는 것처럼 이해해서는 안 된다. 밀의 심각한 불만은 "관습적인 것을 제외하고 그 어떤 경향도 그들에게 일어나지 않는다"는 점이다(III. 6). 관습의 지배력은 너무도 거대한 것이기 때문에 사람들은

> 오직 일반적으로 행해진 것들만 선택한다. 그들은 자신의 본성을 따르지 않기 때문에 따라야 할 아무런 본성을 갖지 않을 때까지 독특한 취미, 기이한 행위는 범죄들과 똑같이 회피된다. 그들의 인간적 능력은 고사된다. 그들은 어떤 강렬한 소망들 또는 자연적 쾌락들을 가질 수 없으며 또한 일반적으로 그들은 스스로 성장하는 또는 자신의 고유한 의견들 또는 감정들을 상실하게 된다(III. 6).

밀은 이 상황에 대한 일부 책임을 칼뱅주의의 부정적 영향에 돌리고 있다. 16세기 중반 제네바에서 처음으로 영국에 도달한 이런 엄격한 기독교 형태는 엘리자베스 여왕 시대와 초기 스튜어트 왕조 시대에 청교도주의(Puritanism)를 생겨나게 했다. 그 후 이것은 영국 개신교의 중요 노선으로서 자리를 유지했다. 밀은 이 점을 진심으로 싫어했다. 칼뱅주의의 도덕적 교리에 대한 밀의 해석에 따르면, 그것은 자기 의지를 "인간의 가장 큰 범죄"로 간주하고 있다. 칼뱅주의자들은 인간 본성이 근본적으로 타락했다고 생각하기 때문에, 인간이 할 수 있는 유일한 선은 신의 의지에 복종하는 것이라고 생각한다. 그러나 불행하게도 (밀의 관점에 따르면), 심지어 자신들을 칼뱅주의자라고 생각하지 않는 사람들조차도 인간의 모든 충동들에 대한 부정적 태도에 의해서 빈번

하게 오염되어 있다. 왜냐하면 그들은 욕구들이 오직 권위의 규정들과
엄격하게 일치될 때만 죄로부터 자유로워질 수 있다고 믿기 때문이다
(III. 7).

밀은 칼뱅주의의 '삶에 대한 편협한 이론'이 윤리적으로 혐오스러울
뿐 아니라 신학적으로도 불합리하다고 생각한다. 칼뱅주의가 보호하려
는 '옹색하고 편협한 형태의 품성'은 아마도 선한 신이 우리 내면에서
보고 싶어 하는 것이 될 수 없을 것이다.

> 많은 사람들은 … 이렇게 속박되고 위축된 인간들이 그들의 창조자가 자
> 신들을 그렇게 존재하도록 설계했기 때문에 그렇게 존재한다고 진심으로
> 생각한다. 그러나 만일 인간이 선한 존재에 의해서 창조되었다고 믿는 일
> 이 종교의 한 부분이라면, 이 존재가 모든 인간들에게 박멸되거나 소모되
> 기보다는 개발되고 펼쳐질 수 있는 능력들을 부여했다는 믿음과, 또한 피
> 조물들 안에서 구체화되는 이상적인 계획에 대한 자신의 피조물들의 좀
> 더 가까운 모든 접근, 즉 이해나 행동이나 향유의 능력들의 모든 증가에
> 대해서 창조주가 기뻐할 것이라는 믿음이야말로 이 신앙과 더욱 일치된다
> (III. 8).

반대로 그리스 철학은 인간의 탁월성에 관한 매우 다른(그리고 밀의
명백한 암시에 따르면 훨씬 더 고무적인) 관점을 갖고 있다. 그 철학은
인간 본성이 "단순하게 포기되는 것(즉, 부정되고 정복되는 것) 이상의
다른 목적을 위해서" 우리에게 부여되었다고 주장한다. 그러나 그리스
인들도 밀도 우리가 자신의 임의적 충동들이 이끄는 대로 따라가야만
한다고 권고하지 않는다. 우리는 자신의 본성을 부정해서는 안 되지만,
자제를 발휘하고 자신의 정욕들에 지배당하기보다는 지배하는 것을 목

표로 삼아야만 한다. 자유는 방종(licence)과 동일한 것이 아니며 개인적 탁월성의 추구는 제멋대로인 행동(self-indulgence)과 혼동되어서는 안 된다. 밀은 우리가 모방할 수 있는 몇 가지 가능한 모델들을 고려하면서, 훌륭하지만 타락한 그리스 군인이자 정치가인 알키비아데스(Alcibiades, 기원전 약 450-404)의 예를 따르는 일에 대해서 우리에게 경고하고 있다. 그는 자기 생전에 야망, 부도덕한 배신과 방탕한 생활 때문에 전설이 되었다. 그러나 우리는 또한 엄격하고 완고한 스코틀랜드의 칼뱅주의 지도자 존 녹스(John Knox, 약 1513-1572)를 모방하려고 해서도 안 된다. 만약 우리가 이상적인 인물을 찾고자 한다면, 훨씬 더 훌륭한 선택은 현명하고, 세련되며 유덕한 아테네 정치가 페리클레스(Pericles, 기원전 약 495-429)가 될 것이다(III. 8). 다른 곳에서 밀은 페리클레스를 '고귀한 정신과 실천적 지혜'를 가진 사람으로, '모든 학식과 재능과 국가의 임무 수행에서 탁월한' 사람으로, 그리고 '오직 지휘관적 자질들만을 통해서' 자신의 우월성을 유지했던 정치가라고 기술했다.[56] 『자유론』에서 밀은 자신의 지적 탁월성과 도덕적 탁월성을 최고도로 개발할 수 있고 또한 사회에 대한 자신의 공헌이 독특하게 자신의 것이기 때문에 더욱 크게 되는 그런 개인들의 유형을 묘사하고 있다.

밀에 따르면 "각 사람은 자신의 개별성의 발전과 비례해서 자신에게 좀 더 가치 있는 존재가 되며, 그 결과 타인들에게도 좀 더 가치 있는 존재가 될 수 있다." 그런 인간은 좀 더 완전하게 살게 된다. "또한 단일체들 속에 좀 더 많은 삶이 있게 될 때, 그것들로 구성된 집단 속에 더 많은 삶이 존재하게 된다." 역사상 가장 주목할 만한 시대들은 개별

---

[56]   J. S. Mill, "Grote' s History of Greece[II]", *Collected Works*, 14권, 333-334쪽.

성의 성장을 육성했던 시대들이다. 그리고 "개별성을 파괴하는 것은, 그 이름이 무엇이 되든지 그리고 그것이 신의 의지나 사람들의 명령을 실행하는 것이라고 공언되든지 간에, 폭정(despotism)이다"(III. 9).

III. 10-13: 사회에서 개인들의 가치

밀이 지적한 바에 따르면, 어떤 사람들은 자아발전에 필수적인 종류의 자유에 대한 욕구가 없으며 또한 왜 그 밖의 사람들은 그 자유를 원해야만 하는지를 이해하는 일이 어렵다고 생각한다. 그들을 위해서, 그리고 그들이 타인들의 자유를 방해하지 않도록 하기 위해서, 밀은 개별성의 사회적 유익들에 대해서 좀 더 많은 것을 주장하는 것이 바람직하다고 생각한다(III. 10).

사회적 혜택들 중의 하나는, 정체(stagnation)를 회피해야 한다면, 모든 사회가 요구하는 독창성이라는 요소를 개인들이 제공해 주고 있다는 점이다. 밀의 주장에 따르면, 사람들이 새로운 것들을 발견하고, 과거의 오류들을 교정하고 또한 "새로운 관행들을 시작하고 인생에서 좀 더 계몽된 행동과 좀 더 고상한 감식력과 판단력"의 모범이 될 영속적인 필요가 존재한다(III. 11). 오직 세상이 이미 완전에 도달했다고 믿을 정도로 어리석은 사람들만이 이 점을 부인할 것이다. 물론, 모든 사람들이(심지어 모든 교양 있는 개인조차도) 독창적인 공헌을 할 수 있는 것은 아니다. 왜냐하면 그 일을 하는 것은 좀 더 천재적인 속성을 요구하기 때문이다. 천재는 드물지만, 천재성을 소유한 사람들은 "세상의 소금"이다. 왜냐하면 그들은 "이전에 존재하지 않았던 좋은 것들을 도입"할 뿐만 아니라 "기존에 존재하고 있는 것들의 생명을 유지"하기 때문이다. 천재는 수적으로는 드물지만 사회적 선에 대한 공헌은 엄청나다. 따라서 그들의 독보적인 특성들이 번영할 수 있는 조건을 유지하는 것이 필수적이다. 또한 밀의 주장에 따르면, 천재가 자유롭게 숨 쉬기 위해서, "자유로운 **분위기**"(an atmosphere of freedom)가 있어야만 한다(III. 11).

더 나아가 밀은 천재들이 정의에 따르면 "다른 사람들보다 좀 더 독특한" 사람들이기 때문에 "사회가 그 구성원들이 자신들의 품성을 형성하는 문제를 막기 위해서 제공하는 일반적인 틀들"에 쉽게 자신들을 맞출 수가 없다고 주장한다(III. 11). 다시 말하면, 천재들은 기인(奇人)이 되기 쉽다. 그리고 그러한 기이성(eccentricity)은 평범하지 않은 성격들 또는 생활양식들을 싫어하는 보통 사람들에게 안 좋게 받아들여질 수 있다. 그러나 인상적인 비유를 통해서 밀은 "우리들은 나이아가라 강(the Niagara river)이 네덜란드의 운하처럼 양 둑 사이로 잔잔하게 흘러가지 않는다고 불평해서는 안 된다"고 주장한다(III. 11).

우리는 천재에 관한 밀의 설명에 대해서 뛰어나게 독창적인 정신의 소유자들이 모두 품성 또는 품행에서 특별하게 기인이 되는 것은 아니라고 반박할 수 있다. 밀은 잠깐 멈춰 정확하게 자신의 천재 개념을 정의하지 않았으며, 또한 자신이 생각하기에 그런 범주에 해당하는 남자들과 여자들의 사례도 제시하지 않았다. 그러나 남다른 생각들을 갖는 사람은 역시 남다른 성격이나 삶의 양식을 가져야만 한다는 가정은 거의 정당화될 수 없다. 만일 천재들의 정신들이 나이아가라 강과 같다면, 그들의 삶들은 종종 네덜란드의 운하들을 좀 더 닮게 된다. III장 문단 13에서 "극소수의 사람들만이 감히 기인이 되려 한다는 사실은 그 시대의 중요 위험의 표식이 된다"는 밀의 주장은, 다소 믿기 어렵지만, 개인적인 괴상함(oddity)이 그 자체로 좋은 것이라는 점을 제안하고 있다. 한 개인의 인격적 독특성들(idiosyncrasies)이 가치 있는 것인지 아닌지의 문제는 그런 특성들이 무엇인가에 달려 있으며, 단순히 그것들이 독특하다는 점에 의존해서는 안 된다. 그러나 이 점에 관해서 밀과 논쟁하는 것은 그의 중요한 그리고 좀 더 설득력 있는 논점을 놓칠 위험이 있다. 즉 그의 논점은 사회가 사람들이 자신의 삶들을 영위할 수 있는 방식들에 제약들을 부과함으로써 천재의 발전이나 표현을 위험에 빠뜨려서는 안 된다는 것이다. 천재는 "사고와 실천에서 모두 자유롭게 자신을 펼칠 수 있도록" 허용되어야만 한다. 그렇지 않으면 그는 시들어 버릴 것이다(III. 12).

　밀의 주장에 따르면 매우 소수의 사람들만이 천재를 마땅한 정도로 존중하고 있다. 사람들은 한 사람이 인상적인 시 또는 그림을 제작하는 일이 좋은 것이라고 생각한다. 그러나 그들은 생각 또는 행동에서 독창성(originality)에는 무관심하다. 밀의 분석에 따르면, 이 무관심은 인간을 개인적 존재가 아니라 집단으로만 존중하는 현대 문명의 또 다른 통탄할 만한 영향이라 할 수 있다. 그 결과, 개인들이 군중 속에 사라지고 '집단적 평범성'(collective mediocrity)이 통치하게 된다(III. 13). 그러나 '모든 현명한 것 또는 고귀한 것'은 그 기원을 일반성이 아니라 개별적인 것들에 두고 있기 때문에, 개별성을 개발할 수 없는 사회는 지극히 중요한 창조적 불꽃을 소멸시킬 위험에 처하게 된다. 보통 사람들은, 적절한 지침들을 받게 되었을 때, 그것들을 따르면 좋은 결과를 산출할 수 있다. 그래서 그들에게 지침들이 주어져야만 한다. 밀은 자신의 의지를 타인들에게 부과하려는 그런 종류의 영웅을 찾고 있는 것이 아니라는 점을 조심스럽게 설명하고 있다(이것은 아마도 『역사적 영웅, 영웅 숭배, 영웅시에 관하여』(*On Heroes, Hero-Worship, and the Heroic in History*, 1841)에 등장하는 그런 인물에 대한 칼라일(Thomas Carlyle)의 칭송에 대한 측면 공격이 될 것이다). 여기서 요구되는 것은 '좀 더 높은 사고의 탁월성'을 소유하면서 타인들을 자신들의 가르침과 모범으로서 고취하는 개인들이다.

밀은 『자유론』 다음에 곧바로 출간된 책인 1861년의 『대의정체론』 (*Considerations on Representative Government*)에서 개별성의 상실이 야기하는 사회적 비용이라는 주제로 돌아오고 있다. 거기에서 밀은 개별성에 대해서 그 자체로 공감하지 못함을 보여 준 것이 단지 현대 대의 민주주의만이 아니라는 점을 명백하게 드러내고 있다. 역사는 높은 수준의 문명에 도달했지만, 그 후에 그 자리에서 얼어붙어 꼼짝하지 못하는 사회들의 다른 충고적 사례들을 제공하고 있다.

> 이집트의 위계사회, 중국의 가부장적 폭정은 그들이 도달한 문명의 지점까지 자신들의 국가를 이끌어 온 매우 적합한 도구들이었다. 그러나 그 지점에 도달했을 때, 그들은 정신적 자유와 개별성의 결핍 때문에 영원한 정지 상태에 빠지게 되었다. 그것들은 진보의 필수 요소들로, 이제까지 그것들을 추진해 온 제도들이 그것들의 획득을 완전히 무력화했다. 그리고 그제도들이 와해되어 다른 제도들로 대체되지 않았기 때문에, 더 이상의 진보가 막혀 버렸다.[57]

이러한 정체된 사회들에 대한 사례들에 『자유론』은 또 다른 사례를 추가하고 있다. 그것은 밀의 주장에 따르면 문명은 단지 정지되는 것이 아니라 사멸하게 된다는 점을 보여 주는 중세 비잔틴 제국의 사례이다 (우연적이지만, 대부분의 현대 비잔틴 연구가들은 이 판단에 대해서 동의할 것 같지 않다)(III. 11). 이런 억제된 발전 사례들로부터 우리가 도출할 수 있는 일반적 교훈은 전에 발생했던 사건은 쉽게 또다시 발생

---

[57]   J. S. Mill, *Considerations on Representative Government*, *Collected Works*, 19권, 396쪽.

할 수 있다는 점이다.

그러나 밀의 비관적 예언들은 두 가지 논점들과 관련해서 도전받게 된다. 첫째, 번성하는 문명을 구성하는 것에 대한 그의 생각은 문화적으로 자신이 승인하거나 또는 이해하는 것보다 훨씬 더 특수한 것이다. 동시대 규범들에 대한 밀의 모든 비판과 만연한 평범성(mediocrity)에 대한 그의 두려움과 관련해서, 번성하는 사회들이 끊임없이 **진보**하고 **향상**되는 사회들이라는 그의 가정에 기초할 때 그는 철저하게 빅토리아 사람이다. 그러나 이 가정은 의문의 여지가 있다. 만일 중국, 이집트, 그리고 비잔틴 문명의 수많은 사려 깊은 대표자들이 함께 토론에 참여할 수 있었다면, 이 가정은 의심할 여지없이 그들에 의해서 의문시되었을 것이다. 밀은 이러한 문화들이 타성에 젖어서 사람들은 그것으로부터 벗어나려고 시도하지 않는다고 생각했다. 그러나 이 문화들의 옹호자들은 자신들이 소유한 판에 박힌 일상이 얼마나 풍요로운 것이었는지를 지적할 수 있다. 밀이 이천 년이 넘게 중국에서 지속된 문화적 정체(the cultural stasis)라고 자신이 생각한 것에 깜짝 놀랐다면, 19세기의 전형적인 중국 지식인은 그 기간 동안 일급 시가, 철학, 회화와 음악의 연속적인 제작과 또한 안정된 사회 구조의 유지를 언급하게 될 것이다. 반면 유럽은 상대적으로 빈곤하고, 정치적으로 파편화되어 있었고, 폭력적 무질서에 의해서 만성적으로 분열되어 있었다(그 동일한 지식인은 천재가 반드시 전적으로 새롭고 예기치 못했던 것들을 창조하는 것에서 자신을 드러낼 필요는 없다는 점을 덧붙일 수 있다. 천재는 역시 낡은 주제들에 신선한 변화들을 일으킴으로써 출구를 발견할 수 있다). 게다가 현대에 우리는 빅토리아인들보다 더 잘 볼 수 있기 때문에, 진보는 그 자체로 엄청난 대가를 요구할 수 있다. 지난 2세기의 '진보적'인 서양 문명은 행성과 관련해서 과거 이천 년의 중국 문명이 야기한 것보다 좀 더 많은 문제들과 위험들을 야기했다(그것들은 인간의 생존을 위협할 정도로 심각한 것이다). 밀이 칭송했던 종류의 문명은 매우 혼합된 축복으로 판명되었으며 또한 정체된 문화의 경우가 아니라 진보적 문화의 경우는 그가 생각했던 것보다 확실한 것이 아니다.

둘째, 밀은, 의심할 여지없이, 개별성에 대한 위협과 근대의 상업 민주 사회에 의해서 제기된 정체(stagnation)의 당연한 위험을 과대평가했다. 1859년 이후로 발생한 엄청난 정치적, 경제적, 사회적, 예술적 그리고 기술적 변화들은 빅토리아 중기 문화가 진취와 혁신 정신을 말살하게 되는 절박한 위험에 놓여 있었다는 밀의 논제를 거의 지지하지 않는다. 우리는 밀에게는 이용될 수 없었던 사후 약방문식으로 단지 이것을 주장할 수 있을 뿐이라는 점은 사실이다. 그러나 수많은 그의 동시대 사람들은 개별성의 시대가 지나갔다는 점을 믿지 않았다. 또한 빅토리아 중기에 살았던 매우 독창적인 남자들과 여자들을 고려할 때 왜 밀이 그 시기가 개별성과 천재에 적대적이었다고 그렇게 확신했는지를 알기란 어려운 일이다. 몇 명만을 언급해 보면, 다윈(Darwin), 헉슬리(Huxley), 디킨스(Dickens), 엘리엇(George Eliot), 브론테(the Brontë) 자매, 테니슨(Tennyson), 브루넬(Brunel), 러스킨(Ruskin), 아널드가(家)의 사람들(the Arnolds), 로세티(Rossetti), 디즈레일리(Disraeli), 글래드스턴(Gladstone), 나이팅게일(Florence Nightingale), 뉴먼(Newman), 버튼(Burton), 리빙스턴(Livingstone), 그리고 밀 자신을 들 수 있다.

기민하고 통찰력 있는 처치(Richard Church)는, 1860년에 저술하면서, 관습과의 패배하는 전투를 하고 있는 개별성에 대한 밀의 묘사는 "단지 사실에 대한 부분적으로 참인 설명"이라는 점에 아무런 의심을 갖지 않았다. 처치의 견해에 따르면, "사회를 관통하는 시류는 밀이 말한 것처럼 그렇게 획일적이지도 않고 그렇게 견딜 수 없는 것도 아니다." 또한 매우 다양한 주제들에 대해서 반대 의견들을 표현할 수 있는 충분한 영역이 존재했다. 그의 반성에 따르면 "그런 사태들의 상태는 관습의 수많은 존중과 양립하지만, 그것은 또한 수많은 정신 활동과 관습에 대한 저항 없이는 생각할 수 없는 것이다." 처치는 "널리 퍼진 굴종과 위협에 대한 복종"에 대한 밀의 견해를 거부했다. 오히려, 밀이 생각했던 것보다 훨씬 덜 위협을 받는 '품성의 용감한, 진취적인, 자립적인 성질들'에 대한 수많은 공적 존경이 존재했다.[58] 처치는 또한 "이 나라에서, 철학자들은, 최소한 밀이 승인하고 있는 것보다 훨씬 더 크게, 자신의 주인들이다"라고 생각했다.[59]

　같은 해에 작성된 또 다른 익명의 『자유론』 논평가도, 비록 그 시대의 수많은 철학자들의 결과물의 질에 몇 가지 유보적 평가를 갖고 있음에도, 이 점에 동의했다. 이 논평가의 견해에 따르면, 결코 그전에는, 심지어 가장 무모하고 불합리한 것일지라도, 의견들이 엄청나게 홍수를 이룬 시대가 존재해 본 적이 없다. 참으로, 진리 초원에서 자라났던 민들레들, 엉겅퀴들, 그리고 양귀비들을 위한 진리 초원의 "녹색 대지를 구경하는 일이" 거의 불가능했다. 그 시대가 사색의 폭발을 목도하고 있었고 그것들 대부분은 이상한 종류의 가짜 철학이었을 때, 밀이 개인적인 의견의 제한에 대해서 걱정할 필요가 없었다. 이 작가의 견해에 따르면, 대중이 모르몬교(Mormonism), 강신술, 그리고 투시력과 같은 모순들을 경험하게 될 때, 밀이 생각의 억압(또는 그 비슷한 것으로 간주되는 것)에 대해서 주장하는 것은 '우스운' 일이었다.[60]

---

58   Andrew Pyle, *Contemporary Responses*, 218쪽.
59   Andrew Pyle, 같은 책, 229쪽.

III. 14: 다원주의에 관한 칭송 (1): 자신의 삶의 선택

III장 마지막 부분에서 밀은 개별성의 가치와 그것이 직면하고 있는 위협에 대한 분석을 확장하고 심화하는 것을 제외하고 새로운 생각들을 거의 제시하지 않고 있다. 이 논의는 품성의 다양성과 이질적인 생활양식을 존중하며 또한 올바른 삶에 대한 어떤 특정한 이상에 순응하는 것보다 '실험적인 삶들'을 살 것을 권고하는 다원주의적 인간 복지 개념에 대한 일련의 변론으로 해석될 수 있다. 밀이 주장하고 있듯이, "모든 인간의 현존이 한 가지 또는 몇 가지 양식들로 구성되어야만 할" 아무런 이유가 존재하지 않는다(III. 14). 올바른 삶들은 다양한 형식들을 취할 수 있으며, 이 세상은 엄청나게 다양한 삶들을 담아내기에 좀 더 풍성하고 적합한 장소가 된다.

밀은 오직 뛰어난 재능들을 가진 사람들만이 '자신들의 방식대로 삶을 영위하는 것을' 목표로 삼아야만 하는 것은 아니라고 강조한다. 밀의 주장에 따르면, "만약 어떤 사람이 상당한 양의 상식과 경험을 가졌다면, 자신의 현존을 펼치는 자신만의 양식이 가장 좋은 것이다. 왜냐하면 그 양식이 그 자체로 가장 좋은 것이기 때문이 아니라, 그것이 그자신의 양식이기 때문이다." 인간은 서로 비슷하지 않기 때문에 삶들은, 옷들처럼, 만일 그것들이 개인들에게 제대로 들어맞으려면, 개인적으로 재단되어야만 한다(III. 14). 밀은 여기서 적어도 다음과 같은 세 가지 주장을 하고 있는 것처럼 보인다. (1) 실제로 모든 사람들은 자신에게 적합한 삶을 선택할 수 있다. (2) 한 사람에게 좋은('적합한') 삶의 양식은 타인에게 좋지 않은 것이 될 수 있다. (3) 한 사람이 선택한 삶은 그가 그것을 선택한 것이기 **때문에** 가장 좋은 것이다. 밀이 인식

60　Andrew Pyle, 같은 책, 209쪽.

하고 있는 것처럼, 이 각각의 명제들은 논쟁의 여지가 있고 방어가 필요하다. 비록 그의 방어들이 아마도 우리가 기대하는 것처럼 철저한 것이 되지 못하지만 말이다.

밀은 명제 (1)에 대해서 직접적 증거를 제시하지 못하고 있다. 그러나 생활양식이 규범에서 벗어난 사람들은 정신적으로 결함이 있고 자신들에게 닥쳐올 위험이 존재한다는, 그가 상식적 가정이라고 기술하는 것에 이의를 제기함으로써 명제 (1)을 간접적으로 방어하고 있다. 밀의 생각에 따르면, 오직 사회적 지위가 높은 사람들만이 부정적 논란을 불러일으키지 않고 "자신들이 원하는 대로 호사스러운 행동에 다소 탐닉할 수 있다." 그러나 심지어 그들조차도 한계를 넘어설 순 없다. "왜냐하면 그런 탐닉에 너무 많이 빠져 있는 사람은 누구라도 언어적 비난 이상의 안 좋은 일을 당할 위험에 빠지기 때문이다(그들은 공식적으로 정신이상이라는 진단을 받으며 자신들의 재산은 몰수되어 친족들에게 처분될 수 있는 위험에 놓이게 된다"(III. 14). 밀은 각주에서 노여워하며, 자신들의 업무들을 다룰 수 있는지 개인들의 적합성을 결정하기 위해서 개최된 몇몇 법원 심리들에 참석한 판사들, 배심원들 그리고 증인들의 천박함과 무지에 대해 비판하고 있다. 개별성 또는 사람들이 자신의 삶들을 설계할 때 자신들의 판단과 경향성을 참고할 수 있는 사람들의 권리를 전혀 존중하지 않았기 때문에, 이 법정들은 "심지어 정상적인 사람은 그런 자유를 욕구할 수 있다는 점도 생각할 수 없었다"(III. 14, n. 1). 밀의 견해에 따르면, 이상한 선택들의 결정을 정신적 무능력의 증거로 간주하는 것은 단지 근거 없는 선입견에 불과하다. 기본 가정(default assumption)은 사람들이 항상 타인들보다 자신들에게 좋은 것이 무엇인지 알고 행한다는 것이 되어야만 한다. 왜냐하면 오직 그들만이 자신들의 욕구와 충동들을 직접 알고 있기 때문이다.

　명제 (2)에 대한 방어는 사람들이 성격들, 능력들, 기호들 그리고 욕구들(또는, 밀의 표현에 따르면, '그들의 쾌락의 근원들, 그들의 고통의 감정들, 그들에게 미치는 다양한 물리적 행위와 정신적 행위의 작용')에서 큰 차이를 갖는다는 경험적 관찰에 근거하고 있다(III. 14). 삶과 관련해서 하나의 치수는 모두에게 맞지 않는다.

> 다양한 사람들은 … 그들의 정신 발달을 위해서 다양한 조건들을 요구한다. 그리고 모든 다양한 식물들이 동일한 물리적 환경과 기후에서 건강하게 존재할 수 없는 것과 마찬가지로, 다양한 사람들도 동일한 도덕적 환경과 기후에서 건강하게 존재할 수 없다. 자신의 좀 더 고귀한 본성을 개발하는 데 한 사람에게 도움이 되는 것들은 바로 다른 사람에게는 방해물들이 된다. 동일한 생활양식이 어떤 사람에게는 자신의 행동과 쾌락의 능력들을 최고의 상태로 유지해 주는 건전한 자극이 되는 반면에, 다른 사람에게는 모든 내적 삶을 정지시키거나 파괴하는 어지러운 짐이 될 수 있다(III. 14).

사람들 사이에 이런 차이들이 존재한다면, "그들의 생활양식들에도 이에 대응하는 다양성이" 존재할 필요가 있다. 그렇지 않다면, 많은 사람들은 "자신의 정당한 행복의 몫을 차지하지 못할 것이고, 또한 그들의 본성이 도달할 수 있는 정신적, 도덕적, 미학적 수준까지 성장하지 못할 것이다"(III. 14). 개인적 성장의 무력화와 행복의 방해는 밀의 정교한 공리주의적 윤리학의 해석에 따르면 중요한 악들로 간주된다.

　명제 (3) — 한 사람이 선택한 삶은 그가 그것을 선택했기 때문에 가장 좋은 것이다 — 은 밀의 세 주장들 중에 가장 논쟁적인 것이 될 것이다. 이 명제에 대한 있음직한 반론은 그것은 한 사람이 스스로 자신의

삶의 계획을 선택했다는 사실을 너무 많이 강조하고 있지만, 그 선택이
신중한 또는 분별 있는 것인지 아닌지는 전혀 강조하고 있지 않다는 점
이다. 벌린(Sir Isaiah Berlin)이 지적하고 있는 것처럼, 밀은 사람을
"선택할 수 있는 존재, 즉 선택되는 존재가 아니라 대부분 스스로 선택
할 수 있는 존재로서" 동물과 다른 것으로 간주한다.[61] 그러나 선택할
수 있는 것과 선택을 잘하는 것에는 차이가 있다. 밀은, 다소 애매하게,
한 사람이 갖는 삶의 형태의 선택은 항상 "그 자체로 가장 좋은 것이"
될 수는 없다고 주장하고 있다. 이것은 사람들이 때때로 자신들의 이익
들에 대해서 또는 그 이익들을 증진할 수 있는 최상의 수단들에 대해서
잘못 생각할 수 있다는 점을 의미하거나 또는 사람들은 항상 자신들에
게 가장 좋은 것을 선택하지만, **그들에게** 적합하지 않은 어떤 객관적으
로 좀 더 좋은 생활 형태가 존재할 수 있다는 점을 의미한다. 그러나 그
는 최종적 분석에서 한 사람의 선택은 그것이 그의 선택이기 때문에 그
에게 최선이 될 것이라는 신념에 대해서 어떤 의심도 우리에게 남겨 두
지 않는다. 선택의 내용이 아니라 그 주체가 선택을 내리면서 자신의
자율성을 행사했다는 사실이 바로 선택의 가치를 가장 많이 증대한다.
그렇다면 밀의 견해에 따르면, 훌륭한 기이성(eccentricity)의 한계들은
존재하지 않고, 심지어 가장 **기괴한** 삶의 선택들조차도 묵인될 뿐만 아
니라 (밀에게 있어 그것은 말할 필요도 없다) 그 선택들의 주체들에게
있어 최선의 것으로 간주되어야만 하는가?

　예를 들어, 우리는 풀잎들의 수를 세는 일 또는 "나는 위대한 시인이
다"라는 말들을 끊임없이 반복하는 데 자신의 전 생애를 바치고 있는
사람들을 어떻게 생각해야만 하는가? 우리는 그런 생활양식들의 선택

61　Isaiah Berlin, *Four Essays on Liberty*, 178쪽.

들이 결함이 있는 것이라고 생각하는 경향을 가질 수 있다. 왜냐하면 그런 선택들은 인간 삶의 표준 경제학과 아무런 관계가 없기 때문이다. 그런 명백하게 목적 없는 활동들에 자신의 삶을 소비하는 일을 선택하는 사람들은 시간을 낭비했다는 비난을 타당하게 듣게 될 것이다. 그렇지만 밀은 이런 비난을 할 수 있을까? 또는 그는 그것들이 이상한 것임에도, 그들의 선택들은 외적 비판에 면제된다는 점을 당연시해야만 할까?

그러나 본문의 주의 깊은 독해가 드러내고 있듯이, 밀은 한 사람이 조심스럽게 취할 수 있는 삶의 모든 선택들은 단지 그것들이 자신의 선택들이기 때문에 그에게 가능한 가장 좋은 것이 된다는 점을 주장하고 **있지 않다**. 그는 이 명제가 오직 '꽤 많은 양의 상식과 경험'을 가진 사람에게만 적용된다고 주장함으로써 이 주장의 대담성(boldness)을 제한하고 있다. 비록 이 정식이 애매하지만(정확하게 얼마나 상식과 경험이 '꽤 많은 양'을 구성하는가?), 그것은 상식이 뚜렷하게 드러나지 않는 풀잎을 세는 사람 또는 시인이라고 반복적으로 말하는 사람이 형편없이 선택했다고 말할 수 있는 여지를 그에게 남겨 두고 있다. 이를 정당화할 때, 밀은 어느 정도의 합리성이 진정으로 자율적 선택들을 알아내는 데 사용될 수 있을 것이며 그리고 미친 또는 완전히 무의미한 선택들은 합리적인 자기 결정적 존재로서 그 주체의 상태를 의심하게 만든다고 그럴듯하게 주장할 수 있다.

사람들은 일반적으로 자신에게 좋은 것을 타인들보다 더 잘 알고 있다는 기본 가정은 명제 (3)에 대한 또 다른 증거로서 인용될 수 있을 것이다. 또한 밀은 심지어 우리의 선택들이 지혜 또는 타산(prudence)을 결핍하고 있더라도, 우리는 종종 타인들의 선의의 충고에 따라 배우는 것보다 우리 자신의 실수들을 통해서 더 많이 배우게 된다는 점을 덧붙일 수 있다. 게다가 자신의 삶의 선택들을 하도록 사람들을 자유롭게 하는 것이 이 세상을 좀 더 풍요롭고 좀 더 흥미로운 장소로 만들어 주는 삶의 형태들의 다양성의 형성에 도움이 된다. 일상적인 틀들 중의 하나에 들어맞지 않는 삶의 형태는 실험적인 삶, 즉 인간의 가능성들의 새로운 그리고 값진 탐험이 된다.

그러나 전통적인 생활양식에 따라 살기로 자유롭게 선택한 사람은 어떻게 될까? 이것도 역시 그 생활양식이 관습적인 것이기 때문이 아니라, 그 자체를 위해서 선택되었다면, 완전하게 자율적인 선택을 대표할 수 있으며 또한 그 자체로서 존중받을 수 있다. 개별성에 대한 밀의 견해들과 그것들의 함의들에 관한 신랄한 논의에서, 아피아(Kwame Anthony Appiah)는 삶에 관한 모든 자율적인 선택들, 주체성(identity)에 관한 모든 신중한 가정들이 이단적인 방식 또는 자유로운 방식에서만 발생할 것이라는 점을 기대하는 것은 잘못이라고 주장한다. 그것은 때때로 심지어 명령에 따르기를 좋아하는 사람들로 만들 수도 있다. 아피아는 이 가능성을 이시구로(Kazuo Ishiguro)의 세계 대전 사이의 영국에 관한 소설인 『남아 있는 나날』(The Remains of the Day)에 등장하는 유능하고 변함없이 충성스러운 집사(butler)인 스티븐스(Mr. Stevens)의 사례를 들어 예시하고 있다. 스티븐스는 집사가 되기로 자유롭게 선택한 사람이며 또한 위엄을 갖추었지만 자기를 내세우지 않고, 총명하며 명민하지만, 어떤 주체적인 생각을 회피하는 일급 집사가 되기를 열망하는 사람이다. 사실상 그는 두 주인을 섬기고 있다. 즉 그는 자신의 고용주인 달링턴 경(Lord Darlington)과 그 직업을 구성하는 덕들과 함께 어떤 직업적 이상을 섬기고 있다. 스티븐스는 하나부터 열까지 자신을 집사로 바라보고 있기 때문에, 자신의 삶에 또 다른 구심점이 될 수 있는 또는 자신의 역할의 적절한 수행으로부터 자신을 혼란하게 만드는 모든 감정적인 복잡한 관계들에 저항하고 있다. 이시구로는 그를 냉담하고 초연하며 내성적인 사람, 즉 우리에게 동정심과 존경심을 동시에 불러일으키는 인물로 묘사하고 있다. 아피아의 지적에 따르면, "스티븐스는 예의 바름과 예절과 형식적 절차가 **존재한다고 믿고 있다**. 이것들은 그가 살기로 선택한 세계를 구성하며 그것을 진짜 존재하는 세계로 만든다. … 이것들은 우리에게 가치 기준이 될 수 없지만, 이것들은 그에게 있어서 자신의 삶의 설계에 부여된 가치 기준들이 **된다**."[62]

아피아는 "때때로 한 사람이 어떤 것을 중요하게 생각하는 삶을 살기로 결정했기 때문에 그 어떤 것이 중요한 것이 되지만, 만약 그가 그러한 삶을 살기로 선택하지 않았다면 그 어떤 것은 중요한 것이 되지 못할 것이라는 중요한 진리를 인식하고 있다"는 점에서 『자유론』의 밀을 칭송하고 있다.[63] 그와 동시에 스티븐스와 같은 경우들은 밀의 명제 (3)이 현실 도덕(moral reality)의 지나친 단순화가 아닌지에 대해서 우리를 의아하게 만드는 충분히 당혹스러운 것이다. 이상적 노예의 삶을 살기로 작정한 스티븐스의 결정은 합리적 인간이 선택할 수 있는 것의 한계들을 넘어선 것은 아니다. 그것은 풀잎들을 세는 일에 자신의 삶을 바치는 사람의 경우와 아주 다른 것이다. 그러나 그러한 삶을 살기로 한 그의 선택이, 실제로 명제 (3)이 함의하는 것처럼, 그에게 가장 좋은 삶을 만들어 주고 있을까? 우리는 그 집사가 소중히 여긴 가치 기준들이 고귀한 존경(이것을 위해서 그가 그 가치 기준들을 붙잡고 있다)을 받을 만하거나 또는 그가 다른 가치 기준들보다 이 가치 기준들에 부여하고 있는 우선성이 얻을 만하다는 점을 믿는 일이 힘들다고 생

---

62 Kwame Anthony Appiah, *The Ethics of Identity*, 11쪽.
63 Kwame Anthony Appiah, 같은 책, 10쪽.

각할 수 있다. 스티븐스는 자신의 직업상 덕들의 개발에 외골수적으로 자신을 헌신하기 위해서 사랑과 결혼을 거부한다. 만일 그가 다르게 결정하고 자신이 사랑하는 여자와 결혼했다면, 그것 역시 명제 (3)에 따라 자신에게 좀 더 좋은 선택이 되었을 것이다. 그러나 우리는 그 결정도 역시 그에게 가져다줄 좀 더 풍성하고 행복한 삶 때문에 좀 더 나은 선택이 될 수 있을 거라고 생각할 수 있다. 그레이(John Gray)는 좀 더 특이한 삶의 과정보다 좀 더 일상적인 것을 선택하는 일이 때때로 개인의 복지에 더 좋은 것이라고 주장한다.[64] 결혼한 스티븐스는 특이한 개인은 될 수 없지만 좀 더 만족스러운 사람이 될 수 있을 것이다.

그러나 이런 판단을 내릴 때, 우리는 밀과 아피아가 당연히 의심할 수 있는 것을 마음대로 가정해 볼 수 있다. 즉, 만일 그가 그런 선택을 했다면 좀 더 행복하게 되었을 사람은 바로 그 **동일한** 스티븐스라는 가정이다. 그러나 실제 스티븐스는 집사의 삶을 선택한 사람이기 때문에, **바로 그** 사람이 결혼 상태에서 좀 더 잘 살 수 있을지는 불분명하다. 우리가 아는 모든 것들과 관련해서, 결혼 결정은 갈등하는 가치들 간에 참을 수 없는 내적 갈등으로 이어지기 때문에 그에게 비극적으로 잘못된 것으로 판명날 수 있다. 다른 스티븐스(좀 더 따뜻한 감정들을 가진 또는 노예의 역할에 적은 관심을 두는 사람)가 행복하게 결혼할 수 있다는 점은 실제 스티븐스가 그렇게 할 수 있다는 점을 보여 주지 않는다. 결혼이 실제 스티븐스의 복지를 향상하지 **못**할 수도 있다. 따라서 우리가 명제 (3)에 관해서 느끼는 직관적 유보 조항들은 그것들이 처음 보였던 것보다 유지되기가 어려울 수 있다. 가치들에 대한 우리의 전망이 우리가 판단하려는 삶의 선택들을 가진 사람들의 전망과 다를 경우,

---

64 John Gray, *Mill on Liberty*, 142쪽.

그들의 판단이 우리에 대해 그런 것처럼, **우리의** 판단들은 그들과 무관하고 오도된 것처럼 보일 수 있을 것이다. 아마도 우리가 그러한 경우들에서 주장할 수 있는 제일 중요한 것은 **우리는** 그들이 취한 선택들을 취하지 않을 것이라는 점이다. 그러나 그들의 선택지들이 우리에게 적합한 것이 되지 못할 것이라는 사실은 그 선택지들이 그들에게도 적합한 것이 되지 못한다는 점을 함의하지는 않는다.

III. 15-19: 다원주의에 관한 칭송 (2): '관습의 폭정'

밀은 15번째 문단에서 대부분의 사람들은 자신들의 경향성들에 있어 너무 보수적이기 때문에 조금이라도 일상적인 것을 벗어난 행동을 하려는 경향을 가진 사람을 '난폭하고 무절제한 사람'이라고 경멸적으로 묵살해 버린다는 점을 비꼬는 투로 주장하고 있다. 설상가상으로 심지어 좀 더 많은 '행동의 규칙성(regularity)과 과도함의 방지'를 야기하려는 도덕의 진보 운동이 최근에 시작되었다. 이 운동의 목표는 모든 사람들을 공인된 행동의 표준에 일치하도록 만드는 것이다. 그것의 중심 교리는 우리가 어떤 것도 강하게 욕구해서는 안 된다는 것이다. 밀의 기를 죽이는 듯한 기술에 따르면,

그것의 이상적 성격은 어떤 뚜렷한 성격이 존재하지 않는 것이다. 그것은 한 개인을 대략적으로 평범한 인간과 현저하게 상이하게 만드는 경향이 있는 그리고 탁월하게 두드러진 인간 본성의 모든 부분들을 마치 중국 여자의 발처럼 압축하여 불구로 만드는 것이다(III. 15)

벌린이 '그것들 자체를 위한 다양성과 개별성에 대한 밀의 압도적 욕구'라고 부르는 것이 III장의 마지막 부분을 지배하고 있다.[65] 밀은

"이제 이 나라에는 상업 활동을 제외하고 힘의 배출구가 거의 존재하지 않는다"는 점을 냉소적으로 추가하면서, '어떤 대규모적인 강력한 품성'의 소멸을 슬퍼하고 있다(III. 16). 유행하는 행위 표준의 결과는 "활발한 이성에 의해서 안내를 받는 엄청난 힘들과 양심적 의지에 의해 통제되는 강한 감정들 대신에" 오직 '약한 감정들과 약한 힘들'만이 존재한다. 따라서 그것들이 의지의 힘 또는 이성의 힘 없이 지배하기 위해서는 외적 유사성에 의존할 수밖에 없다는 것이다. 다른 종류의 사람들이 현재의 영국을 건설했으며, 영국이 무너지지 않으려면 바로 그런 사람들이 요구될 것이다(III. 16).

밀의 주장에 의하면, "관습의 폭정은 인간의 진보에 지속적인 장애물이다." 그것은 "관습적인 것보다 나은 어떤 것, 즉 상황에 따라서 자유의 정신, 또는 진보나 개선의 정신이라고 불리는 것을 지향하려는 성향에 대해 끊임없는 적대적 관계에 놓여 있다"(III. 17). 세상의 대부분은 이미 그것의 지배 아래 놓여 있다. 왜냐하면 사람들은 이상들로서 개별성과 독창성을 포기했기 때문이다. 더 안 좋은 일은 그것들을 추방하기 위해서 최선을 다하는, 좋은 뜻을 가지고 있지만 심각하게 미혹된 사람들이 존재한다는 것이다. 밀은 "모든 사람들을 동일하게 만들고, 그들의 생각과 행위가 동일한 격률과 규범에 의해 규제되게 만드는 작업을 수행함에 있어서 근면하게 일하고" 있는 '영국의 박애주의자들'에 대해서 다소 신비스러운 주장을 하고 있다(III 17). 밀이 여기서 어떤 특정 인물들을 말하고 있는 것인지 또는 그가 좀 더 일반적으로 15번째 문단에서 언급된 '도덕의 개선'을 지지하는 모든 사람들을 고려하고 있는지 명백하지 않다. 토크빌(De Tocqueville)의 또 다른 반향에

---

65   Isaiah Berlin, *Four Essays*, 194쪽.

따라, 밀은 위험의 주요 근원을 공적 여론의 힘에서 찾고 있다. 만약 개별성이 살아남으려면, 그것은 그 자신을 강력하게 방어해야만 한다고 그는 경고하고 있다.

> 공적 여론이라는 근대적 **제도**는 중국의 교육적 체계와 정치적 체계가 조직적인 형태로 하던 것을 비조직적 형태로 하는 것이다. 그리고 만일 개별성이 이 굴레에 대항하여 그 자체를 성공적으로 주장할 수 없다면, 유럽도 그 고귀한 조상과 그 공인된 기독교가 있을지라도 제2의 중국이 되기 쉬울 것이다(III. 17).

무엇이 유럽을 이 운명으로부터 지금까지 보존했을까? 밀의 견해에 따르면, 오직 유럽의 '품성과 문화의 놀라운 다양성' 때문이다. 유럽인들은 "매우 다양한 경로들로 나아갔고, 그 각각은 가치 있는 어떤 것으로 이어졌다." 그들은 다른 사람들의 노력들에 대해 항상 많은 관용을 보여 주지는 못했지만, 자신의 길들을 따르도록 타인들을 강요했던 시도들은 대부분 실패했다. 거의 자신도 모르게 유럽인들은 다른 사람들의 다양한 일처리 방식들로부터 값진 교훈들을 배웠다. 밀의 결론에 따르면 "내 판단으로는 유럽은 그 진보적이고 다양한 측면의 발전에 대해 이런 다양한 경로들에 전적으로 빚지고 있다"(III. 18).

인간의 발전은 개인적 자유뿐만 아니라 밀이 '환경들의 다양성'이라고 부른 것을 요구한다. 그러나 한때 서로 분리된 세계들을 점유했던 다양한 신분들, 다양한 이웃들, 다양한 거래들과 직업들이 동일한 것을 공유하면서, 그런 다양성은 소멸의 과정에 있다. 밀은 이러한 변화를 사회 계급들 간의 간격 축소, 교육과 통신의 주목할 만한 발전, 그리고 사회적 진보와 경제적 진보를 위한 개인적 기회들의 증가에 귀속시키고 있다. 밀은 이 변화들에 아쉬워하지 않으며, 그것들이 많은 사람들에게 진보된 삶을 가져다주었다는 점을 인정하고 있다. 그의 주장은 그것들이 나쁘다는 것이 아니라, 순수 선이 아니라는 점이다. 왜냐하면 그것들은 좀 더 교활한 일치(conformity, 인간의 일반적 유사성)라는 위험을 들여왔기 때문이다. 그것의 출현은 점진적이고 쉽게 간과되었다. 이것들로부터 기인한 '공적 여론의 완벽한 주도권'은, 만일 그것이 반격받지 않는다면, 개별성의 수명을 단축하게 될 것이다(III. 18).

밀의 생각에 따르면, 어떻게 개별성이 고수될 수 있을지를 아는 것은 이미 어려운 일이다. 그러나 "대중 가운데 지식인들이 개별성의 가치를 이해하고, 즉 비록 더 나은 것을 위해서는 아니라고 하더라도, 설령 일부가 보기에는 더 나쁜 것을 위해서라고 하더라도, 차이들이 존재한다는 것이 좋다는 점을 이해하게 된다면", 모든 희망이 사라져 버린 것은 아니다. 다원주의자 입장에 관한 이 평이한 진술은 이 장에서 개별성에 대해 염려하는 모든 사람들에게 그것의 옹호에 동참하라는 밀의 마지막 구호이다. 만약 그들이 더디게 움직인다면, 개별성이라는 개념 자체가 사라질 것이다. 왜냐하면 "인간은 잠시 동안 다양성을 보는 일에 익숙하지 않게 되면, 곧바로 그것을 생각할 수 없기 때문이다"(III. 19).

빅토리아 시대의 영국에서 개별성이 임종에 이르렀다는 밀의 가정이 정당화될 수 있는지 우리는 의심해 보게 된다. 그런데 밀이 그 점에 관해 너무 비관적이라면, 그는 다른 점에 관해 과도하게 낙관적일 수 있다. 밀은 사람들이 관습의 힘으로부터 자유로워지면 감겨 있던 용수철이 갑자기 풀리는 것처럼 반응할 것이며 또한 이전에 전혀 기색을 보이지 않았던 힘과 개별성을 드러낼 것이라고 생각한다. 이것은 희망적 기대에 지나지 않을 것이다. 많은 사람들이 자신들을 지도해 줄 관습이

없게 되면 길을 잃게 될지 모른다. 많은 사람들은 역시 새롭고 독창적
인 방식들로 자신들을 개발할 수 있는 또는 밀이 요청한 종류와 '실험
적인 삶들'을 영위할 경향이나 능력을 갖지 못할 수도 있다. 어떤 사람
들은 자신들의 재능들의 매우 열정적인 개발을 포함하지 않는 안전하
고, 차분하고 또는 대담하지 않은 삶들을 영위하는 것을 선택할 수 있
다. 개인적 자율성에 대한 밀의 강한 존중은 과감한 과정보다는 조심스
러운 과정을 추구하려는 반성적 선택을 내리는 사람들 또는 그가 갖는
자기 발전에 대한 이상보다 덜 숭고한 이상들을 가진 사람들을 그가 비
판하지 못하게 만든다. 다원주의 증진의 함의는 우리가 마음에 들지 않
는, 실망스러운 또는 혐오할 수 있는 삶의 양식들을 참아 낼 준비가 되
어 있어야 한다는 것이다. 물론 밀은 자신의 재능을 낭비하는 사람, 실
현되지 않은 가능성으로 채워진 삶을 사는 사람, 즉 자신들의 방식을
수정하도록 강요된 삶을 사는 사람들을 보고 싶어 하지 않을 것이다.
그러나 인간은 창조적 활동이라는 놀라운 꽃을 피게 하기 위해서 오직
관습의 구속들로부터 벗어나야만 한다는 밀의 확신은 현실적이기보다
는 낭만적인 것이 될 수 있다. 아마도 진정 타고난 천재성을 갖춘 사람
은 모든 창조적 성과가 들어맞아야만 하는 주형들이나 형판들의 부재
로부터 유익을 얻게 될 것이다. 그러나 정력적이고 재능을 가진 개인들
은 어느 시대건 그렇게 쉽게 제압되지 않는다. 왜냐하면 천재의 특징들
중의 하나가 사회적 환경들이 얼마나 불리한가와 상관없이 어떤 출구
를 찾아내려는 경향을 갖기 때문이다.

　19세기 중반의 개별성에 대한 밀의 소심한 견해와 위대한 휘그당 정
치가이자 한때 수상이었던 파머스턴(Lord Palmerston)의 훨씬 낙관적
판단의 비교는 매우 흥미롭다. 파머스턴은 1865년 런던 남부 산업박람
회의 시상식 행사에서 연설하면서, "삶이라는 행운을 우리에게 제공한

정체(政體)의 행복한 영향들"을 칭송하고 있다. "그 정체는 재능들, 정력, 인내력과 착한 행실을 가진 모든 사람들에게 자신의 마음의 전환과 달성 결과들을 통해서 열망할 수 있는 자격을 부여받는 어떤 명예들과 영예들을 개방하고 있다." 그의 견해에 따르면, 가장 비천한 첫걸음들로부터 수많은 사람들은 사업, 정치 그리고 다른 전문영역들의 최고 자리들에 오르게 되었다.[66] 파머스턴이 '제거 가능한 불평등들'이라고 간주했던 것이 정말 그렇게 쉽게 그가 그렇다고 주장하는 것처럼 제거될 수 있는가라는 문제는 여러 역사가들에 의해서 제기되었다. 현대 독자들은 그의 연설에서 여성들에게 개방된 기회들에 대한 언급의 부재를 주목하게 될 것이다. 그러나 1850년에 행해진 앞선 연설에서, 일반 영국 시민에 의한 '끈기 있는 훌륭한 행실, 그리고 … 창조주가 부여한 도덕적 능력과 지적 능력의 확고하고 정력적인 활용'의 독특한 과시에 대한 그의 언급이 보여 주듯, 개인적 노력에 관한 파머스턴의 높은 존경은 밀의 그런 존경을 반영하고 있다.[67] 귀족 고관인 파머스턴과 동시대 도덕관에 대한 신랄한 자유주의 비판가인 밀은 동일한 성질들을 칭송할 수 있었으며 또한 유사한 용어들을 통해서 『자유론』에서 방어된 이상들이 밀이 허용하고 있는 것보다 좀 더 일반적으로 지지되고 또한 좀 덜 위태로운 것이라는 점을 지시하고 있다.

또한 관습(custom)과 관례(convention)는 모두 나쁜 것이라는 밀의 무조건적 비난에 의문을 제기할 수 있다. 만약 한 사회의 관습들과 전통들이 그 구성원들에 의해서 좌절시키는 것으로 그리고 제한적인 것으로 느껴질 수 있다면, 그것들은 역시 지지해 주는 것으로서 그리고 힘을 부여해 주는 것으로도 경험될 수 있다. 사회적으로 용인된 관행들

---

66   Geoffrey Best, *Mid-Victorian Britain, 1851-75*, 256쪽.
67   Geoffrey Best, 같은 책, 255쪽.

은, 믿을 만하고 검증된 그리고 예측 가능한 결과들을 산출하기 때문에, 새로운 개인적 실험들보다 좋은 결과들을 실현하는 데 있어 좀 더 믿을 만한 수단들이다. 타인들처럼 동일한 규칙들과 표준들을 고수하는 것은 또한 사회적 유대들을 강화할 수 있으며 형제애의 의미와 공적 목적을 고양할 수 있다. 전통들과 관습들을 결여하고 있는 사회는 거의 사회로서 인식될 수 없을 것이다. 따라서 순수한 밀이 원하는 개인들로 이루어진 **사회**가 존재할 수 있다는 점은 불명확하다. 냉정하게 생각할 때, 우리가 지속적으로 독창적이고 독특하게 되기 위해서 노력해야만 한다는 밀의 충고는 사회적 소외(alienation)를 위한 처방전처럼 들린다. 만일 우리가 끊임없이 우리 이웃들과 다르게 되려고 노력한다면, 우리는 그들과 많은 유사점을 거의 느끼지 못하게 될 것이다. 아리스토텔레스 이래로 많은 철학자들이 인간들은 공유된 가치들과 목적들의 맥락에서 자신들의 상호 개인 관계들을 개발할 때 가장 잘 살 수 있다고 생각했다. 던(John Donne)은 어떤 사람도 하나의 섬이 될 수 없다는 유명한 말을 주장했다. 그러나 개인주의자들의 '사회'는 생각과 감정이 비슷한 사람들의 공동체를 닮기보다는 다도해를 닮게 될 것이다.

  사람들이 관습으로부터 벗어나 확장된 자유를 발휘하는 것에 관한 밀의 낙관주의는 그의 가장 적대적인 독자들 중의 하나인 스티븐(James Fitzjames Stephen)에 의해서 혹독하게 비판되었다. 스티븐은 대부분의 사람들이 그러한 자유 속에서 자기 개발의 기회를 갖게 될 것이라는 주장은 전혀 개연성이 없다고 생각했다. 그의 불평에 따르면, 밀은 통제들을 받지 않을 때 인간 본성은 무엇인가를 산출할 것이라는 견해를 '너무 유리한 쪽으로만' 주장했다. 이와 반대로, 스티븐은 "습관적 노력이 품성의 모든 자극제들 중에서 가장 큰 것이며 또한 이런 형식 또는 다른 형식의 제지와 강압이 그런 노력에 있어 큰 격려가 된

다"고 생각했다. 사람들 대부분은, 만일 그냥 내버려 둔다면, 정력적인
활동보다는 안락과 편안함을 선택할 것이다. 따라서 사람들을 그냥 내
버려 두면 안 된다. 스티븐은 많은 사람들이 가치 있는 일들을 성취할
수 있는 가능성들을 가지고 있다는 점을 승인하지만, 어떻게 이것을 발
휘하도록 하는 것이 최선인가와 관련해서 밀과 완전히 불일치하고 있
다. 그의 견해에 따르면, 창조적 활동은 밀의 자유를 통해서는 효과적
으로 증진될 수 없다. 왜냐하면 "거의 모든 인간들은 자신들이 획득할
수 있는 최대 힘을 자신에게 주는 수렴제들(astringents)과 같이 다소
강압과 제재를 필요로 하기 때문이다."[68]

만약 밀이 인간 본성에 대해 과도한 낭만적 견해를 가끔씩 보여 주고
있다면, 스티븐은 훨씬 어두운 초상화를 우리에게 제시하고 있다. 그의
기술에 따르면 "당신이 원하는 대로 원죄에 대해서 주장하거나 하지
않거나 상관없이, 모든 인간들은 어떤 측면들에 놓여 있으며 또한 어떤
시점들에서는 유약하고 또한 사악하다는 사실, 또한 인간들은 자신들
이 하지 말아야 할 악을 행하고 또한 자신들이 추구해야 할 선을 회피
한다는 사실만큼은 매우 확실하다."[69] 심지어 가장 선한 사람들조차 단
지 그저 그렇게 정직할 뿐이고 계속해서 그 표적을 따라가야 할 필요가
있다. 그렇게 선하지 못한 사람들은 곧고 좁은 길에 남아 있기 위해서
상당하게 좀 더 많은 도움을 요구하게 된다. 스티븐의 주장에 따르면,
사람들에게 달라지라고 권고하는 것은 결과적으로는 방종을 권고하는
것이다. 밀은 이 논점을 인식하지 못했다. 왜냐하면 그는 인간들이 자
신들의 약점들에 빠져들기보다는 자신들의 강점들을 발전시키는 데 자
신들의 자유를 발휘할 것이라고 순진하게 생각했기 때문이다. 스티븐

68 J. F. Stephen, *Liberty, Equality, Fraternity*, 31쪽.
69 J. F. Stephen, 같은 책, 32쪽.

은 이 점에서 밀이 단순하게 잘못되었다고 생각한다. 그의 덜 낙관적인 조망에 따르면, 그 자체를 위해서 다양성을 조장하는 것은 어리석고 무책임한 것이다. 다른 것이 필연적으로 더 좋은 것이 될 수는 없다. 스티븐은 재빠른 타격을 가하면서, 만약 "담대하게 괴짜가 되라"는 밀의 충고가 일반적으로 받아들여진다면, "우리가 천재들로 간주되기를 바라는 사람들을 갖는 만큼 수많은 괴짜 방식들과 행동들을 가져야만 한다."[70] 밀이 독창성에 가치를 둔 것은 옳지만, 그는 "독창성은 타인들과 다르게 사고하는 것이 아니라 스스로 생각하는 것으로 구성된다"는 사실을 너무 쉽게 망각했다.[71]

　밀의 친구이자 제자인 몰리(John Morley)는 스티븐의 공격에 대한 밀의 입장을 옹호하면서, 스티븐은 『자유론』에서 제시된 개별성 이론을 잘못 이해했다고 주장했다. 그의 주장에 따르면, 밀은 결코 다양성 그 자체를 칭송하지 않았다. 밀은 "다양성이 선의 새로운 형태들에 가장 큰 기회들을 제공함으로써 그 자신들을 제시하고 또한 영속적인 지위를 획득하게 한다"는 훨씬 더 실질적인 이유 때문에 그것이 중요하다고 생각했다. 만일 사람들이 관습에서 벗어날 준비가 되어 있지 않다면, "새로운 생각들, 새로운 관행들, 새로운 정서들(따라서 존재 예술에서 미래 발전들)에 관한 전망은 거의 존재할 수 없다."[72] 그러나 스티븐은 몰리의 응답에 강한 인상을 받지 않았다. 비록 그는 다양성이 때때로 밀과 몰리가 주장하는 유익한 결과들을 갖는다는 점을 인정하지만, 그는 계속해서 다양성에 대한 그들의 칭송이 과도하다는 생각을 고수하고 있다. 다양성의 많은 사례들은 사소하거나 또는 좀 더 나쁜 것

70　J. F. Stephen, 같은 책, 33쪽.
71　J. F. Stephen, 같은 책, 34쪽.
72　J. F. Stephen, 같은 책, 34쪽 주.

이지만, 관습의 많은 실례들은 건전하고 유익하며 또한 시간의 검증을 견디었다.[73]

밀이 최종적으로 좀 더 나은 논증을 가진 걸까 아니면 스티븐이 가진 걸까? 이것은 독자들이 스스로 결정해야 할 어떤 것이다. 아마도 진리는 이 둘 사이의 어딘가에 놓여 있으며 그리고 다양성도 순응도 전적으로 좋은 것 또는 전적으로 나쁜 것으로 간주되어서는 안 된다고 주장할 수 있다. 아마도 가장 좋은 사회적 배치들은 두 가지 요소들의 신중한 혼합을 허용하게 될 것이다. 개별성을 장려하는 것과 어떤 전통들과 관습들을 옹호함으로써 사람들의 사회적 동질감을 발전시키는 것 사이에 필연적 대립은 존재하지 않는다(중기 빅토리아 영국은 이런 행복한 상황에 꽤 근접한 근사치에 도달했다고 주장할 수 있을 것이다).

그러나 만일 밀도 스티븐도 균형을 정확하게 올바로 잡지 못한다면, 밀의 주장이 스티븐의 주장보다 좀 더 고무적인 주장이라는 점을 발견하는 일은 어렵지 않다. 밀의 통찰력은, 아리스토텔레스처럼, 인간이 도달 가능한 도덕적 탁월성과 지적 탁월성에 초점을 맞추고 있다. 그 대신 스티븐의 견해는 인간의 결점들과 유약성에 집중하고 있다. 만일 아리스토텔레스와 밀에게 있어서, 인간이 자신과 관련해서 신의 흔적을 가지고 있다면, 스티븐에게 있어서 이 종의 모든 구성원들은 흙으로 만들어진 다리들만을 가지고 있다. 스티븐의 좀 더 우울한 전망은 자유 상태에 놓인 인간들에게 너무 많은 것을 기대하고 있는 밀의 경향에 유용한 개선책을 제공할지도 모른다. 그러나 밀은 우리의 열망들을 인도하기 위해서 좀 더 매력적 이상들을 우리 앞에 제시하고 있다. 마지막 분석으로, 밀과 스티븐의 논쟁은 II장에서 밀 자신의 주장, 즉 종종 "상

---

[73] J. F. Stephen, 같은 책, 34쪽 주.

충하는 신조들은, 하나는 옳고 다른 하나는 그른 것이 되는 대신에, 그
것들 사이에 진리를 공유하고 있다"는 것에 관한 훌륭한 실례를 제공
해 줄 수 있다(II. 34).

연구를 위한 물음들

1. 개별성은 항상 좋은 것인가?
2. 관습은 항상 나쁜 것인가?
3. 자유는 인간들의 가장 좋은 요소들을 모두 발전시키기 위한 필요조
   건이라는 밀의 주장은 얼마나 설득력이 있는가?
4. 우리는 '실험적인 삶들'(experiments of living)을 시도해야만 하는
   가? 이것들은 혜택들을 제공하며 또한 어떤 위험들이 그것들과 관
   련될 수 있을까?
5. 사람들은 자신의 복지와 관련해서 항상 최고의 심사자일까?
6. 중기 빅토리아 시절에 '관습의 폭정'이 중요한 위험이라고 한 밀의
   생각은 정당화되었는가?

IV. 개인을 지배하는 사회적 권위의 한계들에 관하여

IV. 1-3: 사회적 영역과 개인적 영역의 구분

『자유론』 IV장은 I장에 도입된 해악의 원칙에 대한 확장된 연구로서
간주될 수 있다. 밀의 '매우 단순한 원칙'은 자기 보호가 개인적 자유
에 대한 간섭이 허용될 수 있는 유일한 근거라는 점을 우리는 회상해
볼 수 있다. "권력이 문명 사회의 한 구성원에게 본인의 의사에 반해서
정당하게 행사될 수 있는 유일한 목적은 타인들에게 미칠 해악을 방지

하는 것이다"(I. 9). 원칙의 단순성은 자유의 제한들을 정당화할 수 있
는 단일 기준을 그것이 상술하는 것으로 구성된다. 그러나 밀이 잘 알
고 있듯이, 그 기준에 대한 정확한 해석의 제공과 그것의 적용 조건들
의 명확화는 어떤 수완을 요청하는 문제들이다. IV장에서 바로 이 작
업들로 밀은 돌아가고 있다. 베인은, 이번 장이 "밀의 진정한 의미에
도달하도록 좀 더 우리들을 잘 도와주고 있다"는 점을 지적한 후에,
"불변적인 교훈으로서 인간의 도덕적 지침 가운데 소중히 간직될 수
있는" 실천 윤리학에 대한 경탄할 만한 설명이라고 그것을 칭송하고
있다.[74] 후대 독자들은 밀의 결론을 항상 수용하고 있지는 않지만, 『자
유론』이 개인적 자유의 한계에 대한 독창적 전거라는 베인의 평가에는
동의하고 있다.

　밀은 간결한 첫 문단에서 IV장의 중요 물음들을 제시하고 있다. "그
렇다면 개인이 자신에게 행사할 수 있는 주권의 정당한 한계는 어디에
있는가? 사회의 권위는 어디에서부터 시작하는가? 인간의 삶이 어느
정도나 개인에 귀속되고 그리고 사회에 귀속되어야 하는가?"(IV. 1).
이 물음들에 대한 그의 대략적 답변은 '주로 개인이 관심을 가지고 있
는 삶의 부분'은 개인에게 속하고 또한 '주로 사회가 관심을 가지고 있
는 부분'은 사회에 속한다는 것이다(IV. 2). 그러나 그는 사회적 '삶의
부분'과 개인적 '삶의 부분'의 경계가 좀 더 정확하게 결정될 수 없다
면, 이 답변들은 거의 도움이 되지 않는다는 점을 잘 알고 있었다. 밀은
시민 사회가 그 구성원들 간의 계약에 기초한다는 생각(예를 들어, 홉
스(Thomas Hobbes)가 1651년 『리바이어던』에서 주장한)을 거부했
다. 그렇지만, 그는 사회적 삶이 개인들에게 의무들을 부과한다는 점은

---

74 Alexander Bain, *John Stuart Mill*, 107-108쪽.

수용하고 있다. "사회의 보호를 받는 모든 사람은 그 혜택에 대한 보답을 빚지고 있다. 그리고 사회에서 살아간다는 사실은 각자가 나머지 구성원들을 향한 일정한 행위 방식을 준수해야만 한다는 점을 필수적인 것으로 만들어 준다"(IV. 3). 타인들과 평화롭고 행복하게 살기 위해서, 우리는 받는 일뿐만 아니라 주는 일도 준비해야만 한다. 따라서 우리는 "상해와 괴롭힘으로부터 사회 또는 그 구성원들을 보호하기 위해서 초래되는 노동들과 희생들의" 우리 몫을 반드시 감당해야만 한다. 또한 우리는 분명하게 동료 시민들에게 어떤 해악도 유발해서는 안 된다. 만약 우리가 이 책임들을 충족시키지 못한다면, 우리는 제재를 받게 될 것이다. 밀은 우리가 형사처벌을 받을 수도 있는 타인들의 헌법적(즉 법적으로 보호받는) 권리들을 위반하는 행동들과, 유해하거나 분별없는 행동들이지만 그 권리들을 위반하지 않는 행동들에 대한 흥미로운 구분을 설정하고 있다. 후자의 경우 우리는 "법적 처벌을 받지는 않지만 여론에 의해 정당하게 처벌을 받을 것이다"(IV. 3). (따라서, 예를 들어, 만일 내가 합류하길 원하는 줄의 맨 앞으로 항상 끼어든다면, 나는 어떤 사람의 법적 권리들을 침해하는 것은 아니지만, 나의 이기적 행동은 비난받을 것이며 또한 만일 내가 타인들의 도움을 구하게 된다면, 나 자신의 부담으로 돌아오게 될 것이다.)

밀은 조심스럽게 합법적인 간섭을 지배하는 일반적 원칙을 피력하고 있다.

한 사람의 행위의 한 부분이 타인들의 이익들에 손해를 끼치는 방식으로 영향을 미치는 순간, 사회는 그 행위에 대한 사법적 권한을 가지게 되며, 또한 일반 복지가 그 행위에 간섭함으로써 증대될 것인지 말 것인지의 문제가 공개적으로 논의된다. 한 사람의 행위가 자신을 제외한 타인들의 이익에 영향을 미치지 않을 때, 또는 만일 타인들이 좋아하지 않는다면, 그들의 이익들에 영향을 행사할 필요가 없을 때(이와 관련된 모든 사람들은 성인이며 정상적인 이해력을 소유한 사람들이다), 그런 문제를 받아들일 여지가 존재하지 않는다. 그러한 모든 경우들에서, 그 행위를 실행하고 그 결과들을 고수하기 위해서는 완전한 법적, 사회적 자유가 존재해야만 한다(IV. 3).

이것은 본질적으로 좀 더 정교하게 진술된 해악의 원칙이며 그리고 한 사람의 행동이 정상적 지성을 가진 다른 성인들의 이익들에 영향을 미칠 경우, 그 행동을 승인하고 거부하는 일은 사회보다는 사람들에게 달려 있다는 중요한 해석이 추가되어 있다. 만약 당신의 복지에 실제로 해악을 주거나 또는 줄 가능성이 있는 어떤 것을 하겠다고 내가 제안할 경우, 내가 그것을 해도 된다고 결정하는 일은 다른 사람의 권리가 아니라 당신의 권리이다. 만일 당신이 자발적으로 내 이익들을 위해서 당신의 이익들을 희생한다면, 어쩔 수 없지만 말이다. 그러나 나는 당신의 허락 없이는 착수할 수 없으며 또한 제삼자가 당신을 대신해서 찬성하거나 거부할 수 없다.

IV. 4-7: 강제, 설득 그리고 자기 관련 덕들
그러나 이것은 우리가 자신들의 선에만 제한적으로 관심을 갖고 타인들이 잘 살고 있는지 또는 잘 행위하고 있는지에는 주의를 기울여서는 안 된다는 이기적인 무관심 신조처럼 이해될 수 있지 않을까? (설사 밀은 그렇게 하지 않았더라도, 우리들은 역시 그런 신조가 항상 인간 복지를 최대화하기 위해서 행동하라고 우리에게 명령을 내리는 공리주의와 양립 가능한지 물어볼 수 있다.) 밀은 문단 4에서 이 물음에 답변하

고 있다. 거기서 밀은 오직 우리가 타인들에게 해악을 끼치지 않을 의
무를 갖고 있는 한에서만 타인들의 복지가 우리와 관계한다는 개념을
확고하게 논박하고 있다. 우리는 **반드시** 타인들의 복지를 증진하고 또
한 그들이 자신들의 복지를 증진할 수 있도록 돕는 일에 적극적인 관심
을 취해야만 한다. 그러나 이 일을 하는 것에 좋은 방식과 나쁜 방식이
존재한다. 밀은 "타인들의 선을 증진하기 위해서 이해관계를 떠난 노
력의 증가가 많이 요구되지만 … 이해관계를 떠난 선행은 자신들의 선
에 대해서 사람들을 설득하기 위해서 문자적 의미 또는 비유적 의미의
회초리들이나 매질들과는 다른 도구들을 발견할 수 있다"는 점을 강조
하고 있다. 우리는 강요보다는 설득을 통해서 움직여야만 한다. 그리고
우리는 사람들이 강요에 의해서 유덕한 사람이 될 수 있다는 환상을 버
려야만 한다(IV. 4).

　밀은 사람들이 '자기 관련 덕들'(self-regarding virtues)을 소유해
야만 한다는 점이 그들의 복지에 중요한 요소라고 생각한다. 자기 관련
덕에 관한 명료한 정의 대신에, 밀은 "사람들은 자신의 좀 더 고귀한
능력들의 활용을 증대하는 방향으로, 그리고 어리석기보다는 현명하
고, 저급하기보다는 고상한 대상들과 사색들을 향해서 그들의 감정들
과 목표들을 증대하는 방향으로 서로를 계속해서 자극해야만 한다"고
적고 있다(IV. 4). 따라서 자기 관련 덕들은 개인적인 자기 발전과 관
련되어 있다. 따라서 우리는 밀이 자기 관련 덕들을 그런 발전을 촉진
하는 것으로 그리고 그것들을 획득한 사람들의 주요 장점을 구성하는
것으로 생각하고 있다고 가정할 수 있다.

　그의 제안에 따르면, 자기 관련 덕들을 가르치는 일은 아동 교육의
주요 역할 중의 하나이다(다른 역할은 사회적 덕들, 즉 타인들을 돌보
는 습관들을 가르치는 것이다). 비록 아동 교육이 필연적으로 어떤 강

제를 포함하고 있지만, 교육자들은 가능한 한 '확신과 설득'을 통해서 일해야만 한다. 그러나 한 사람이 성장하게 되면, 형식상의 교육은 반드시 중단되어야 한다.

어떤 사람도 또 어떤 많은 수의 사람들도 성년의 다른 사람에게 그가 자신의 혜택을 위하여 자신이 하려고 선택한 것을 자신의 삶을 통해서 실현해서는 안 된다고 주장할 자격을 가지고 있지 않다. 자기 자신의 복지에 가장 큰 관심을 가지고 있는 사람은 바로 자기 자신이다. 다른 어떤 사람이 그 사람의 복지에 대하여 가질 수 있는 관심은, 강력한 개인적 애정들을 가지고 있는 경우를 제외하고는, 그 사람 자신이 가지고 있는 관심에 비하여 대수롭지 않은 것이다. … 자기 자신의 감정들과 상황들에 관련해서, 가장 일반적인 남자 또는 여자도 다른 사람에 의해 소유될 수 있는 양의 지식을 훨씬 능가하는 정도의 지식을 소유할 수 있는 수단을 가지고 있다 (IV. 4).

"개별성은 각 사람의 관심사들과 관련해서 그 고유한 활동 영역을 갖는다." 타인들은 한 행위자의 의지를 강화하기 위해서 제안들 또는 권면들을 제공할 수 있다. 그래서 밀은 심지어 강압적 설득이 부적절한 강요로 변화되는 지점에 관해서는 실망스럽게도 명확하지 않지만, 타인들은 제안들을 행위자가 관심을 갖도록 '강제'할 수 있다는 점을 제안하고 있다. 그러나 그들은 "자신들이 그 사람의 선이라고 간주하는 것에 그를 속박해서는" 안 된다. 왜냐하면 그만이 홀로 그 선에 대한 최종적인 심판이 되어야만 하기 때문이다(IV. 4).

우리가 이것들이 사람들에게 좋은 것을 해 줄 것이라 생각할 때, 충고하고 훈계할 수 있지만, 사람들을 통제하려고 노력하는 일은 해서는 안 된다는 밀의 견해는 로크의 견해를 눈에 띄게 생각나게 한다. 로크의 주장에 따르면, "한 사람의 구원은 전적으로 그 자신의 문제이다. 그러나 마치 내가 이 주장을 통해서 참으로 기독교인의 가장 큰 의무인 사람들로부터 오류들을 줄이기 위해서 사용되는 모든 자비로운 훈계들과 애정 어린 노력들을 매도하려는 것처럼 이 주장이 이해되기를 원치 않는다. 어느 누구라도 타인의 구원을 증진하기 위해서 자신이 원하는 만큼 조언들과 논증들을 사용할 수 있다. 그러나 모든 폭력과 강요는 금지되어야만 한다."[75] 밀의 입장은 이 주장의 간단한 일반화이다. 설득하되 강요하지 않는다는 로크의 원칙은 종교적 구원의 영역으로부터 좀 더 광범위하게 이해된 개인적 복지의 영역으로 적용되었다.

사람들의 자기 관련 특성들 또는 그것들의 결핍은 자연스럽게 어떻게 타인들이 그것들을 생각하고 관련되고 있는지에 영향을 미치게 될 것이다. "자신의 선에 이바지하는 어떤 뛰어난 특성들을 가진 사람은 존경을 받게 되겠지만, 그것들을 크게 결핍하고 있는 사람은 혐오의 대상이 되거나 또는, 극단적인 경우들에서는, 심지어 경멸의 대상이 될 것이다"(IV. 5). 자기 관련 특성들을 획득하지 못한 사람들은 타인들에게 해악을 끼치기보다는 자신들의 위신을 떨어뜨리는 것이기 때문에, 사람들로 하여금 이 특성들을 개발하도록 독려하는 일은 잘못된 것이 될 것이다. 그러나 밀은 공손함의 현행 표준들이 좀 더 강력한 비판과 충고의 관행들을 허용하지 않고 있다는 점을 유감으로 생각한다. 그의 생각에 따르면, "만약 한 사람이 타인에게 그가 잘못을 범하고 있다고 생각한다는 점을 정직하게 지적할 수 있다면 그리고 그것이 무례하거나 주제넘은 짓으로 여겨지지 않는다면, 그것은 좋은 일이 될 것이

---

75   J. Locke, 'A letter concerning toleration', 151-152쪽.

다"(IV. 5). 물론 이것은 여담 이상이 될 순 없지만, 사람들이 타인들에 대해서 생각하는 것을 면전에서 솔직하게 말하는 세상을 밀이 진정으로 환영할지 의구심이 든다. 아마도 빅 브라더(Big-Brother) 역할을 가장 열심히 떠맡게 될 사람들은 바로 '도덕의 개선자들'(improvers of morals)이다. 밀은 이전 장에서 '관습의 폭정'을 부과하는 일에 대한 그들의 원조를 강력하게 개탄했다. 비판이나 안내가 가장 필요한 사람들은 그것에 전혀 주의를 기울이고 싶어 하지 않는 사람들이 될 개연성이 크다.

밀은 "어떤 사람의 개별성을 억압하는 것이 아니라, 우리의 개별성을 발휘하는 방향으로 우리는 그 사람에 대한 비판적인 신념에 따라 행동할 권리를 갖는다"는 점을 타당하게 주장하고 있다. 우리는 동료를 선택할 수 있고 못마땅하거나 싫어하는 사람들과 어쩔 수 없이 어울리지 않아도 된다. 만일 우리가 타인들에게 그들의 발전을 이끌 수 있는 것들을 제외하고 '선택적 중재'(optional good offices)에서 우선권을 부여한다면, 우리가 싫어하는 사람들은 정당하게 불평할 수 없다. 성미가 급하고, 완고하고, 자만하는 사람, 낭비하는 사람, 그리고 '해로운 방탕에서 자신을 자제할 수 없는 사람'은 이 악들로부터 자유로운 다른 사람과 동등하게 대우받을 수 없다(IV. 5). 사람들은 '타인들의 불리한 판단과 엄격하게 분리될 수 없는' 불편들을 참아 낼 수 있도록 준비되어야만 한다(IV. 6). 좀 더 좋은 사람이 되라고 사람들을 강요하는 것 또는 그들의 자기 관련 결함들에 대해서 처벌하는 것은 그 누구도 할 수 없다. 그러나 타인들은 자신들의 권리범위 내에서 그들을 싫어할 수 있다.

그러나 우리는 자기 관련 결함들을 가진 주체들이 '불편'을 겪도록 하는 것과 그들에게 처벌을 가하는 것을 어떻게 정확하게 구분할 수 있을까? 밀은 다시 한 번 구체적 언급을 회피하고 있다. 당신이 두 구직자들 중에 한 사람을 선택하는 고용주이며, 둘 다 똑같이 그 일의 자격 요건들을 만족시킬 수 있는 것처럼 보이지만, 그중 한 사람은 다른 사람보다 상당하게 좀 더 많은 자기 관련 결함들을 가지고 있다고 가정해보자(예를 들어, 그는 오만하고, 허영심이 강하며, 큰소리치며 단정치 못한 사람이다). 밀은 좀 더 호감 가는 후보에게 당신이 일자리를 제공하는 것을 인정할까? 아니면 그는 이것을 허용 가능한 질책이나 회피의 한계들을 넘는 처벌로서 간주할까? 당신이 유덕하지 못한 후보를 거부할 때 그를 처벌하려는 고의적 의도를 갖지 않을 수 있다. 당신은 단순하게 다른 후보가 함께 일하는 데 좀 더 유쾌한 동료가 될 것이라고 생각할 수 있다. 그러나 당신이 그 실패한 지원자에게 그의 애정 없는 개인적 자질들 때문에 중대한 상대적 불이익을 입혔다는 사실만큼은 변치 않는다. 만약 이것이 처벌을 의미하지 않는다 하더라도, 만일 그 후보자가 자신의 탈락 이유를 발견하게 된다면, 그것은 처벌로서 느껴질 수 있다.

베인은 이 구절과 관련하여 밀이 "유용하게 좀 더 멀리 나가서 한쪽 끝에는 가장 강력한 개인적 선호도로부터 다른 쪽 끝에는 (아마도 처벌에 의해서 동반되는) 가장 심한 비난에 이르는 행동 양식들에 대한 눈금표 또는 차등 기준표를 만들었을지도 모른다"고 주장한다. 그는 "최소한 15개 또는 20개의 인지할 수 있는 차이들이 만들어질 수 있고 또한 장점 또는 단점의 모든 등급들의 위치도 만들어질 수 있다는 점을 덧붙이고 있다."[76] 비록 '15개 또는 20개의 분간할 수 있는 점들'에 관한 그의 평가가 자의적인 것처럼 보이지만, 사람들의 자기 관련 결함들

---

[76] Alexander Bain, *John Stuart Mill*, 109쪽.

에 대한 반응들의 범위 설정이 가능하다는 베인의 주장은 올바르다. 그
러나 불편을 겪는 것과 처벌받는 것 사이의 명백한 구분의 부재가 밀에
게는 문제가 된다는 점을 베인은 주목하지 못한 것처럼 보인다. 또한
그는 타인들의 비판적인 판단과 분리 불가능한 '단순한' 불편들이 어
떤 형식적 처벌들보다 좀 더 가혹한 주관적 충격을 줄 수 있다는 사실
과 연관된 윤리적 난제를 알고 있는 것처럼 보이지 않는다.

　문단 6에서 밀은 오직 **자기** 관련 결함들만이 처벌 또는 통제를 면제
받아야만 하며, "타인들에게 유해한 행동들은 전적으로 다른 대우를
요구한다"는 점을 반복하고 있다. 후자는 "도덕적 비난의 적합한 대상
들이며 또한 중대한 경우들에는 도덕적 징벌과 처벌의 적합한 대상들
이다." 밀은 자기 관련 결함들이, 심지어 극단적인 경우들에서도, 정확
하게 말하면, 사악한 것이 아니기 때문에, 그것들만이 진짜 부도덕한
것들이라는 점을 추가하고 있다. 일부 독자들은 비록 자기 관련 결함들
이 타인들의 간섭을 초래해서는 안 된다는 점에 동의할지라도, '부도
덕'(immoral)이라는 용어를 타인과 관련된 결함들과 행동들로 제한하
려는 밀의 시도에 대해 불편해할지도 모른다. 아마도 밀은 자기 관련
결함들의 처벌에 관한 하나의 대중적 구실, 즉 그것들이 부도덕하다는
주장을 약화하려는 욕구에 자극을 받았을 것이다. 그러나 그는 이 입장
을 거부하는 데 다른 좀 더 좋은 근거들을 가지고 있기 때문에, 의심스
러운 언어적 약정에 실제적으로 호소할 필요가 없다.

　밀의 제안이 갖는 좀 더 진지한 실천적 의미는 타인들에게 해악을 끼
치는 행동들뿐만 아니라 '그것들로 이끄는 경향성들이' 당연히 부도덕
한 것이며 혐오감을 불러일으킬 수 있는 비난의 적합한 주체들이라는
점이다. 그런 나쁜 경향성들의 목록은 잔인함, 악의, 시기심, 탐욕, '충
분한 이유 없이 화냄', 지배욕, 다른 사람들의 굴욕을 즐거워함, 그리

고 '다른 어떤 것보다 자신과 그것의 관심사들을 좀 더 중요한 것으로 생각하는 이기주의'이다(IV. 6).

불행하게도, 밀은 어떻게 우리가 그런 나쁜 경향성들에 반응해야만 하는지에 관해 전혀 명백하게 설명하지 않고 있으며, 단지 그 경향성들의 소유자들은 그것들에 대해서 "책임을 져야 할지도 모른다"라고만 주장하고 있다. 아마도 그는 예를 들어, 잔혹한 행동 또는 탐욕스러운 행동을 실행하는 것과 구분된 것으로서 잔혹한 경향성 또는 갈망하는 경향성을 갖는 것에 대해서 어떤 사람을 처벌하는 일을 승인하지 않을 것이다. 사람들은 자신들이 한 일에 대해서 도덕적으로 책임을 질 순 있지만, 자연이 부여한 경향성들에 대해서 도덕적으로 책임을 질 수는 없다. 그가 잔혹한 경향성 또는 탐욕스러운 경향성을 가진 사람들이 그것들에 탐닉하도록 매력적인 기회들을 제공할 수 있는 영향력 또는 권위 있는 지위들을 갖지 못하게 강제적으로 막는 일을 선호할지 안 할지는 분명하지 않다. 개인적인 경향성들을 감시하는 공정하고 효율적인 체계를 조직하는 것은 어려운 일이 될 것이다. 또한 그 체계가 요구하게 될 사적 삶들에 대한 간섭의 수준은 밀에게 깊은 고민거리가 될 것이다. (어느 집단 사람들이 다른 집단 사람들에게 권력을 행사하는 구조에서 누가 '수호자들을 감시'할 것인가와 같은 어려운 문제가 발생할 수도 있다.) 그러나 아마도 개인들이 이미 자신의 해로운 경향성들에 따라 행동하려는 의향의 징후를 보여 주는 어떤 제한된 상황들에서 그런 배치들의 효과를 밀이 보고 싶어 할 수도 있을 것이다. 예를 들어, 그는 성범죄 기록부(the Sex-Offenders Register)에 기재된 사람들로 하여금 교사들, 학교 관리인들 또는 청소년 지도자들과 같이 아이들과 직접적인 접촉을 갖게 해 주는 어떤 지위에 고용될 수 없게 막는 영국의 현행 규제들을 승인할 것이다. 이러한 종류의 제약들이, 실천적 이유이건 윤리적 이유이건, 바람직한 것이 되지 못할 때, 밀은 아마도 우리가 그 대신 도덕적인 격려와 충고를 해 주기를 바라게 될 것이다(우리가 다른 사람들의 자기 관련 결함들과 관련해서 격려와 충고를 마땅히 하는 것처럼 말이다).

일단 한 사람이 자신의 나쁜 경향성에 따라 행동하고 '자신의 동료들을 보호하기 위해 필요한 규칙들을 위반했다면', 밀은 그가 반드시 처벌받아야 한다는 점을 강하게 주장하고 있다. 그가 타인들에게 해악을 끼쳤기 때문에, "모든 구성원의 보호자로서 사회는 그에게 반드시 보복해야만 한다. 사회는 처벌이라는 명백한 목적을 위해서 그에게 반드시 고통을 가해야만 하며 또한 그것이 충분하게 가혹한 것인지 주의를 기울여야만 한다"(IV. 7). 한 사람이 오직 자기 관련 결함들 때문에 손해를 입는 때와는 달리, 노함과 분개가 이제는 적법한 것이 된다. 밀의 '보복'과 '분개'와 같은 용어들의 사용은 처벌에 관한 **응보주의** 관점을 강하게 암시하고 있다. 응보주의 관점은 사회 질서에 반하는 범죄자들이 '정당한 벌들'을 받는다는 사실을 사회가 보장해 주는 것을 권리와 의무로 삼고 있다고 주장한다. 처벌에 관한 응보주의적 설명들은 보통 공리주의적 설명 또는 **억제주의적**(deterrentist) 설명과 대비된다. 그것은 처벌의 일차 근거를 미래에 사람들이 유사 범죄들을 저지르지 않도록 억제하는 그것의 능력에 두고 있다. 응보주의는 처벌을 범죄에 의해서 저해된 도덕적 균형을 회복하는 데 이바지하는 것으로서 간주하는 과거 회고적인 이론으로서 생각될 수 있다. 반대로 억제주의는 처벌 부과의 유익한 결과들(범죄들의 수 또는 심각성의 감소)을 기대하고 있다.

확고한 공리주의자로서 밀은 문단 7에서 억제주의자보다는 좀 더 응보주의자처럼 들린다는 점이 이상하다고 생각될 수 있다. 그러나 『자유론』에서 밀은 어떤 특정한 처벌 이론을 방어하는 데 실제로 관심을 가지고 있지 않다. 오히려 그의 의도는 사람들의 자기 관련 결함과 타인 관련 결함 때문에 우리가 정당하게 그들에게 취할 수 있는 다양한 태도들에 대한 관심을 제기하는 것이다. 자기 관련 결함들을 가진 사람은 우리에게 "연민, 아마도 미움의 대상이 될 수 있지만, 노여움 또는 분노의 대상이 될 수는 없다"(후자의 태도들은 **오직** 행위자들이 타인들에게 끼친 또는 끼칠 경향성을 갖는 해악과만 관련해서 적절하다). 사람들은 한 개인의 사적 관심사가 되는 것들에 분노를 느끼거나 분개할 권리가 없다. 그러나 우리는 지나가는 말로 밀이, 처벌에 관한 다른 작가들과는 달리, 응보(retribution) 개념과 억제(deterrence) 개념 사이에 어떤 본질적인 양립 불가능성을 발견하지 못했다는 점을 지적할 수 있다. 사형제의 유지를 찬성하며 1868년 하원에서 그가 행한 유명한 연설은 응보적 사유의 요소와 억제적 사유의 요소를 모두 포함하고 있다.[77] 밀은 다른 공리주의자들처럼 처벌이 어떤 유용한 실제적 결과를 성취해야만 한다고 생각하지만, 그는 또한 처벌을 범죄들이 다른 사람들에게 불러일으킨 노여움과 분개라는 정당화된 감정들을 배출할 수단으로 간주했다.

IV. 8-13: 사람들을 그들의 이익들을 위하여 통제하는 것에 대한 반대 사례

개인들을 그들의 이익들을 위해 '사회가 개별적으로 또는 집단적으로' 통제하거나 제약하려는 시도들에 반대해서 지금까지 밀이 전개해 온 논증들은 반박 가능한 가정, 즉 '한 사람의 오직 자신에게만 관련된 삶

---

77 이 연설은 Peter Singer (ed.), *Applied Ethics*, 97-104쪽에 편리하게도 재인쇄되었다.

의 부분과 타인들과 관련된 삶의 부분 사이에' 명확한 구분이 내려질
수 있다는 것에 근거하는 것으로 생각될 수 있다(IV. 8). 공통적인 사
회적 환경을 공유하는 사람들의 삶들의 상호 연관성을 고려한다면, 밀
이 인정하고 있듯, 이 가정은 논쟁의 여지가 있다.

> 어떻게 사회 구성원의 행위 일부가 다른 구성원에게 무관심한 문제가 될
> 수 있는가?(라고 물어질 수도 있다) 어느 누구도 완전하게 고립된 존재는
> 아니다. 한 개인이 적어도 자기의 가까운 사람들과 종종 더 멀리 떨어진
> 사람들에게까지 해악을 입히지 않고, 자신에게만 심각하게 그리고 영속적
> 으로 해를 입힌다는 것은 불가능한 일이다(IV. 8).

밀은 자신을 해롭게 하는 사람은 역시 세 가지 범주들 속에서 타인들에
게 해악을 끼칠 수 있다고 분석하고 있다. 첫째, 만일 그가 자신의 재산
에 피해를 준다면, 그는 자신을 제외하고 그 재산으로부터 유익을 얻게
되는 사람에게 해악을 끼치는 것이며, 또한 어떤 경우들에서는 공동체
전체의 재원을 감소시킬 수 있다. 둘째, 만일 그가 자신의 육체적 능력
또는 정신적 능력을 낭비하거나 남용한다면, 그의 좋은 건강 상태 유지
에 의존하는 사람들(즉, 가족, 친구들 또는 동료들)을 실망시키는 것이
며 사회의 유용한 구성원이 되지 못한 것이다. 최악의 경우에 그는 자
신의 생계를 사회에 의존하게 될 수도 있다. 셋째, 비록 그의 악행들과
어리석은 행동들이 타인들에게 직접적인 해악을 끼치지 않는다고 하더
라도, 그는 자신이 설정한 나쁜 본보기에 의해서 좀 더 미묘하게 해악
을 행하고 있는 것일 수도 있다(IV. 8).
　사회가 이 방식들로 타인들에게 피해를 준 사람들의 삶들을 간섭하
기 위해 가질 수 있는 사리 추구적인 이유들과 별도로, 사회가 약자 구

성원들의 어리석음 또는 무기력함의 나쁜 결과들로부터 그들을 구하기 위해서 아무것도 하지 않는다면, 그들에게 자선을 베풀지 못한 것에 대해서 비난을 받을 수도 있다. 틀림없이 사회는 "명백하게 사회에 부적합한 사람들을 지도하는 일을 포기해서는" 안 된다. 만일 아이들과 청년들이 일반적으로 자신의 의지에 반하여 보호받아야 한다면, 왜 동일한 일이 '똑같이 자치가 불가능한' 성인들의 경우에서는 일어나면 안 되는가?(IV. 9). 밀은 두 가지 다른 통제 양식들이 '도박, 술 취함, 부절제(즉, 자제력 결핍), 나태, 불결함(성적 문란을 지칭하는 빅토리아 시대의 완곡한 용어)'에 빠진 사람들을 다루기 위해서 그들에게 제시될 수 있다는 점을 지적하고 있다. 첫 번째, 법률들이 행복과 '진보'의 이런 장애들을 저지하기 위해서 도입되어야만 한다. 두 번째, 보조적인 수단으로서, 여론이 도입되어 "이 악들에 대항하는 강력한 공권력을 조직하고 또한 악행을 행한다고 알려진 사람들에게 사회적 형벌들을 철저하게 부과할 수 있어야 한다." 그런 통제 방법들이 개별성을 제한하고 새로운 실험적 삶들을 저지할 것이라는 반론을 방지하기 위해서, 오직 "태초부터 지금까지 시도되었지만 실패한 것들, 즉 경험에 의해서 한 인간의 개별성에 유용하지도 적합하지도 않은 것으로 보였던 것들"만을 막으려는 관심이 생겨날 수 있다(IV. 9).

이런 매우 반자유주의적인 제안들에 맞서서, 밀은 문단 10과 문단 12에서 세 가지 강력한 반대 논증들을 제공하고 있다.

반대 논증 1(IV. 10). 밀은 사람들이 자신들에게 해를 끼칠 때, 그들은 타인들, 즉 자신들의 이익들을 통해서 자신들과 밀접하게 관련되어 있는 사람들과 대규모 공동체의 구성원들에게도 역시 상당한 피해를 줄 수도 있다는 점을 기꺼이 인정하고 있다. 그러나 그것이 어디에서 발생하든지 간에, "그 사례는 자기 관련 범주에서 제외되며 또한 진정

한 의미의 도덕적 비난을 받게 된다." 밀은 이 중요한 논점을 명료하게
설명하기 위해서 예들을 제시하고 있다.

> 만일 … 한 사람이, 무절제하거나 낭비를 함으로써, 채무를 불이행하거나,
> 또는 가족에 대한 도덕적 의무를 지고 있으면서도, 같은 이유 때문에 그들
> 을 부양하거나 교육할 수 없다면, 그는 마땅히 비난받아야 하며 정당하게
> 처벌받을 수도 있다. **그러나 그 처벌은 그의 가족 혹은 채권자에 대한 의무
> 를 이행하지 않은 것 때문이지 방탕하기 때문이 아니다**(IV. 10. 필자가 강
> 조함).

한 개인은 나쁜 습관들 때문에 자신에게 피해를 줄 수 있다. 그러나 그
의 잘못들이 '단지 그에게 개인적인 것'이 되는 한, 그것들은 그 자신
의 문제로 남는다. 그러나 그의 유약함, 어리석음 또는 무기력함이 타
인들에게 부정적으로 영향을 미치기 시작하는 순간부터, 그것들은 사
회적인 문제가 된다. 사적인 문제가 이제는 공적인 관심으로 전환된다.
"마찬가지 방법으로 한 개인이 순전히 자기 관련 행동으로 말미암아
그에게 부과된 대중에 대한 명백한 의무의 이행을 실천하지 못할 때,
그는 사회적 범죄를 저지르는 것이다." 따라서 아무도 단지 술에 취했
다는 이유만으로 처벌받아서는 안 되지만, 근무 중에 술 취한 군인이나
경찰을 처벌하는 것은 정당하다.

밀은 삶들의 인과적 상호 연관성이 그 자체로 개인적 선택들에 대한
사회적 간섭을 허용해 주는 충분한 근거가 되지 못한다는 점을 지적하
고 있는 측면에서 분명하게 옳다. 왜냐하면 우리는 사람들의 선택들이
자신들에게 미치는 해악과 그것들이 타인들에게 미치는 해악을 구분할
수 없기 때문이다. 그러나 자기 관련 선택들이 다른 사람들에게 불러일

으키는 해악의 정도가 어떤 외적 간섭을 정당화하기에 충분한가에 관해서 논쟁을 벌일 수 있는 경계선상의 사례들이 존재하게 될 것이다. 가정 소득의 많은 부분을 자신의 사악함 때문에 '날려 버렸지만', 자신의 가족이 생활하는 데 충분한 돈을 마련하기 위한 책임을 지는 성실한 도박꾼이나 술고래에게 어떤 처벌이 주어져야만 할까? 가족에 대한 책임 또는 직업상의 책임들을 이행할 능력은 손상되었지만 알코올 중독 또는 약물 중독에 의해 전적으로 건강이 악화되지 않은 사람의 경우에는 사회가 간섭해야만 하는가? 물론 밀은 그런 사람들을 권면해서 자신들의 방식들을 수정하는 것을 추천할 것이다. 그러나 어떤 단계에서 단순한 권면 이상의 좀 더 강력한 조처가 적절한 것이 될 수 있을까? 밀은 "나쁜 습관들에 중독되어 가족에게 슬픔을 불러일으킨 사람은 몰인정하고 배은망덕하다는 이유로 비난받아 마땅하다"고 주장하고 있다(IV. 10). 그러나 그는 '슬픔'과 손해를 구분하는 경계선이 어디에 있는지 또는 그 경계선 사이에 또는 그 근처에 놓여 있는 경우들에 무엇을 해야 하는지 우리에게 말하고 있지 않다.

　사람들의 '자기 관련' 선택들이 타인들에게 심각한 영향을 줄 수 있다는 사실에 관한 밀의 승인은 '자기 관련'이라는 분류가 정말로 그런 사례들에 적절한 것인가라는 의문을 품게 만들 수 있다. 만일 한 남편의 술 중독 또는 도박 중독이 그의 아내와 가족들에게 슬픔 또는 손해를 불러일으킨다면, 그것은 자기 관련 요소와 더불어 상당한 타자 관련 요소도 포함하는 것처럼 보인다. 밀은 아마도 연관된 인과적 순서를 언급함으로써 자신의 용어체계를 방어하게 될 것이다. 자신의 식구들을 빈곤 상태에 빠트리게 하는 주정뱅이는 그들에게 해악을 끼치는 것이지만, 그는 이미 자신이 선택한 해로운 선택을 통해서 자신에게 해악을 끼치고 있는 것이다. 단순한 재미 때문에 자신의 자녀들에게 폭력을 가

하는 잔인한 사람이나 가학적인 사람과는 달리, 주정뱅이의 주요 문제
는 타자 관련 악이기보다는 자기 관련 유약함이다. 그러나 인간의 도덕
심리는 그렇게 간단하지 않다. 그리고 도덕적 태만의 수많은 사례들에
서 좀 더 복잡한 이야기가 말해질 수 있을 것 같다. 따라서 가정 수입을
술로 소비한 사람은 단지 술에 대한 자기 관련 유약함에 의해서뿐만 아
니라, (아마도) 타인들과 공감할 수 없는 무능력에 기초한 냉정하고 몰
인정한 본성이라는 타자 관련 결함에 의해서도 잘못될 수 있다.

　　반대 논증 2(IV. 11). 밀의 두 번째 논증은 사람들이 자신들을 적절
히 돌보지 않았기 때문에 사회적 선에 적극적으로 기여할 수 있는 자신
의 능력을 손상시키게 될 때, 그들은 처벌받을 수 있다는 주장이다. 그
의 주장에 따르면, "사회가 개인으로부터 받아 낼 권리가 있다고 사회
가 주장하지 않는" 방식으로 일반적 선에 어떤 방식으로 기여하지 않
았다고 개인들을 처벌하는 것은 그릇된 일이다. 그러한 기여들은 한 사
람이 해야 할 의무가 있는 기여들과 매우 다른 도덕적 지위를 갖고 있
다. 작품 부재의 결과로 자신의 가족을 굶주리게 하는 알코올 중독 작
가는 그들을 적절하게 부양해야 할 의무를 다하지 못했기 때문에, 그는
처벌을 받게 된다. 그러나 그는 자신이 출간할 수 있었던 양서들을 저
술하지 못한 것에 대해서 더 이상 처벌받아서는 안 된다. 사회, 또는 사
회의 독자들은, 꾸준하게 양서들을 출간하라고 그에게 요구할 권리를
갖고 있지 않다. 비록 작가의 음주의 결과로서 사회가 손해를 본다 하
더라도, 이것은 밀의 생각에 "인간 자유라는 좀 더 큰 선을 위해서 사
회가 감내할 수 있는" 일종의 불편함이다.

　　두 번째 반대 논증을 강화하기 위해서, 밀은 사회의 구성원들이 아직
아이들일 때 사회가 그들을 유용한 시민으로 만들 수 있는 기회를 갖게
된다는 점을 우리에게 상기시키고 있다. 이때는 '좀 더 약한 구성원들'

을 '합리적 행위에 대한 사회의 일반적 표준'으로 끌어올릴 수 있는 시기이다.

> 사회는 구성원들이 어릴 때는 그들에 대해 절대적 권력을 가지고 있다. 사회는 전반적인 유년기와 미성년기 동안에 그들이 인생에서 합리적 행위를 할 수 있도록 만들 수 있는지를 시험해 본다. … 만일 사회가 상당한 수의 구성원들을 단지 어린아이들로만 키우고, 장기적인 동기들에 대한 합리적 고려에 의해서 행동할 수 있게 만들지 못한다면, 사회는 그 결과들에 대해서 자신을 비난해야만 한다(IV. 11).

어쨌든, 성인들을 좀 더 신중하고 절제된 사람이 되도록 강제하는 시도는 자멸적이다. 왜냐하면 그것은 진보보다는 분노를 산출하기 때문이다. '활기차고 독립적인 품성들'은 '틀림없이 그 굴레에 대해 반항할' 것이고 자신들에게 요구되는 것의 반대를 행할 것이다.

그러나 자기 관련 유약성에 빠진 사람들은 자신들의 나쁜 선례를 통해서 죄 없는 사람을 타락시키는 위험을 초래한다는 염려에 대해서 어떻게 생각해야 할까? 밀은 이 사람들이 **자신에게 해악을 끼치는** 예를 제공하고 있기 때문에, 이 예는 문제가 되는 행동의 "고통스럽거나 비천한 결과들을 보여 주고 있으므로, 해롭다기보다는 좀 더 유익한 것이 되어야만 한다"는 점을 근거로 강압적인 방책들을 사용하는 이유로서 이 선례를 거부하고 있다(IV. 11). 이 답변은 경험보다는 희망에 좀 더 빚지고 있다. 힘멜파브(Gertrude Himmelfarb)는 밀이 "부도덕은 곧바로, 직접적으로 그리고 명백하게 가해자 자신의 불리한 점을 초래한다는 인간의 행위에 관한 섭리적 관점(a providential view)"을 취하고 있는 것처럼 보인다고 주장한다. 밀이 '보복적인 신'을 믿지 않았지만,

최소한 '전반적으로 보복적인 도덕 질서'를 믿고 있었던 것처럼 보인다.[78] 그녀는 그런 견해가 소박한 것이라고 생각한다. 어떤 부도덕한 사람들은 자신들의 악한 행동들에 대해서 결코 어떤 대가(또는 그들이 대가라고 간주하는 것)를 지불해서는 안 된다. 그들은 자신들의 기준들에 따라 만족스러운 삶이라고 생각되는 것을 영위하며 그들은 그것들을 바꿔야 할 이유를 전혀 모르고 있다. 밀은 또한 종교적 작가들이 '악의 화려함'(the glamour of evil)이라고 부르는 것 즉 악한 것들이 소유할 수 있는 명백한 매력을 잊고 있는지도 모른다. 만일 허울만을 따진다면 때때로 그 이유는 정확하게 그것들은 유덕한 사람들에 의해서 받아들여지지 않는다는 점이다. 자신들의 건강 또는 복지의 위험을 감수하는 사람들은 또한 대담, 태평, 또는 창의성이라는 가짜 이상들의 모델들로서 보일 수 있다. 기이함에 대한 밀 자신의 매혹됨과 '실험적인 삶들'에 대한 그의 옹호를 고려해 볼 때, 그는 특별히 젊은이들과 경험이 부족한 사람들에게 부적절한 역할 모델들에 의해서 제시된 잠재적인 위험에 놀랍게도 만족하고 있다. 그는 그들의 도덕 교육이 사회적 책임이라고 간주하기 때문에, 그는 나쁜 선례를 남기는 개인들에 대한 강압을 정당화하기 위해서 해악의 원칙을 일관되게, 마지못해 그럴 수도 있지만, 호소하고 있다.

반대논증 3(IV. 12). 밀은 '순수하게 개인적 행동'을 저해하는 대중의 간섭에 반대하는 가장 강한 논증이라고 그가 생각하는 것을 마지막까지 유보하고 있다. 그는 사회가 간섭할 때, "그것은 잘못 간섭하며 또한 잘못된 곳에 간섭한다"는 점이 이상하다고 주장한다. 밀은 자신의 이해관계들에 대한 사회적 판단과 개인들의 이해관계에 대한 사회

---

78   G. Himmelfarb, *On Liberty and Liberalism*, 100쪽.

적 판단을 구분한다. 그리고 그는 전자가 후자보다 더 신뢰할 만하다고 말한다. 대중이 '사회적 도덕성의 문제, 타인들에 대한 의무의 문제'와 특수한 행동의 유형 자체에 미치는 영향들에 대한 평가문제를 판단하는 데 있어 뛰어나다'는 주장은 현대 사회가 '관습의 폭정'의 통치에 무분별하게 굴복되었다고 생각하는 사람에게는 이상하게 들릴 수 있다. 그러나 밀은 사회가 개인들에게 좋은 것이 무엇인지 가장 잘 안다는 생각을 논박할 수 있는 좀 더 확실한 근거를 가지고 있다.

> 소수에 대하여 법률로서 강요되는, 자기 관련 행위의 물음들에 관한 다수의 의견은 옳기보다는 그릇될 확률이 더 많다. 왜냐하면 이 경우들에서 대중 여론은 기껏해야 타인들의 선 또는 악에 대한 일부 사람들의 의견을 의미하기 때문이다. 많은 경우에 있어서는 그것조차도 의미하지 않기 때문이다. 대중은 가장 무책임하게 그들이 혹평하는 행위를 하는 사람의 쾌락 혹은 편의를 간과한 채 오직 자신들의 기호만을 고려한다(IV. 12).

밀은 계속해서, 섬세하게, 이 문제의 핵심을 짚어 나가고 있다. 그의 지적에 따르면 "자기가 싫어하는 어떤 행동을 자신들에 대한 피해로 간주하는" 많은 사람들이 존재한다. 예를 들어, 종교적으로 편협한 사람들은 타인들이 혐오스러운 신조를 따를 때 그들은 **자신들의** 감정들을 무시했다고 자주 불평한다. 이에 대한 대답으로 밀은 매우 중요한 원칙을 진술하고 있다.

> 한 개인이 자신의 의견에 대하여 가지는 감정과 다른 사람이 그가 그 의견을 지지한다는 이유로 모욕당했다고 느끼는 감정 사이에는, 도둑이 지갑을 훔치려는 욕구와 정당한 주인이 그것을 지키려는 욕구 사이의 관계와

마찬가지로 아무런 유사점도 없다(IV. 12).

자기 관련 문제들과 관련해서 사람들의 행동들, 의견들, 그리고 취향들
은 엄격하게 그들 자신의 관심사이다. 따라서 사람들은 그것들을 위해
서 돈을 사용할 권리를 갖지 않는 것처럼, 어느 누구도 그것들이 무엇
이 되어야 할지 명령할 권리를 갖지 않는다. 한 사람은 타인들이(비록
수많은 타인들이 존재한다고 하더라도) 특정한 자신의 호감을 단지 싫
어하기 때문에 그러한 호감 또는 비호감을 억누르거나 절제해야 할 의
무가 있는 것이 아니다. 그런 이차적인 호감들과 비호감들(즉, 자신들
의 대상들로서 다른 호감들 또는 다른 비호감들을 갖는 호감들과 비호
감들)은 그것들의 일차적인 대응물들과 동일한 저울로 측정되어서는
안 된다. 만약 팜코트(palm-court) 관현악단 마니아인 스미스가 아주
귀에 거슬리는 정글 음악을 좋아하는 존스 때문에 괴로워한다면, 밀의
주장에 따르면, 스미스의 이차적 태도는 존스가 자신의 취향을 바꾸어
야 할 어떠한 이유도 될 수 없다. 스미스와 존스는 서로 다르다는 점을
단순하게 동의해야만 하고 "서로 자기 방식대로 살아가기"라는 상호적
자세를 채용해야만 한다.

그러나 왜 사람들은, 특별히 도덕적인 문제들과 관련해서 상호적 자
세를 취하는 것을 그렇게도 꺼리는 걸까? 밀의 제안에 따르면, 사람들
은 자신들의 의견들과 원칙들을 다른 모든 사람들을 판단해야만 하는
표준으로 잘못 간주하기 때문이다. 대중이 개인적 행동에 간섭하려 할
때, "대중은 자신과 다른 행동 또는 느낌의 극악함을 제외하고 다른 것
을 생각하지 않는다." 설상가상으로, "이러한 판단의 표준은, 희미하게
위장되어 있어서, 대부분의 윤리학자들과 사변적인 작가들에 의해서
종교와 철학의 명령으로 인간에게 내세워진다." 이 사람들은(밀은 이

들이 좀 더 잘 알아야만 한다고 생각한다) "사물들이 옳은 것은 그것들이 옳기 때문에, 즉 우리가 그것들이 옳다고 느끼기 때문이라고 가르친다." 그들은 자신들이 옳다고 **느끼는** 것들이, 만일 그들이 자신들 안에서 "참을 수 없을 정도로 의견 일치가 되었다"고 가정한다면, 모든 사람이 따를 수 있는 확고한 기준이 된다는 점을 대중이 믿도록 속이고 있다.

우리는 밀의 이전 논문으로부터 이런 무례한 윤리학자들 중의 한 사람이 바로 1838년에서 1855년 동안 케임브리지 대학의 윤리학 교수였던 휴월(William Whewell, 1794-1866)이었다는 사실을 알게 된다. 밀은 윤리학에서 과학철학에 이르기까지 다양한 주제들에 대해서 여러 차례 휴월과 부딪쳤다(베인은 그가 늙은 작가에 대한 '반감'을 가졌다고 기술한다).[79] 1852년에 출판된 논문인 「휴월과 도덕철학」("Whewell on moral philosophy")에서, 밀은 휴월이 '도덕감들을 그것들 자체의 정당화'로 간주하고 있다고 강력하게 비판하고 있다.[80] 휴월의 주장에 따르면, 만약 도덕감이 수많은 사람들에 의해서 공유된다면, 그것은 도덕감의 진리성을 추정할 수 있고 또한 반대 의견들을 인정하지 않을 수 있는 충분한 이유가 된다. 밀은 벤담(Jeremy Bentham)이 "어떤 외적 기준에 대한 호소 의무를 회피하기 위해서 또한 작가의 감정 또는 의견을 그 자체로 어떤 이유로서 독자가 수용하도록 설득하기 위해서 여러 장치들 중의 하나로서 그런 주장을" 올바르게 거부했다고 생각했다.[81] 그 생각에 대한 밀 자신의 반론은 힘차고 설득력이 있다.

---

79 A. Bain, *John Stuart Mill*, 70쪽.

80 J. S. Mill, 'Whewell on moral philosophy', *Collected Works*, 10권, 178쪽.

81 J. S. Mill, 같은 책, 10권, 177쪽.

그 호소는 항상 모든 인간에게 속한다고 간주되는 어떤 것을 향해 있다. 그러나 그 자체의 기준으로 세워진 감정이 한 개별적 인간의 감정인지 아니면 다수의 감정인지에 관한 문제는 별로 중요하지 않다. 감정은 옳다고 증명되지도 않으며 그 자체를 정당화할 필요로부터 면책되어 있다. 왜냐하면 작가 또는 연설가는 자신 속에서 그 감정을 의식할 뿐만 아니라 다른 사람들에게서도 그 감정을 찾아내길 요구하기 때문이다. 왜냐하면 그는 '나'라고 말하는 대신 '당신과 나'라고 말하기 때문이다.[82]

사회가 개인적 행위에 간섭할 때, 그것은 일반적으로 '부당하게, 그리고 잘못된 일에' 간섭한다는 밀의 주장은, 개인들이 타인들보다 자신들의 호불호를 더 잘 알고 있다고 예상될 수 있다는 경험적 관찰 이상의 것에 의존하고 있다. 밀은 또한 개인들의 삶들에 대한 사회적 간섭이 일반적으로 정당화되는 기초(즉 사회의 대부분의 구성원들이 올바르다고 느끼는 것은 반드시 올바른 것이 되어야만 한다)가 빈약하게 세워졌다는 좀 더 깊은 철학적 주장을 제시하고 있다. 비록 사회의 모든 구성원들이, 한 사람을 제외하고, 어떤 관행이 도덕적으로 잘못된 것이라고 믿고 있다 할지라도, 그 소수 의견이 여전이 옳은 것이 될 수 있다. 따라서 개인적 행동에 대한 사회적 간섭은 항상 잘못된 것이다. 왜냐하면 그것은 도덕적 무오류성이라는 유지될 수 없는 가정에 근거하고 있기 때문이다. (엄밀히 말하면, 개인적 행동에 대한 사회의 간섭은 이론적으로는 올바른 경우에 적용될 수 있다. 그러나 그것은 여전히 잘못된 간섭이 될 것이다. 왜냐하면 그 경우의 옳음은 명백하게 알려질 수 없기 때문이다.)

---

82   J. S. Mill, 같은 책, 10권, 179쪽.

    일부 독자들은 이 점에서 밀이 너무 심하게 도덕적 회의주의 입장을 취한다고 생각할 수도 있다. 거의 모든 사람들이 특정 종류의 행위가 그르다고 느끼는 경우, 그것은 그런 행위가 실제로 그르다는 확고한 증거가 될 수 있는 것처럼 보인다. 그러나 밀은 우리의 도덕 감정들이 우리의 도덕 견해들에 대한 어떤 추정적(prima facie) 지지를 제공하고 있다는 점을 부인하지는 않는다. 만약 우리가 아이들을 괴롭히거나 굶주린 사람에게서 빵을 훔치는 것이 잘못된 행동들이라고 느낀다면, 그것들은 아마도 그릇된 행동들일 것이다. 그러나 사람들이 역시 과거에 가졌던 몇몇 다른 도덕 감정들을 기억하는 것은 가치 있는 일이다. 따라서 다양한 시대에 사람들은 이단들과 마녀들을 화형에 처하고, 노예제를 실시하고, 불필요한 아이들을 버리고, 남편들에게 순종하지 않는 아내들을 엄하게 처벌하는 것이 옳다고 느꼈다. 그러한 사례들에 대한 반성은 감정이 도덕 진리에 대한 신뢰할 수 없는 지침이며 또한 감정을 종심 법원(a final court of appeal)으로 간주하는 것은 위험하다는 밀의 주장을 지지하고 있다. 벤담을 따라서, 밀은 우리의 도덕적 견해들은 어떤 외적 표준에 상응할 수 있는 것이 되어야만 한다고 주장한다. 다시 말하면, 우리는 도덕적 견해들에 대한 자신의 직감들, 태도들 또는 '직관들'의 진술을 넘어서는 이유들을 제시할 수 있어야만 한다. 도덕적 신념들에 대한 이유들의 공급은 진리와 계몽이 출현할 수 있는 도덕적 논쟁을 가능하게 만들어 준다. 정반대로, 우리가 이미 자신의 감정들 또는 직관들을 통해서 모든 도덕적인 답변들을 알고 있다고 독단적으로 주장하는 것은 그런 감정들 또는 직관들이 잘못된 것이라는 오류로부터 벗어날 가능성을 미리 차단하게 된다. 따라서 밀의 입장은 도덕적 회의주의라기보다는 도덕적 신중함으로 좀 더 잘 기술된다. 그의 목표는 도덕적 지식이란 획득될 수 없는 것이라는 점을 우리에게 설득

하려는 것이 아니라, 그것이 이성에 의해 뒷받침되지 않는 순수한 주관
적 과정에 의해서 확실하게 획득될 수 있다고 가정하는 일에 대해서 우
리에게 경고하고 있다.

밀의 이 부분에 관한 논의를 마치기 전에, 그가 순수한 개인적 행동
에 대한 사회의 간섭에 대해서 전개하지 않고 남겨 둔 다른 논증을 살
펴보는 것도 가치가 있다. 이 네 번째 반대 논증은 대부분의 성인들이
자신들의 이익들과 관련해서 어떤 형태의 통제 또는 강요에 종속되어
있다고 느낀다는 점에 대한 강한 반발을 언급하고 있다. 그런 온정주의
(paternalism)가 아무리 선의에서 나온 것이라고 하더라도, 우리는 그
것을 일반적으로 좋아하지도 않고 저항하게 될 것이다. 그레이(John
Gray)는 "개인은 자신의 다른 관심사들보다 더 중요하게 자율적인 행
위자가 되거나 또는 그렇게 유지되는 것에 관심을 가지고 있다"고 주
장한다.[83] 이 관심은 그 자신의 선택들에 대한 온정주의적 간섭과 양립
불가능하다. 스코럽스키(John Skorupski)가 설명하듯이, "우리는 자신
의 선 때문에 통치받거나 지시받는 것에 격렬하게 분개한다." 왜냐하
면 "우리는 자신의 삶들을 영위할 자유를 존중하며, 그것을 우리 선의
일부분으로 간주하기 때문이다."[84]

분명히 밀은 이에 동의했을 것이다. 그러나 그는 이 논증을 효과적으
로 좀 더 분명하게 제시했을 것이다(그것은 우리가 자신의 개별성을
표현할 때 느끼는 쾌락에 대해서 밀이 주장하고 있는 주장들의 일부에
암시되어 있다). 힘멜파브(Himmelfarb)는 밀이 어린이들과 청년들에
대한 사회의 권위적 관리의 적합성을 수용하게 될 때, 밀의 자유 이론
은 쉽게 그 논점과는 다른 방향을 채택했을 수 있다는 점을 제안하고

---

83 J. Gray, *Mill on Liberty*, 95쪽.
84 J. Skorupski, *John Stuart Mill*, 360쪽.

있다. 그녀는 밀이 어린이들과 마찬가지로 자신들에게 해악을 끼칠 위험에 처해 있는 성인들과 관련하여 그 동일한 용인을 했을지도 모른다고 생각한다. 만일 그것이 "그 적법성이 오랜 경험과 '도덕적 진리', 즉 '실천적 진리'(prudential truth)라는 일반적으로 용인된 체계로부터 도출된 그런 통제들만을 허용한다면", 그것은 결코 '자유와 개별성의 절대적 부정'을 포함하지 않았을 것이다.[85] 그러나 밀이 엄청 광범위한 온정주의의 시행을 허용하는 문제로 동요할 수 있다는 힘멜파브의 생각은 믿기 어렵지만, 오직 그가 성인들이 강요당하는 것에 얼마나 강력하게 분노하는지를 살펴보지 못했다는 점을 가정할 때만 옳은 것이 된다. 그런 분노의 관점에서 보면, 밀이 깨닫고 있었던 것처럼, 그것은 인간의 행복을 증진하는 수단으로서는 자멸적인 것이 될 것이다.

IV. 14-21: 부당한 통제의 사례들

『자유론』 독자들이 이 지점까지 오면서 불만스럽게 생각할 만한 것들 중의 하나는 자신의 주요 주장들과 관련해서 밀이 제공하고 있는 사례들의 부족함이다. 우리들은 어떻게 II장에서 생각의 자유에 대한 논의와 III장에서 개별성에 관한 논의가 고도록 추상적인 수준에서 진행되었는지를 살펴보았다. 밀의 접근 방식의 이런 특성은 동시대인들에게도 똑같이 충격을 주었고 그들을 좌절시켰다. 그 진짜 이유는 사태들이 어떠한지에 관한 밀의 광범위하고 포괄적인 주장들과 그것들이 **정말로** 어떠한지 사이의 대응 불일치에 대해서 초기 논평가들이 주장한 수많은 통찰들 뒤에 숨어 있다.

밀은 마치 자신의 접근 방식에 나타난 이 약점을 뒤늦게 인식한 것처

85　G. Himmelfarb, *On Liberty and Liberalism*, 96쪽.

럼, IV장의 후반부와 V장 전체를 특수한 사례들에 나타난 그의 자유론의 실천적 적용에 관한 자세한 연구에 할애하고 있다. 우리는 이 연구를 살펴보면서 현시대가 갖는 몇 가지 물음들 그리고 경쟁하는 논쟁점들과 관련해서 밀의 생각들이 함의하는 것들을 반성할 기회를 갖게 될 것이다.

그러나 그 일을 하기 전에, 잠시 멈춰서 왜 도덕 이론 또는 정치 이론을 다루는 작품들에서 사례와 특정한 실례들에 대한 논의가 유용한 것인지를 생각하는 것도 가치가 있다. (왜냐하면 『자유론』은 이 두 범주들에 모두 해당되기 때문에, 우리는 여기서 그것들을 함께 다룰 수 있다.) 주의를 기울여야 하는 좀 더 분명한 이유들 중 두 가지는 다음과 같다.

(1) 사례들은 추상적 주장 또는 일반적 주장을 명료하게 하는 데 도움이 된다. 때때로 매우 일반적인 용어 또는 추상적 용어로 표현된 진술이 정확하게 무엇인지를 아는 것이 어려울 때, 사례들은 화자의 의도 또는 작가의 의도를 결정하는 데 우리에게 도움이 된다. 어떤 사람이 사회적 행동의 기준들이 지난 30년 동안 급격히 악화되었다고 우리에게 말한다고 가정해 보자. 그 자체로, 이 진술은 단지 화자가 현대의 어떤 사회적 경향들에 불만을 가지고 있다는 모호한 인상만을 전달하고 있다. 그러나 만약 그가 그런 관계들을 동일한 지역에 사는 사람들이 갖는 이웃 관계들의 몰락으로 생각하고 있다고 설명한다면, 우리는 제시된 진술에 관한 훨씬 더 명확한 생각을 얻게 된다. 그것들은 쓰레기 투기, 공공장소에서의 욕설 또는 새치기와 같은 금지사항들의 퇴색, 엄청난 소음을 내는 음악 연주 또는 휴대전화의 무분별한 사용에 의한 공동 장소의 사유화, '예의 없는' 청소년들의 급증, 도로상의 무례한 운전 증가와 같은 사례들이다. 게다가 그는 자신의 경험으로부터 얻은 특

수한 실례들을 제시함으로써 이런 유형의 나쁜 행위들을 예시할 수 있다. 사례들의 제시는 원래 진술들의 벌거벗은 뼈들에 살을 덧붙이는 것이며 또한 오해의 가능성을 줄여 준다. 만일 우리가 화자의 일반화를 논의하거나 논박하고자 한다면, 우리는 이제 자신이 무엇을 논의하고 논박하고 있는지 더 잘 알게 된다.

(2) 사례들은 일반화들에 대한 증거에 기초한 지지를 제공한다. 사례들의 두 번째로 중요한 역할은 우리의 일반화들과 이론적 진술들에 대한 증거를 제시하는 것이다. 정부를 비판하는 어떤 국가의 작가들이 일상적으로 경찰과 첩보기관의 박해를 받는다는 기사를 우리가 신문에서 읽었다고 가정해 보자. 그 주장을 지지하기 위하여, 고문당하거나 투옥된 개별적인 작가들의 이름들이 담긴 긴 목록이 첨부되었다. 우리가 그 기소는 유해한 모략일지도 모른다는 의심을 하게 될 때, 이것은 아무런 이름도 제공되지 않았을 경우보다 그 고소를 좀 더 신뢰할 수 있는 것으로 만들어 준다. (그렇다고 해도, 우리는 그 명단에 있는 사람들이 실제로 정부로부터 박해를 당했는지 확인해 보고 싶어 할 수도 있다.) 만일 계속해서 어떤 다른 신문기자가 정부를 비판했지만 처벌을 받지 **않은** 작가들의 사례들을 제공한다면, 우리는 원래의 기소가 거짓이거나 또는 적어도 과장되었다고 결론 내릴 수 있을 것이다.

그럼에도, 증거를 제공하기 위한 목적을 위한 사례들의 사용은 불리한 면도 가지고 있다. 사례들은 진실을 드러내는 것뿐만 아니라 진실을 감추기 위해서도 사용될 수 있다. 유리한 사례들의 조심스러운 선택과 불리한 사례들의 생략은 논쟁적인 주장에 대한 지지를 얻어 내려는 사람들의 일반적인 책략이다. 대표적인 것이 아닌, 부정확하게 기술된 또는 형편없이 분석된 사례에 의존함으로써 증거를 왜곡하는 일이 얼마든지 가능하다. 따라서 다른 종류의 증거들과 마찬가지로, 사례에 의해 제공된 증거는 조심스럽게 다루어져야만 한다. 사례들이 어떤 논제에 찬성하거나 또는 반대하기 위해서 인용될 때, 우리는 항상 다른 방향을 지적하는 다른 사람들이 존재하는지 반드시 물어봐야만 한다. 그렇지 않으면, 밀이 주장하듯이, 우리는 '편견에 따라서' 그 논제를 믿는 위험에 처하게 된다(II. 43).

(1)과 (2) 외에도, 왜 도덕철학과 정치철학이 특수하고 구체적인 것과 관계를 가져야만 하는지에 대한 또 다른 중요한 이유가 존재한다. 한 논제를 명확히 밝히기 위해 사례들을 인용하는 것 또는 그 논제에 증거에 기초한 지지를 제공하는 것은 그런 개별적인 경우들을, 말하자면, 어떤 목적(우리의 일반적 지식 또는 이론적 지식을 좀 더 구체화하는 목적)에 대한 수단으로 간주하는 것이다. 그러나 그것만이 우리가 가지려고 관심을 두는 유일한 종류의 지식이 아니다. 우리는 개별자들의 세계에 살고 있다(개별적인 사람들, 사건들, 과정들, 상황들, 관계들, 경험들, 감정들). 우리는 이것들을 분류하고 나누고, 비교하고 구분하며, 평가하고 측정해야만 한다. 따라서 개별자들에 대한 지식은 일반적인 것에 대한 지식에 이르는 수단일 뿐만 아니라, 그것은 역시 목적 자체가 된다. 일반적 원칙들에 대한 지식이 중요한 이유들 중의 하나는 정확하게 우리가 그 지식을 응용해서 개별적 실례들에 대한 예측과 그것들에 대한 설명을 제공할 수 있다는 점이다. 우리는 일반적인 것들로부터 개별적인 것들로 내려와야 한다. 왜냐하면 우리는 추상적 개념들에서 살고 있지 않기 때문이다. 우리는 **이** 상황에서 어떻게 행동해야 하는지 또는 **저** 상황에 대해서 어떤 판단을 내려야 하는지를 알고 싶어 한다. 인간은 순수 지식만으론 살 수 없다. 응용 지식도 역시 요구된다.

이제 우리는 IV장 마지막 문단들에 제시된 사례들에 관한 밀 자신의 논의로 돌아갈 수 있을 것이다. 이 사례들은 중요한 심리적 논제를 예시해 주고 지지하기 위해서 기획되었다. "도덕 경찰이라고 불릴 수 있는 것의 영역들을, 의심할 여지없이 가장 적법한 개인의 자유를 침해하지 않을 때까지, 확장하는 것은 모든 인간적 성향들 중에서 가장 보편적인 것 중의 하나이다"(IV. 13). 인간 본성에 관한 밀의 이론에서, 우리는 타인들의 행위가 우리 자신의 도덕적 가치나 종교적 가치에 어긋난다고 느낄 때, 우리가 그들의 일에 쓸데없이 간섭하지 않으려는 것이 매우 어렵다는 사실을 발견하게 된다. 이런 유감스러운 특성의 '풍부한 실례들'이 다음과 같이 제시될 수 있으며 이것들 중에 밀은 7가지를 선택하고 있다.

(i)   무슬림들(밀은 그들을 '마호메트 추종자들'(Mahomedans) 또는 '무술만'(Mussulmans)이라고 부른다)은 돼지고기 섭취 관념을 매우 혐오한다. 그들은 돼지고기를 부정한 동물의 살로 간주하며 또한 자신들의 국가들에서 돼지고기 소비를 금지하고 있다(IV. 14).

(ii)   스페인 사람들은 "로마 가톨릭 교회가 인정하는 것과는 다른 방식으로 최고 존재를 숭배하는 것을 그에 대한 최대의 모욕, 대단한 불경으로 간주한다." 따라서 그들은 자신들의 국가에서 다른 모든 종류의 예배를 금지하고 있다(IV. 15).

(iii)   영국과 뉴잉글랜드의 다양한 시기에 청교도 신념을 가진 사람들은 "모든 대중적이고 개인적 쾌락들을, 특히 음악, 무용, 대중 게임, 오락을 목적으로 하는 집회들과 연극을 탄압하려고 노력했고, 상당한 성공을 거두었다"(IV. 16).

(iv)   미국에서 대다수의 사람들은 화려하거나 사치스러운 생활양식을

비난했다. 그 결과 "미합중국의 많은 지역들에서 고소득을 가진 사람이 대중의 비난을 불러일으키지 않으면서 소비 생활을 한다는 것이 정말 힘들게 되었다"(IV. 17).

(v) 영국과 미국에서, 강력한 금주 운동이 술의 생산과 판매, 소비를 금지했다. 또한 미합중국의 거의 절반이 넘는 주들에서 사람들에게 의료 목적을 제외한 발효성 음료의 모든 사용이 법률에 의해서 금지되었다(여기서 밀은 1851년에 처음으로 금지법이 발효된 주의 이름을 따서 소위 메인 법(Maine laws)을 언급하고 있다)(IV. 19).

(vi) 안식일 법은 이미 일주일에 하루 산업체의 휴업을 강요했다. 그리고 안식일은 반드시 거룩하게 지켜져야 한다고 믿었던 사람들은 계속해서 일요일에 오락(박물관 방문 포함)과 여행에 대한 추가 제한을 요청했다(IV. 20).

(vii) '모르몬교의 기이한 현상' 은 맹렬한 비난과 적극적 박해를 불러일으켰다. 그리고 새로운 종교의 수많은 초기 신자들은 살해당하거나 또는 강제로 추방당했다. 혐오감의 주요 근거는 일부다처라는 모르몬의 결혼 풍습이었다. "그것은 영어를 사용하고 기독교 신자임을 고백하는 사람들에 의해 실천될 때 억제할 수 없는 증오감을 야기하는 것처럼 보였다"(IV. 21).

이런 다양한 사례들은 모두 서로 자기 방식대로 살아가는 것에 대한 인간의 독특한 반항을 표현하고 있다. 그것들 각각은 밀이 "개인적 취향들과 개인들의 자기 관련 관심사들"에 대한 부당한 간섭이라고 기술하는 것을 포함하고 있다(IV. 14). 우리가 무엇을 먹고 마시며, 우리가 우리의 신을 어떻게 경배하고 또한 우리 돈을 어떻게 사용하는가, 어떻

게 우리는 여가를 보내고 언제 보내는가, 우리가 어떤 형태의 결혼제도
를 통해서 원하는 배우자 또는 배우자들과 친교를 맺는가 하는 문제들
은, 모두 밀의 생각에 따르면, 자기 관련 영역에 속하는 문제들이다. 따
라서 그것들은 대중에게는 출입금지 영역이기 때문에 개인들은 **간섭하
는 사람들이** 적절한 규범들이라고 간주하는 것에 순응하도록 자신들을
강제하는 그들의 노력에 저항할 권한이 있다. 밀은 자신들이 생각하기
에 꼭 해야만 하는 것을 타인들로 하여금 그렇게 하도록 노력하는 사람
들은 진실한 감정들에서 우러나온다는 점을 인정하고 있으며, 또한 자
신들이 한탄하는 행위를 목도하거나 또는 심지어 생각만 해도 매우 고
통스러워할 수 있다는 점도 인정하고 있다. 그러나 그는 이것들이 그들
의 생각대로 살도록 용인할 수 있는 이유들이 된다는 점을 인정하지 않
는다. 일단 '모든 사람들이 서로 타인의 도덕적, 지성적, 그리고 심지
어 육체적 완성에 대하여 간섭할 수 있는 기득권을 부여받았다면, 그리
고 그것이 자신의 기준에 따라서 각 요구자에 의해서 결정된다면', 개
인적 자유는 존재할 수 없다(IV. 19).

　개인들의 자기 관련 관심사들에 대한 모든 형태의 사회적 간섭에 대
한 밀의 철저한 거부는 다시 한 번 자기 관련 행위와 타자 관련 행위 사
이에 분명한 선이 그어질 수 있다는 점을 전제로 하고 있다. 뚜렷한 경
계선이 항상 존재하는 것은 **아니다**라는 점은 술 소비에 대한 전적인 법
적 금지를 위해서 대영동맹(United Kingdom Alliance)이 제안한 논증
들을 다루고 있는 문단 19의 논의에서 명백하게 드러난다. 밀은 1856
년 10월 『더 타임스』(The Times) 신문에 보도된, 동맹의 의장인 포프
(William Pope)와 하원의원인 스탠리 경(Lord E. H. Stanley) 사이에
주고받은 서신을 인용하고 있다. (밀의 표현은 그가 스탠리를 비판하
고 있다는 잘못된 인상을 줄 수 있지만, 사실상 명기하지 않은 포프의

논증들이 공격의 핵심이다.) 포프는 자신의 수많은 '사회적 권리들' 이 타인들의 독주 소비에 의해서 위협을 받고 있다고 주장한다. 예를 들어, 그가 '상호 원조와 교제권' 을 가지고 있는 '힘을 잃고 도덕이 무너진 사회' 때문에 그의 안전권(왜냐하면 술의 이용은 공적 무질서를 일으키기 때문이다)과 그의 '자유로운 도덕 및 지성의 개발권' 이 침해당하고 있다. 밀은 이것들 중에 그 어느 것도 수용하지 않을 것이다. 그의 주장에 따르면, 누군가가 그런 권리들을 가졌다는 것을 동맹에 승인하는 것은, "다른 모든 개인들에게 자신이 행동해야 하는 것과 모든 측면에서 정확히 동일하게 행동할 것을 요구하는 것은 모든 개인들이 가지는 절대적인 사회적 권리라는 점, 극미한 정도라도 그것을 위반하는 사람은 누구든지 간에 나의 사회적 권리를 침해하는 것이고 그 위반이 있을 때 나는 사법부에 그것을 제거해 달라고 요구할 자격을 가진다"라는 점을 인정하는 것과 동일하다. 그러나 이것은 포프의 입장에 대한 믿기 힘든 극단적인 해석이며, 아마도 음주자(혹은 술꾼)의 행동이 자신 외에 타인들에게도 잠재적으로 나쁜 결과들을 갖는다고 동맹이 올바르게 주장한다는 점에 대한 밀의 불편한 인식에 기인하고 있을 것이다. 다른 모든 사람들이 '정확하게 그들이 해야만 하는 방식으로' 행동해야 한다는 권리를 동맹이 주장하고 있다는 타당하지 않은 주장을 하기보다, 밀은, 다른 경우들에서 그러했던 것처럼, 좀 더 공리주의적 논증 방식에 호소하는 것이 더 좋았을 것이다. 그 방식에 따르면 모든 사람이 알코올 음료들에 대한 욕구에 탐닉할 자유를 모든 사람들에게 허용하는 일의 사회적 유익과 개인적 유익은 그에 수반되는 불이익들을 능가한다.

밀과 동맹을 갈라놓는 논쟁점은 좀 더 일반적인 문제를 지적함으로써 밀로 하여금 자신이 '자기 관련' 적인 것으로 언급하는 수많은 행동들이 결코 순수하게 그런 것이 아니라는 점을 바라보도록 만들고 있다. 일요일에 철수가 기차 여행을 하거나 사순절 기간에 영희가 극장에 가는 것은 다른 누구에게 잠재적으로 부정적인 영향을 끼친다고 주장하는 것은 어렵다. 그러나 이것들은 전적으로 자기 관련 행동들이 아니다. 왜냐하면 둘 모두 타인들과 상호작용들을 포함하기 때문이다(예를 들어, 기차 기관사들, 배우들, 표 판매인들). 우리는 순전하게 자기 관련 영역들에 있는 우리들이 원하는 것은 무엇이든지 행할 수 있는 자유를 가져야만 한다고 주장하는 대신, 밀은 좀 더 현명하게 해악의 원칙에 **모든** 무게 중심을 배치했을 수 있으며 또한 우리는 타인들에게 어떤 해악적인 결과들을 초래하지 않는 한도 내에서 우리 자신의 쾌락을 누릴 자유를 갖는다는 점을 주장했을 수 있을 것이다. 따라서 영희가 극장에 가는 것은 전적으로 자기 관련 행위가 아닐 수 있지만, 그것의 적법성은 무해악에 의해서 확보된다.

그러나 불행하게도 난제의 또 다른 원천이 존재한다. 그것은 우리가 III부, II장에서 이미 다뤘던 난제이다. 텐(C. L. Ten)이 지적하듯이, 밀은 다른 개인들 또는 사회에 의해 개인에게 야기된 해악에 극도로 민감했다. 그러나 그는 '공유된 가치들과 제도들을 갖는 것의 응집적 효과'를 등한시하는 경향이 있으며, 그 결과 '이런 제도들의 침식에 의해서 그리고 공유된 가치들의 위반에 의해서 발생되는 사회에 대한 해악'을 무시하는 경향이 있다.[86] 이런 예민함과 무감각의 결합은 불관용에 관한 밀의 첫 번째 사례, 즉 이슬람 국가에서의 돼지고기 섭취 금지의 기초가 되고 있는 것처럼 보일 수 있다. 밀의 생각에 따르면, 만일 이슬람 지역을 방문한 한 기독교인이 돼지고기 먹는 것을 금지당한다

---

[86] C. L. Ten, *Mill on Liberty*, 92쪽.

면, 이것은 그의 자유에 대한 불법적인 침해가 될 것이다. 왜냐하면 그의 음식 먹는 습관들은 자기 관련 관심사이며 그리고 전적으로 타인들에게 무해한 것이기 때문이다. 그 방문객이 자신의 초대자들이 불쾌하게 여기는 어떤 것을 하지 않는 것은 공손한 행동이 될 수 있지만(결국 그가 돼지고기 대신에 먹을 수 있는 수많은 다른 것들이 존재한다), 그들이 그는 돼지고기를 피해야만 한다고 주장하는 것은 사회적 폭정이 될 것이다. 이와 반대로 한 사회는 그 사회의 자아상(self-image)과 선의 관념에 근본적인 것이라고 간주하는 그런 가치들과 관습들을 강요할 권리를 가지고 있다고 주장할 수 있다. 또한 한 개인이 자신이 원하는 것을 행할 권리가, 대중의 기본 원칙들에 대립하는 행위를 금지하는 대중의 권리보다 항상 중요하다는 주장이 **명백하게** 참은 아니라고 주장할 수 있다. 왜냐하면 이러한 것들을 위반하는 것은 무엇이나 사회를 결합시키는 접합물을 해치는 것으로 간주될 수 있으며, 그리고 그것은 명백하게 무시할 수 없는 해악이 되기 때문이다.

흥미롭게도, 이것은 밀 자신이 언젠가 명백하게 주장했던 입장이다. 1840년 콜리지(Coleridge)에 대한 논문에서 밀은 사회적 결속이 '충성의 감정, 즉 충성심' 없이는 존재할 수 없으며, 또한 이것은 '안정적인 **어떤 것**, 영구적인 어떤 것, 의문이 제기되지 않는 어떤 것'이 존재한다는 점에 의존하고 있다고 주장했다. 이 모든 안정된 정치적 사회들에서 사람들이 거룩한 것으로 간주하는 일에 동의하는 어떤 것이 존재해야만 한다. 이 어떤 것은 신 또는 신들이 될 수 있으며 어떤 특정한 사람(군주와 같은 것), 또는 법률, 자유들, 관습들, 또는 제도들의 체계가 될 수 있다.[87] 비록 밀은 요구된 충성심의 양에 대한 평가를 축소하고

87 J. S. Mill, "Coleridge", *Collected Works*, 10권, 133–134쪽.

있지만, 가치들과 관습들의 동의라는 수단이 사회적 결속을 위해 요구
된다는 점을 『자유론』의 밀은 여전히 믿고 있다는 점이 개연성이 있다.
만약 1840년의 밀이 사회의 복지는 공통적인 도덕률의 강요를 요구한
다는 데블린(Devlin)의 견해에 어느 정도 공감하고 있다면, 1859년의
밀은 분명히 공감하고 있지 않다. 텐(Ten)은 밀이 이제 좀 더 실질적인
개인적 자유를 허용하기 위한 대가로서 사회적 삶에서 제한된 정도의
불안정을 묵인할 수 있는 준비를 마쳤다는 설득력 있는 제안을 제시하
고 있다.[88] 심지어 이전 논문에서조차도 밀은 사회의 미래 계급들은 '개
인적 자유의 원칙과 정치 사회적 평등의 원칙'에 대한 충성심에 의해
서 서로 결합될 것이라는 희망을 표명했다.[89] 밀의 관점에 따르면, 이것
은 분명하게 사회적 안정과 개인적 자유를 화합하는 문제에 대한 이상
적인 해결책이 될 것이다.

   라일리(Jonathan Riley)는, 밀의 입장을 옹호하면서, 한 개인이 수많
은 '대중적 규범들과 신념들'을 흡수하는 것과 여전히 '대다수의 동료
들과는 다른 선택의 결정을 가능하게 하는 것 둘 모두가 가능하다는 점
을 지적하고 있다.[90] 한 사람은 동시에 사회적 입장을 가지면서 또한 독
립적인 생각을 가질 수 있다. 밀은 이 가능성을 인식하고 있다. 그 때문
에 그는 한 개인이, 자기 발전을 추구하면서, '자신이 처한 사회적 맥
락을 완전히 초월할'수 있을 것이라고 상상하는 모순을 피하고 있다.[91]
그러나 밀의 입장에 대한 라일리의 해석이 설득력 있지만, 그것은 또한
어느 곳에 문제들이 발생하게 될지를 지적해 주는 데 사용된다. 개인들

---

88   C. L. Ten, *Mill on Liberty*, 95쪽.
89   J. S. Mill, "Coleridge", *Collected Works*, 10권, 134쪽.
90   J. Riley, *Routledge Philosophy Guidebook to Mill on Liberty*, 170쪽.
91   J. Riley, 같은 책, 168쪽.

은 결코 '급진적으로 아무런 위치를 가지지 않을 수 없고' 사회의 구성
원들로서 살아가기 때문에, 그들의 복지는 좀 더 넓은 공동체의 복지와
결부되어 있다. 따라서 그 공동체를 번영하는 상태로 보존하려는 사업
에 협동하는 것이 그들의 이익들이 된다. 그러나 이것은 개인들의 개별
적 열망들과 계획들 그리고 사회의 열망들과 계획들 사이의 타협을 그
들에게 요구할지도 모른다. 어떤 사람은 돼지고기 맛을 좋아하지만, 그
행동이 공동체의 수호신을 모독한다고 생각될 때, 그것을 포기하는 것
이 이성적으로 요구될 수 있다. 이 논쟁점을 마치 그것이 단순하게 개
인의 요리 선호도들과 관련된 것처럼 다루고 있기 때문에, 밀은 한 사
람의 고기가 다른 사람의 신성모독이라는 점을 잊어버리고 있다. (얼
마나 심각하게 이슬람교도들이 돼지고기 금지를 받아들이는가는
1857-1859년 인도에서 발생한 사건들에 의해서 매우 뚜렷하게 알려졌
다. 그 당시 동인도 회사의 이슬람교도 군인들이 돼지 지방으로 기름칠
이 되었다고 생각한 소총 탄약통 사용을 거부한 것이 영국에서 '인도
폭동'(Indian Mutiny)으로 알려진 사건을 불러일으켰다.)

밀의 몇 가지 사례들은 종교가 엄격하게 사적인 문제이며 사람들은
자신들의 종교적 관행들, 금지사항들, 또는 도덕률을 타인들에게 강요
하려고 노력해서는 안 된다는 그의 매우 강한 신념을 입증하고 있다.
그는 "다른 사람들이 그들의 종교에서 허용되는 것을 행하는 것을, 박
해자의 종교가 그것을 허용하지 않는다는 구실로 관용하지 않겠다"는
결정을 비난하고 있다. 그러나 밀은 솔직하게 그런 행위가 종종 '신은
이교도의 행동을 싫어할 뿐만 아니라, 만약 우리가 그를 방해받지 않도
록 내버려 둔다면, 우리에게 책임을 물을 것이라는 믿음'에 의해서 유
발된다는 점을 인정하고 있다(IV. 20). 이 신념을 고수하는 사람들에
게 있어, 신법의 유지는 개인들이 제멋대로 살도록 허용하라는 다른 사

실적 의무들을 반드시 무력화시켜야 할 도덕적 의무이다. 밀은 신 또는
신들이 자신들을 보살핀다는 노선을 취했다("*Deorum injuriae Diis
curae*", "신들의 불의는 신들의 문제이다")(IV. 20). 그러나 모든 사람
들이 그 견해를 공유하지 않았으며, 오늘날도 공유하고 있지 않다. 성
서 시대 이래로 많은 사람들은 신의 명령들을 따르지 않게 소홀히 하는
것은 신의 은혜를 받지 못하는 위험을 초래한다고 믿었으며 따라서 종
교는 순수하게 사적인 문제로 다뤄질 수 없다고 생각했다. 레이먼드 거
이스(Raymond Geuss)는 우리가 어디에서 공적 영역과 사적 영역을
구분 지을 것인가 하는 문제는 "어떤 종류의 것들을 우리가 조절하거
나 돌볼 필요가 있는가 하는 문제"로 결정적으로 전환된다는 점을 주
장하고 있다. 정통 이슬람교도들은 밀과는 매우 다른 장소에서 그 경계
선을 그리게 될 것이다.[92] 밀에 있어 종교는 전적으로 사적인 문제이다.
그러나 정통 이슬람교도에게 한 개인의 종교적 관행들 또는 그것들의
결핍은 강력한 공통 관심의 문제이기 때문에 공적 규제의 영역에 속한
다.

　밀의 마지막 장으로 이동하기 전에, IV장의 끝부분에 표현된 견해와
이 책의 전반부에 제시된 입장 사이의 불일치를 검토하는 것은 가치 있
는 일이다. 밀은 불관용에 대한 마지막 사례, 즉 모르몬교 신자들에 대
한 사악한 박해와 관련해서 사람들이 이 '자칭 새로운 계시', '명백한
사기의 산물'을 포기하도록 설득하기 위해서 선교사들을 파송하는 것
은 완전히 용인할 수 있지만, 어떤 사람들이 추천하듯이, 그들에게 '문
명군'(*civilizade*)을 파병하는 것을 잘못된 것이라고 논평한다. 비록 밀
은 일부다처제의 결혼 관행을 갖는 모르몬교가 '문명의 퇴보 과정'을

92　Raymond Geuss, *Public Goods, Private Goods*, 86쪽.

보여 준다고 생각했지만, 그는 "어떤 공동체가 다른 공동체를 강제로 문명화할 권리를 가지고 있다는 점을 인정하지 않고 있다"(IV. 21). 만약 모르몬교가 문명에 위협이 된다면, 상황들은 달라질지도 모른다. 비록 그런 경우조차도 모르몬교를 **무력으로** 제압할 적합한 이유가 될 수 없을 것이다. 왜냐하면 미개함에 직면하게 될 때 자칫 붕괴할 수 있는 문명은 너무나 퇴보하기 때문에 구원할 가치가 전혀 없기 때문이다. 그러나 모르몬교도들에게 '문명군'을 파병하는 것에 대한 밀의 반대는 I 장에 제시된 주장과 갈등을 빚고 있는 것처럼 보인다. "독재가 야만인을 대하는 통치의 정당한 방법이다. 만일 그 목적이 그들의 발전이며 그 수단들이 그 목적을 효과적으로 성취함으로써 정당화된다면 말이다"(I. 10).

그러나 이 구절들은 아마도 조화될 수 있을 것이다. 밀은 I장에서 자유의 원칙은 **"인류가 자유롭고 평등한 토론에 의해 발전될 수 있게 되기 전까지** 어떤 사태에도 적용될 수 없다"는 점을 제안하고 있다(I. 10. 필자 강조). IV장 문단 21에서 밀은 야만의 한 종류로서 모르몬교에 관해 암묵적으로 분류했을지라도, (선교사들의 파송에 대한 그의 언급이 제안하고 있듯이) 그는 모르몬교도들이 여전히 충분하게 "자유롭고 평등한 토론에 의해서 발전될 수 있는" 문명의 경계 내에 있다고 생각했을 것이다. 그들은 그 등급에 도달했기 때문에 강제보다는 설득에 복종할 자격을 갖추고 있다. 그러나 IV장에 제시된 밀의 끝맺음 주장들은 문명들이 본질적으로 영속적인 구조가 아니며 퇴보할 수 있다는 자신의 신념을 명확하게 보여 주고 있다는 점에서 역시 흥미롭다(그는 만약 상황들이 너무 안 좋다면, 한 문명은 "원기 왕성한 야만인들에 의해서 파괴되어 쇄신되는 것이 좋을지도 모른다"고 주장한다[IV. 21]). 문명의 허약함(fragility)에 관한 이런 논평들은 『자유론』에서보다는 「콜리지」('Coleridge')에서 좀 더 명백하게 밀에 의해서 제시된 도덕을 강화해 주고 있다. 안정된 사회들은 그 구성원들의 충성심을 집중시키기 위해서 어떤 고정된 것과 영원한 것을 요구한다(그것은 사람들이 신성한 것으로 간주하는 데 동의하는 것이며 또한 "논의의 여지가 없는 공통적인 평가"에 기초하고 있는 것이다).[93] 이 '어떤 것'은, 원칙상, 개별성의 가치에 대한 존중일 수도 있다. 그러나 대개는 그것은 그런 존중이 아니며 또한 그런 존중이 아닌 경우에, 밀은 사회적 안정을 유지하기 위한 대가로 얼마만큼 개인적 자유를 팔아 치울 준비가 되어 있는가 하는 물음이 발생한다.

연구를 위한 물음들

1. 어떤 의무들을, 만약에 있다면, 사회는 그 구성원들에게 강요할 권리를 갖고 있는가?
2. 자기 관련 영역과 타자 관련 영역에 대한 밀의 구분은 얼마나 설득력 있는가?
3. 누군가를 선의의 충고를 듣도록 강요하는 것은 언제든 허용될 수 있는가?
4. 우리가 타인들을 통제하고 싶은 자연적 욕구를 가지고 있다는 밀의 주장은 올바른가?
5. 기분전환을 목적으로 강한 마약을 사용하는 것에 대한 법적 금지는 개인적 자유의 불법적인 침해가 되는가?
6. 공통적인 도덕 가치들의 존재가 사회 복지에 얼마나 중요한가? 또한 사회는 그것들을 강제할 권리를 갖고 있는가?

---

[93] J. S. Mill, "Coleridge", *Collected Works*, 10권, 134쪽.

V. 적용점들

V. 1-6: 자유 이론의 예시들

V장은 『자유론』에서 두 번째로 긴 장(章)이며 또한, 밀이 첫 문단에서 설명하고 있듯, 이 책에서 방어되고 있는 주요 원칙들에 대한 '예시적 사례들'을 제공하려는 의도를 갖고 있다. 이것들은 이 작품의 '전체 학설'을 형성하는 "두 가지 준칙들(maxims)의 의미와 한계들을 좀 더 분명하게 밝혀 주는 데" 이용될 것이며 또한 "두 가지 준칙들 중 어느 것이 그 경우에 적용되는지가 의심스럽게 보일 때 양자의 균형을 유지하는 판단을 내리는 데 도움이 될 것이다"(V. 1). V장의 몇 가지 논제들과 논증들은 『정치경제학 원리』(*The Principles of Political Economy*, 1848년 초판) V권 11장에 이미 등장했다. 그것들은 "모든 사람의 주변에는, 한 사람이든, 몇 사람이든, 수많은 사람이든, 어떤 정부도 범해서는 안 되는 하나의 집단이 존재한다"는 단호한 주장으로 『자유론』을 위한 길을 열었다.[94]

I장의 '하나의 매우 단순한 원칙'이 이제는 두 가지 준칙들이 되었다는 점은 독자들을 놀라게 할 수도 있다. 그러나 이 변화는 본질적인 것이라기보다는 표현적인 것이다.

첫 번째 준칙은 한 개인은 자신의 행동들에 대하여, 자신 이외의 타인의 이익에 영향을 미치지 않는 한 사회에 책임을 지지 않는다는 것이다. … 두 번째 준칙은 타인들의 이익들을 침해하는 행동들에 대해서, 만일 사회가 사회적 처벌 또는 법적 처벌이 사회 보호를 위하여 필수적이라고 생각

94　J. S. Mill, *Principles of Political Economy, Collected Works*, 3권, 938쪽.

한다면, 개인은 사회에 책임을 져야 하고 그러한 처벌을 감수해야만 한다는 것이다(V. 2).

이 준칙들은 '하나의 매우 단순한 원칙'의 이중적인 실천적 의미를 설명해 주고 있다. 단지 행위자 자신의 이익들만이 위태로울 때가 **아니라**, 오직 그 행위가 타인의 이익에 해를 줄 때 또는 해를 줄 위협이 있을 때만 우리는 한 개인의 행동에 간섭할 수 있다.

만일 한 개인의 행동이 타인의 이익에 해를 주지 않거나 또는 해를 줄 위협이 있지 않다면, 사회는 그 행위에 간섭할 수 없다. 그러나 사회는 때때로 설령 그렇지 않더라도 간섭할 수 없다. 우리가 이미 살펴본 것처럼, 밀은 타인들에게 해악을 가하는 어떤 사람의 행동에 대한 전망을 외적 간섭의 허용 가능성에 대한 충분조건이라기보다는 필요조건으로서 간주한다. 밀은 이제 사회적 삶의 수많은 측면들이 경쟁하는 것들이라는 점을 지적하고 있으며 또한 그것들의 정당한 목적들을 추구하면서 사람들은 종종 불가피하게 타인들에게 고통 또는 손실을 불러일으킬 것이라는 점을 지적하고 있다.

과당 경쟁을 벌이는 직업 혹은 경쟁적 시험에서 승리한 모든 사람들과, 모두가 욕구하는 대상을 위한 경연대회에서 타인보다 선호된 사람들은 모두 타인들의 손실에서부터, 그들의 실망과 허비된 노력으로부터 혜택을 획득한 것이다. 그러나 사람들이 이런 결과들에 구애받지 않고 자신들의 목적들을 추구해야만 한다는 것이 인간의 일반적 이익을 위하여 좋은 일이라고 일상적으로 인정된다(V. 3).

만일 철수와 영희가 한 직장을 놓고 경쟁하다가 영희가 선발된다면, 영희의 성공은 철수의 이익에 해를 가하고 있는 것이다(영희가 그 직장을 얻는 데 방해할 만한 것이 아무것도 존재하지 않는다고 가정한다면 말이다). 밀은, 솔직하게 공리주의적인 논증을 통해서, 사회의 선이 그러한 형태들의 해악은 묵인되어야만 한다는 점을 요구한다고 주장하고 있다. 수많은 사회제도들을 조직할 수 있는 더 좋은 방식은 존재하지 않으며 또한 어떤 중앙 정부에 의해서 할당되는 선들을 갖기보다는 수많은 경쟁하는 선들을 놓고 개인들이 경쟁하도록 용납하는 것이 좀 더 개인들의 자유를 존중하는 것이다. 사회는 단순하게 그런 경쟁들의 공정성을 심판하기만 하면 된다. 사회는 "실망한 경쟁자들에게 이런 종류의 고통에 대한 면역될 권리를, 법적인 것이든 도덕적인 것이든", 인정해서는 안 된다. 그러나 사회는 결과들을 왜곡하는 사기, 배신 또는 강제가 사용될 수 없도록 보장할 의무를 갖는다(V. 3).

『자유론』에서 밀이 설명하지 않는 한 가지 문제는 사회가 합리적으로 이보다 앞으로 더 나아갈 수 있는지 그리고 호감 가는 직장들, 업무들과 권리들을 원하는 후보들이 완벽하게 평평한 경기장에서 경쟁할 수 있도록 보장할 수 있는지에 관한 것이다. 그런 경쟁에 참여하기를 바라는 사람이 성공할 수 있는 적당한 가능성을 가지고 참여할 수 있도록 하기 위해서, 정부와 그 기관들은 얼마나 주도적으로 불리한 조건들과 씨름하고 사회적 평등을 촉진해야만 할까? 철수에게 직장이 생겼을 때, 영희에 대한 그의 성공은 공정하게 획득한 것으로 간주될 수 있다. 그러나 자신의 '잘못된' 성별, 사회 계급 또는 인종 집단에 의해서 배제되었다고 느끼지 않았다면 그 직장을 역시 지원했을 다른 사람들이 존재할 수도 있다. 공정한 사회에서 경쟁들은 공정하게 진행되어야 할 뿐 아니라, 경쟁할 수 있는 능력을 가진 모든 사람들의 참가가 인위적인 장벽들에 의해서 방해받지 않는 한도 내에서 그들에게 개방되어야 한다.

미국 대통령 존슨(Lyndon B. Johnson)은 1965년 하워드 대학 (Howard University)에서 흑인 졸업생들에게 전한 유명한 연설에서 다음과 같이 주장했다. "여러분들은 수년 동안 쇠사슬에 묶여 있던 한 사람을 포로로 붙잡지 않고 그를 경주 출발선에 데려다가 '당신은 다른 모든 사람들과 자유롭게 경쟁할 수 있다'고 말합니다. 그리고 여전히 여러분은 완벽하게 공정했다고 믿고 있습니다." 소수 집단 우대 정책(Affirmative action)은 역사적으로 빈곤, 시민권들의 부재, 그리고 열악한 교육 공급에 의해서 불리한 처지에 놓여 있던 집단들을 지원하는 데 요구되었다. 그것은 기회의 문들을 활짝 열기에 충분하지 않았지만, "우리의 모든 시민들은 그 문들을 통해서 걸을 수 있는 능력을 가져야만 한다."[95] 밀은 분명히 존슨의 목표들에 공감했을 것이지만 미국 남부 오지(deep south)의 흑인들에 대한 부당 행위들과 같은 역사적 부당 행위들을 바로잡도록 국가가 중요 역할을 감당하길 원했을지는 분명하지 않다. 밀은 정부들이 사회적 편익들의 가장 효율적인 또는 가장 적절한 제공자들이라고 생각하지 않았다. 오히려 정부들의 기능은 개인들의 행로에 놓여 있는 모든 비자연적 장애물들을 제거함으로써 공정한 경쟁을 증진하는 것이었다. 그러나 때때로 그런 장애물들을 제거하는 최상의 방식 또는 심지어 유일한 방식은 새로운 재화들과 도움들을(예를 들어, 교육의 기회를 박탈당했던 사람들을 위해 좀 더 좋은 학교들을 짓는 일) 제공하는 것이다. 밀은 아마도 이런 종류의 '소수 집단 우대 정책'의 필요를 어떤 경우들에서는 수용할지도 모르지만, 중앙 권력의 수중에 과도한 권력을 부여하는 것에 대한 그의 저항은 국

---

95 존슨의 연설 전문을 보려면 다음을 참조하라. http://www.lbjlib.utexas.edu/johnson/archives.hom/speeches.hom/650604.asp.

가 또는 그 기관들이 편익들을 제공한다는 생각에 대해서 그가 불편해
하도록 만들었을 것이다. 밀에게 있어서 그것은 국가 개입이 국가 지배
의 위험을 증가시킨다는 신념 조항과 거의 일치한다. (우리는 잠시 후
에 V장에서 이 신념의 바탕이 되는 몇 가지 이유들을 논의하게 될 것
이다.)

　개인들의 발전을 가로막는 인위적인 장애물들에 대한 밀의 뿌리 깊
은 혐오는 이전에 불리한 상태에 놓여 있던 사람들을 위한 사회적 약자
우대 정책(positive discrimination)의 실행들을 승인할 것이라는 점을
믿기 힘들게 만든다. 어떤 사람들의 이익들을 위한 사회적 약자 우대
정책이 갖는 문제는 그것이 그 동일한 유리한 출발이 허락되지 않았던
타인들에 대한 부정적 차별을 필연적으로 포함한다는 점이다. 『여성의
종속』(1869)에서 밀이 여전히 여성의 자아발전과 사회적 발전의 길에
놓여 있는 법적 장애물과 관습적 장애물에 대해 강력하게 비판할 때,
남자들이 향유하지 않았던 온갖 종류의 보상적 혜택들이 여성들에게도
주어져야 한다는 주장까지 제시하는 것을 꺼리고 있다는 점이 밀의 특
징이다.

　공정한 경쟁의 가치에 관한 밀의 신념은 '소위 자유 교역론'(the so-
called doctrine of Free Trade)에 대한 그의 옹호에서 좀 더 드러나고
있다(V. 4). 『자유론』에서 밀은 경제 문제들에 관해서 아무것도 주장
하지 않고 있다. 왜냐하면 그는 이미 그 주제에 관해서 1848년에 『정치
경제학 원리』(Principles of Political Economy)라는 육중한 두 권 분량
의 작품을 출간했기 때문이다. 후기 작품에서 엄격하게 경제학적인 논
쟁점들에 대한 그의 주장들은 1쪽 안팎에 불과하다. 밀은 정부가 생산
과정을 조절하거나 가격들을 결정하지 않을 때 무역이 '자유롭다'고
기술하고 있다. 그러나 자유 교역에 관한 밀의 개념은 그의 몇몇 동시

대인들의 개념보다 급진적인 것이 아니다. **자유방임적** 자본주의에 수반되는 사회적 위험들을 인식하고 있었기 때문에, 그는 "위생 예방책들, 또는 위험한 직업들에 종사하는 노동자들을 보호하기 위한 제도들"의 관리를 정부의 중요 역할로 이해하고 있다. 자유 교역의 전혀 통제되지 않은 형식 아래 착취에 노출된 사람들을 보호하기 위한 국가의 간섭은 해악의 원칙에 따라 정당화된다. 어떤 최소 안정망들(safety-nets)의 제공과 양립 가능한 한도 내에서 자유 교역을 허용하는 것에 찬성하는 논증은 또다시 공공선에 초점을 맞추고 있기 때문에 본질적으로 공리주의적 논증에 속한다.

> 상품들의 저렴함과 좋은 품질은 생산자와 판매자에게 완벽한 자유를 부여함으로써 그리고 소비자에게 다른 곳에서 상품을 구매할 수 있는 동등한 자유를 부여하는 것을 점검함으로써만 가장 효과적으로 공급된다는 사실을 오랜 투쟁을 거쳐서 지금 알게 되었다(V. 4).

만일 독점권들이 생산 또는 공급에서 사라지게 된다면, 밀은 모든 사람들이 그 대안들보다 좀 더 싸고, 좀 더 좋고, 좀 더 많은 상품들을 생산할 수 있을 것으로 기대되는 자본주의적 자유 시장의 존재로부터 이익을 얻게 될 것이라고 생각한다.

밀은 사람들이 타인들에게 해악을 끼치지 않는다는 일상적인 조건하에서, 그들은 자신들이 원하는 것을 구매하고 소비할 권리를 갖는다는 자유 교역에 찬성하는 다른 논증을 제시하고 있다. 따라서 미국인들이 술을 구입할 수 있도록 메인 법(the Maine Laws)은 폐지되어야만 하며, 중국에 대한 아편 수입 금지도 해제되어야만 한다(과거 밀의 이전 고용주였던 영국 동인도 회사의 관리하에 대부분 이루어졌던 교역).

중국의 아편 교역에 관한 논쟁적인 문제는 단지 스쳐 지나가는 정도로
만 언급되고 있지만, 밀은 경찰 또는 다른 기관들이 독극물들의 판매를
금지할 권리를 가져야만 하는가에 대한 물음에 대해서 한참 설명하고
있다. 그의 생각에 따르면, 이것은 "자유가 범죄 예방 또는 사고 예방
을 위해 어느 범위까지 정당하게 침해될 수 있는가?"라는 새로운 물음
을 불러일으키기 때문에 논의될 가치가 있다. 만약 독극물들이 살인자
의 범행을 제외하고 다른 목적으로는 결코 구입될 수 없다면, 그것들의
생산과 판매를 금지하는 것은 부인할 여지없이 합리적인 것이 될 것이
다. 그러나 독극물들이 "단지 무해한 목적뿐만 아니라 유용한 목적을
위해서도 사용될 수 있고 또한 제한들이 어떤 경우에 부과되지 않는다
면 다른 경우에도 부과될 수 없다"는 점이 문제가 된다(V. 5).

　비록 밀은 자신이 의미한 독극물들의 종류를 매우 명백하게 설명하
고 있지 않지만, 그는 주로 다량을 복용하면 위험한 것이 되는 아편정
기(laudanum, 아편과 알코올 혼합물)와 같은 의학적 약물들을 주로
생각하고 있는 것처럼 보인다(그는 19세기 읍들과 도시들의 좀 더 더
러운 구역들에 넘쳐 났던 쥐들과 다른 해충들을 박멸하기 위한 독극물
들의 사용도 역시 염두에 두고 있을지도 모른다). 그는 독극물들이 의
사 면허에 의해서만 판매되어야 한다는 요구가 그것을 정당하게 사용
하려는 목적으로 구입하는 것을 가끔씩 불가능하게 만들며 항상 가격
을 비싸게 만든다는 점에 반대하고 있기 때문에, 그는 기분전환용 마약
사용을 간접적으로 찬성하고 있는 것처럼 보일 수 있다(비록 밀과 같
은 자유의 사도조차도 이것을 독극물의 '유용한 목적들' 중의 하나로
생각할 것 같지 않을지라도 말이다). 그가 최종적으로 추천하고 있는
해결책은 타협이다. 독극물들의 처방전 판매가 두 가지 조건들 아래에
서 허용되어야만 한다. 첫 번째 그것들은 명백하게 위험물이라는 딱지

가 붙어 있어야 한다(왜냐하면 "구매자는 자신이 소유한 것에 독약 성
분이 있다는 사실에 대한 지식을 알고 싶어 할 수 있기 때문이다"). 둘
째, 모든 판매들은 판매자에 의해서 장부에 기록되어야만 한다(V. 5).

사회는 "앞선 예방책들에 의해서 그 자신에게 일어날 수 있는 범죄
들을 막을" 권리를 가지고 있기 때문에, 밀은 술 취함과 같은 자신이
초래한 어떤 상태들에 처했을 때 범죄들을 쉽게 저지르거나 또는 타인
들에 대한 자신들의 법적 의무들을 쉽게 회피하는 모습을 보인 사람들
은(게으른 사람이 자신의 아이들을 부양할 의무를 소홀히 하는 것처
럼) 당연히 그들의 상태들(술 취함, 게으름)에 반하는 특별한 제재 또
는 압박을 적절하게 받을 수 있다는 점을 제안하고 있다(V. 6). 밀이
방어하고 있는 자유에 대한 이런 종류의 예방적인 제한들에 관한 훌륭
한 현대적 사례는 알려진 말썽꾼들에게 통행금지를 강제하거나 또는
공공장소들에 접근하는 것을 제한함으로써 그들을 통제하려 하는 영국
의 반사회적 행동법(Anti-Social Behaviour Orders)의 공포이다. 비록
반사회적 행동법의 사용은 가끔씩 실제적 범죄들보다는 장래의 범죄들
에 대해서 사람들을 불공정하게 처벌한다고 비판받고 있지만, 밀은 의
심할 여지할 여지없이 대중은 자신을 보호할 권리를 갖기 때문에, 타인
들에게 해악을 쉽게 끼칠 수 있는 모습을 보여 준 개인들은, 그렇게 행
할 자신들의 자유가 박탈당할 때, 정당하게 항의할 수 없다고 응답할
것이다.

이것은 잠시 멈춰서 밀의 자유 개념에 대해서 부연하고 그것이 직면
하고 있는 몇 가지 문제들을 고려해 보는 적합한 지점이다. 문단 6에
서, 밀은 "자유란 우리가 욕구하는 것을 행하는 것이다"라고 기술하고
있다. 윌리엄스(Bernard Williams)가 주장한 것처럼, 이것은 전혀 밀
이 의미하는 것이 될 수 없다. 왜냐하면 문자적으로 생각할 때 그것은

우리가 욕구하는 것을 우리가 단순하게 하지 않겠다고 선택할 때마다 우리는 자유롭지 못하다는 점을 함의하고 있기 때문이다. 밀이 분명하게 의미하는 것은 우리가 욕구하는 것을 우리가 행할 수 있는 능력을 가질 때 우리는 자유롭다는 점이다(윌리엄스의 지적에 따르면, 이것은 "명료하게 자유는 행할 능력 또는 행하지 않을 능력이다. 즉 우리가 원하는 방식에 따라 행하거나 또는 억제하는 것이다"라는 로크의 이론과 동일한 이론이다).[96] 윌리엄스는 우리가 원하는 바를 행하는 것이 다른 인간들에 의해서 방해받지 않는 상태를 '원초적 자유'(primitive freedom)라고 딱지를 붙이고 있다.[97] 그러나 이런 종류의 원초적 자유는 정치적 가치로서는 매우 매력적인 것이 아니다. 그 한 가지 이유는 밀 자신에 의해서 이미 확인되었다. 사회적 삶은 오직 타인들을 희생함으로써만 자신들의 필요들을 만족시킬 수 있는 개인들 간의 회피할 수 없는 그리고 정당한 경쟁을 포함하고 있다. 영희가 좋아했던 직장을 철수가 얻게 되었을 때, 영희는 자신이 원하는 것을 획득하는 데 철수가 자신을 방해했기 때문에 그가 자신을 부정하게 대우했다고 불평할 수 없다. 영희의 원초적 자유가 철수에 의해서 제한되었지만, 영희의 합법적인 자유는 제한되지 않았다. 국가가 개입해서 영희의 욕구를 조롱한 것에 대해서 철수를 처벌하는 것은 불합리한 것이 될 것이다. 따라서 정의로운 사회에서 보호받게 될 개인적인 자유의 종류는 원초적 자유가 될 수 없다. 그러나 이 경우에 밀은 그 자유가 무엇인지를 좀 더 명확하게 말해 줄 필요가 있다.

---

96 John Locke, *An Essay Concerning Human Understanding*, Bk. II. xxi장, 문단 56; vol. 1, 223쪽.

97 Bernard Williams, *In the Beginning was the Deed: Realism and Moralism in Political Argument*, 79쪽.

우리가 원하는 것을 행할 능력에 근거한 밀의 자유에 관한 임시적 정의는 또 다른 이유에서 역시 불만족스러운 것이다. 사람들이 원하는 것은 무엇이든지 행하도록 허용되어야만 한다는 주장은 자율적인 선택에 대한 사람들의 능력이 외적 장애물뿐만 아니라 내적 장애물에 의해서도 방해받을 수 있다는 사실을 경시하는 것이다. 예를 들어, 마약에 중독된 어떤 사람은 비록 아무도 마약을 계속하라고 그에게 강요하고 있지 않는데도 그 마약을 포기할 수 없다고 느낄 수 있다. 틀림없이 술, 아편, 헤로인을 원할 수도 있지만, 그럼에도 그것을 원하지 않기를 원할 수도 있다. 그러나 우리의 일차적 욕구들과 이차적 욕구들(즉, 그것들의 대상들로서 다른 욕구들을 갖는 욕구들) 사이의 대립 가능성은 밀에 의해서 간과되고 있다. 그는 '우리가 원하는 것의 획득'이 때때로 우리에게 나쁜 것이 된다는 점, 또는 우리의 일차적 욕구들을 만족시킬 수 있는 능력을 의미하는 원초적 자유가, 그런 일차적 욕구들(예를 들어, 술 한 잔 추가하기 또는 헤로인 추가 주사)에 의해서 지배받지 않는 우리의 이차적 욕구들이 그 일차적 욕구들을 극복하기에 역부족일 때, 실제로는 일종의 부자유라는 점을 이해하고 있지 못하고 있다. 자율적 선택에 대한 조건들을 기술하면서, 테일러(Charles Taylor)는 밀이 남겨 둔 몇 가지 틈들을 다음과 같이 채우고 있다.

자유와 관련된 능력들은 반드시 어떤 자기 인식, 자기 이해, 도덕적 식별력, 그리고 자기 통제를 포함해야만 한다. 그렇지 않으면 그것들의 활용은 자기 지향의 의미에서 자유가 될 수 없다. 그렇기 때문에, 이 내적 조건들이 실현되지 않으면 우리는 자유로운 자가 될 수 없다. 그러나 이 일이 발생할 경우, 예를 들어, 우리가 완전히 자기 기만에 빠졌거나 또는 전적으로 우리가 찾는 목적들을 적절하게 구분하지 못하거나, 또는 자기 통제를 상실하게 될 때, 우리는 자유롭지 못한 상태에서 자신이 원하는 것을 자신의 필요들이라고 판정함으로써 그것을 손쉽게 행할 수 있다. 참으로 우리는 자신의 부자유(unfreedom)를 좀 더 확고하게 만들 수 있다.[98]

바로 이런 맥락에서 밀은 중국에 대한 영국 정부의 아편 교역 금지는 개인적 용도로서 기분전환용 마약을 구입할 것인가에 관해서 스스로 결정할 수 있는 개인들의 자유에 대한 부당한 간섭이라고 비난하고 있다. 아편 복용은 밀에게 있어서 음주와 마찬가지로 자기 관련 영역 내에 확고하게 위치한 활동이다. 따라서 오직 그것이 타인들에게 해로운 결과들을 유발하는 경우에만 외적 제재 또는 통제를 받게 된다(탐욕적인 아편 중독자들은, 희망 없는 술 중독자들처럼, 그들이 타인들에게 빚지고 있는 의무들을 실행하는 데 괘씸하게도 실패할 수 있다). 밀은 아마도 광범위한 아편 사용이 중국의 여러 성들에서 불러일으킨 그리고 중국 당국이 그 교역에 항의할 수밖에 없도록 만든 사회적 위기의 깊이를 과소평가하고 있을지도 모른다. (우연히도 바로 아편 교역 중단에 대한 영국 정부의 우선권(first refusal)이 '아편 전쟁'(Opium Wars)의 전투를 야기했고, 이것은 대영제국의 역사에서 가장 영예롭지 못한 사건들 중의 하나이다. 그러나 밀은 이것을 놀랍게도 심각한 문제로 간주하지 않는 것처럼 보인다.[99]) 그러나 그는 역시 마약 중독의 본성, 그리고 마약 중독이 개인적인 자율성에 가할 수 있는 해악에 관해서 전혀 이해하고 있지 못한 것처럼 보인다. 아편에 중독된 사람들은,

---

98 Charles Taylor, 'What's wrong with negative liberty?' 146쪽.
99 파머스턴(Palmerston)의 포함(砲艦) 외교(Gunboat Diplomacy)에 대한 밀의 공감에 관한 전체 논의에 관해서는 Michael Levin, *J.S. Mill on Civilization and Barbarism*, 101~104쪽을 참조하라.

현대에 헤로인이나 코카인(crack cocaine)에 중독된 사람들처럼, 자신들에게 엄청난 개인적 해악을 준다는 점을 알고 있으면서도 종종 그 습관을 버리지 못한다. V장의 후반부에서 밀은 어떤 사람이 자신을 노예로 파는 것을 금지하는 것은 완벽하게 적절한 행동이라고 주장한다. 왜냐하면 "자신을 노예로 판매함으로써, 그는 자신의 자유를 포기하는 것이기 때문이다. 그는 그 한 번의 행위로써 미래에 있을 자유의 사용을 포기하고 있기 때문이다." 그의 설명에 따르면 "자유의 원칙은 자신의 자유를 박탈할 자유를 가져야 한다는 점을 요구할 수 없다. 자신의 자유를 양도하도록 허용하는 것은 자유가 아니다"(V. 11). 그렇지만 그는 그 유사한 추론이 일단 개인들이 마약들의 노예가 되면, 미래의 자율적 선택을 내릴 수 있는 그들의 능력을 심각하게 박탈하는 중독성 마약들의 개인 판매 금지를 정당화할 것이라는 점을 생각하지 못하고 있다.

V. 7: 미풍양속의 위반들

다음으로 우리는 『자유론』에서 가장 문제가 되는 문단들 중의 하나에 도달했다. 밀의 기술에 따르면 다음과 같은 수많은 행동들이 존재한다.

행위자 자신에게만 직접적 피해를 주기 때문에 법적으로 금지되어서는 안 되는 수많은 행동들 가운데, 만일 공개적으로 행해진다면, 미풍양속의 위반이 되며 따라서 타인들에 대한 해악들의 범주에 포함되는 수많은 행동들이 정당하게 금지될 수 있다. 예절에 대한 위반들이 이런 종류에 속한다. 이것을 길게 이야기할 필요는 없다. 오히려 그것들은 우리 주제와는 단지 간접적으로만 연결되어 있다. 그 자체로는 비난의 대상이 되지 않으면서 또한 비난받을 만한 것으로 간주되지도 않는 수많은 행동들의 경우에 그 공개성(publicity)에 대한 비난은 똑같이 강렬한 것이다(V. 7).

이 구절은 몇 가지 난제들을 불러일으키고 있다. 덜 심각한 난제는 왜 밀이 '예절에 대한 위반들'이 버릇없게 행동하는 사람들에게 유해한 것이 되어야만 한다고 생각하는지 분명하지 않다는 것이다. 또한 만약 그런 위반들이 타인들에 대한 진정한 위반들이 된다면, 왜 그것들은 '오직 간접적으로만 우리의 주제와 연관되는지도' 명백하지 않다. 가장 당황스럽게도, 예절의 위반들은 타당하게 금지될 수 있다는 생각은 기분을 상하게 하지만, 우리에게 실제적인 해악을 끼치지 않는 것들에 대해서 우리가 보호받기를 기대할 수 없다는 밀의 앞선 주장과 양립하기 힘든 것처럼 보인다. 만약 내가 당신의 종교적 신념들 또는 예배 방식을 못마땅하게 생각하거나 또는 당신이 연주하는 음악, 또는 당신이 걸친 옷들 또는 h음을 빠뜨리는 당신의 발음 습관을 싫어한다면, 그 문제는 나와 관련된 것이지 당신과 관련된 것이 아니다. 나는 당신이 자신의 방식들을 바꾸고 무엇이 옳고 적절한가에 관한 나의 생각들과 당신의 방식들을 일치시키라고 주장할 권리를 갖지 않는다. 밀은 지금까지 줄곧 그렇게 말해 왔다.

법 철학자 드워킨(Ronald Dworkin)은 사람들이 자신들에게 주어지는 재화들 또는 기회들의 할당과 관련되어 갖는 선호들과 사람들이 타인들에게 주어지는 재화들 또는 기회들의 할당에 대해서 갖는 선호들을 구분했다. 그의 주장에 따르면 이용 가능한 재화들과 기회들을 할당하는 책무를 갖는 입법자들은 오직 전자의 '개인적' 선호들만 주목해야 하며 후자의 '외적' 선호들은 무시해야만 한다.[100] 이 구분은 자신의

---

100 Ronald Dworkin, *Talking Rights Seriously*, 236쪽.

행동 그리고 타인들의 행동에 관련된 선호들을 포함할 수 있게 될 때까지 확장될 수 있다. 이 기초 위에서, 타인들의 혼전 성관계 또는 예수의 이름으로 인사하기 또는 빨간색 티셔츠를 입는 것이 잘못된 것이라고 대다수의 사람들이 믿고 있다는 사실이 이런 관행들을 금지할 어떤 이유가 되지 못한다. 왜냐하면 관련된 선호는 외적 종류에 속하기 때문이다. 물론, 사람들이 자신들이 인정하지 않거나 또는 싫어하는 것들을 타인들이 행하고 있다는 생각에 고통을 느끼고 있다면, 그들은 그 불쾌감에 얽매이지 않을 개인적 선호를 가지게 될 것이다. 그러나 이것은 입법자들이 무시해야만 하는 하나의 개인적 선호이다. 왜냐하면 그것은 전적으로 무관한 외적 선호에 기초하고 있기 때문이다. 드워킨의 견해는 우리가 밀에게 속한다고 생각하는 견해와 매우 밀접한 것처럼 보인다(V장 문단 7에 우리가 도달하기까지 말이다).

밀은 만일 계속해서 위반들이 이루어진다면, 자신의 생각에, 금지될 수 있고 (아마도) 처벌될 수도 있는 '미풍양속 위반' 사례들을 제시하고 있지 않다. 그러나 그는 아마도 사람들이 있는 데서 알몸으로 활보하는 것과 같은 당혹감을 불러일으킬 것 같은 종류의 활동 또는 파인버그(Joel Feinberg)가 '무해한 부도덕한 행위들'(harmless immoralities)이라고 부른 것(예를 들어, 시장에서 이뤄진 명백한 성적 행위)을 생각하고 있을지도 모른다. 몇몇 작가들은 민감한 사람들은 그러한 행동들에 노출됨으로써 엄청난 고통을 받게 될지도 모른다는 사실에 주의를 환기함으로써 밀의 입장을 방어하려 노력했다. 그들의 견해에 따르면, 파인버그가 **무해한** 부도덕한 행위라고 기술할 수 있는 것은, 만약 그 행위를 목격한 사람들이 그것을 매우 불쾌한 것이라고 생각한다면, 실제로 전혀 무해한 것이 아니다. 그러나 이 방어는 목격자들의 고통은 실제적이고 심각한 것이 될 수 있지만, 그것은 오직 그들이 특수한 외적 선호를 갖고 있을 때에만 일어난다는 장애에 부딪힌다. 따라서 목격자들에게 고통을 유발한다는 이유 때문에 문제의 행동을 금지하는 것은 오직 그들이 남의 일에 간섭하지 않을 준비가 되지 못했기 때문에 고통을 느낀다는 반론에 부딪히게 된다.

그러나 파인버그와 텐(Ten)은 만약 우리가 '합리적 회피 가능성의 기준'(the standard of reasonable avoidability)이라고 파인버그가 부르는 것을 적용한다면 이 반론은 뒤집힐 수 있다고 생각한다.[101] 텐은 혼잡한 시장에서 이뤄진 공공연한 성행위와 외딴 해변에서 행해진 성행위에는 큰 차이가 있다는 점을 지적하고 있다. 두 장소 모두 다 공적이지만, 외딴 해변은 시장과 달리 그런 행동들을 목격하고 싶지 않은 사람들에 의해서 쉽게 회피될 수 있다. 만일 파란 하늘 아래에서 성행위를 하고 싶어 하는 남녀가 호젓한 해변 대신 시장에서 그렇게 하기를 고집한다면(왜냐하면 그들은 타인들에게 불쾌감을 주고 싶어 하거나 또는 타인들의 감정에 무관심하기 때문이다), 그들의 행동은 '불쾌한 불법방해'(offensive nuisance)로서 기술될 수 있다. 텐(Ten)에 따르면 "만일 그런 행동들이 금지될 수 있다면, 그것들이 단순히 불쾌하기(offensive) 때문에 금지되는 것이 아니라 그것들이 불쾌한 불법 방해들(offensive nuisances)이기 때문에 금지된다."[102] 파인버그는 이와 유사한 맥락에서 다음과 같이 기술하고 있다.

만약 어떤 사람이 지나친 노력을 하지 않고 또는 불편함을 감수하지 않고 불쾌한 경험들을 쉽게 그리고 효과적으로 회피할 수 있다면, 그 누구도 그런 경험들에 대한 국가의 보호를 요청할 권리를 갖지 않는다. 그러나 만약

---

101 Joel Feinberg, *Rights, Justice, and the Bounds of Liberty*, 89쪽.
102 C. L. Ten, *Mill on Liberty*, 102쪽.

어떤 벌거벗은 사람이 공공 버스에 승차해서 앞쪽 자리에 앉았다면, 다른
승객들이 부당한 불편함이 될, 스스로 버스에서 하차하는 것을 제외하고
강렬한 수치스러운 당혹감(또는 다른 견딜 수 없는 감정들)을 회피할 수
있는 그 어떤 효과적인 방법도 존재하지 않을 것이다. 이와 마찬가지로,
확성기를 통해서 전달되는 외설적 발언들, 타임스 광장(Times Square)에
있는 동성애 광고 게시판, 지나가는 보행자들의 손에 찔러 넣어진 호색 전
단지들은 모두 합리적으로 금지될 수 있는 것이 아니다.[103]

(파인버그는 위에서 설정된 것과 같은 '불쾌감 원칙'(offense princi-
ple)은 사람들이 보고 싶어 하지 않는다면 아무도 들여다볼 필요가 없
는 외설서들의 발매금지에 대한 아무런 근거를 제시하지 못한다는 점
을 덧붙이고 있다.)

비록 밀이 파인버그와 텐의 입장을 정확하게 예견하고 있다고 가정
하는 것은 밀의 '예절의 위반'이란 표현의 사용에 지나친 의미를 부여
하고 있는 것이 될 수도 있지만, 외딴 해변에서 대중의 눈을 피해 성행
위를 하는 것과 같은 회피 가능성 기준(avoidability standard)을 충족
하는 행동들이 예절을 위반했다고 말해질 수 없는 방식으로, 텐의 '불
쾌한 불법방해들'은 예절을 위반했다고 말해질 수 있다는 점은 주목할
만한 사실이다. 공리주의자로서 밀은 고통의 모든 불필요한 원인을 악
한 것으로 간주해야만 한다. 따라서 광범위한 개인적 자유에 대한 그의
욕구는 사람들이, 심지어 그들이 다수에 속하는 경우에도, 우연적으로
갖게 될지 모르는 외적 선호들에 근거해서 제한들과 통제들이 부과되
는 것에 저항할 것을 촉구하고 있지만, V장 문단 7에 제시된 그의 간략

---

[103]   Joel Feinberg, *Rights, Justice, and the Bounds of Liberty*, 89쪽.

한 주장들은 예절을 경시함으로써 불필요한 그리고 회피 가능한 고통을 불러일으킨 사람들에게 제약들이 부과될 수 있는 타협적인 입장을 제시하고 있다. 볼프(Jonathan Wolff)는 밀이 "유용성에 관계없는 것으로서, 추상적 권리 개념"에 대해서 아무런 신념을 갖지 않았다는 점을 우리에게 상기시켜 주고 있다(I. 11).[104] 유용성 개념에 기초한 권리이론에 따르면, 사람들이 타인들에게 불필요한 고통을 유발할 수 있는 권리를 가질 수 있다는 것을 가정하는 것은 받아들이기 어려운 것이다. 따라서 볼프의 생각에 따르면, 밀은 외설의 공적 표출(파인버그의 '회피 불가능성 기준'(unavoidability standard)을 충족하지 못하는 행동)은 금지될 수 있다는 점을 일관되게 주장할 수 있다. "외설적인 또는 무례한 행동에 대한 비난에 공통적인 한 구절을 사용하는 것은 '매우 불필요한 것이다.'"[105]

그러나 만일 우리가 비판적인 사람들의 외적 선호들이 '예절의 위반들'을 금지하는 범위까지 포함할 수 있도록 허용한다면, 다른 사람들이 보지 않는다면 허용될 수 있는 것을 또한 그들이 행할 수 있도록 허용하는 것을 막기는 어려운 일이 될 것이라는 위험이 존재하지 않을까? 볼프가 주장하듯이, "어떤 것을 보고 있다는 것은 그것이 일어나고 있다는 단순한 지식보다 필연적으로 좀 더 악한 것이 아니다." 어떤 사람들에게는, 한 남녀가 외딴 해변에서 성행위를 할 수도 있다거나 자기 집에서 개인적으로 도색 영화들을 시청할 수 있다는 생각이 엄청난 고통의 근원이 될 수 있다.[106] 외설적 행동들을 목격하면서 느끼는 사람들의 불쾌감은 그 행동들이 합법적으로 금지될 수 있는지 아닌지를 결정

---

104 Jonathan Wolff, "Mill, indecency and the liberty principle", 8쪽.
105 Jonathan Wolff, 같은 글, 10쪽.
106 Jonathan Wolff, 같은 글, 11쪽.

하는 데 관련된 요소에 해당하지만, 그들이 목격하지 않은 외설적 행동들에 대한 생각에서 일어나는 불쾌감은 그런 요소가 되지 않는다.

그러나 파인버그, 텐, 볼프, 그리고 (명백하게) 밀이 구분하고자 하는 지점에서 표시된 구분선은 대략적으로 올바른 지점에 놓여 있다는 견해를 지지하는 공리주의 논증들이 있다. 사람들에게 그들이 번잡한 장소에서 어떤 종류의 행동들을 할 수 없다는 점을 통지하는 것은 그들에게 그런 행동들을 전혀 할 수 없다는 점을 말하는 것보다 그들의 자유를 훨씬 덜 축소하는 것이며 또한 그들의 행복을 훨씬 덜 위협하는 것이다. 동의하는 남성 간의 동성애 관계들이 1967년에 영국에서 합법화되기 이전에, 법적 금지의 성립과 이행에 의해서 동성애 남자들에게 유발된 고통, 좌절, 모욕이, 그 법이 '부도덕'에 강경한 태도를 취하고 있다는 점에 대해서 기뻐하던 사람들이 느낀 쾌락보다 더 컸다고 주장하는 것은 어려웠을 것이다. 게다가, '도덕적 행위들을 강요하려는' 단호한 시도는 심지어 얌전한 체하는 또는 도덕적으로 보수적인 사람들조차도 거의 관대하게 생각하지 않는 경찰 또는 유사 기관들에 의한 어느 정도의 사생활 침해를 요구할 것이다(모든 침실마다 폐쇄회로 티비(CCTV)가 설치되어 있다고 상상해 보라). 어떤 감시체계가, 심지어 가장 최신 기술을 갖춘 기계장치의 도움을 받는 감시체계라 하더라도, 금지된 행동을 탐지하는 데 성공할 것인가 아닌가 하는 문제는 어쨌든 '그 체계를 타파하는'(beating the system) 인간의 독창성 때문에 논의할 가치가 없다. 논의의 여지가 없는 것은 성인들이나 죄인들이나 똑같이 그런 지배 아래 살기에는 매우 불쾌한 것이 될 것이라는 점이다.

V. 8-10: 권위적 정부의 한계들

다음 세 문단들에서 밀은 개인적 이익들의 보호와 관련하여 정부와 사회의 적합한 역할에 대한 두 가지 구체적인 물음들을 제기하고 있다. 비록 원칙에 관한 어떤 새로운 논쟁점들이 도입되는 것은 아니지만, 논의의 이 부분은 자유에 관한 밀의 이해가 갖는 몇 가지 좀 더 실천적인 함의들을 제시하고 있다.

첫 번째 물음은 어떤 개인들이 다른 개인들로 하여금 자아에 도덕적으로든 또는 신체적으로든 해로운 방식으로 행동하도록 선동할 자유를 갖는가 하는 것이다(흥미롭게도, 밀의 논의는 이 두 가지 형태의 해악을 거의 구분하고 있지 않다). 밀의 지적에 따르면, "타인으로 하여금 어떤 행위를 하도록 유혹하는 사람의 경우는 엄격하게 자기 관련 행위의 유형에 속하지 않는다. 어떤 사람에게 충고하거나 권유하는 것은 사회적 행동이다. 따라서 일반적으로 타인들에게 영향을 미치는 행동들과 같이 사회적 통제에 복종할 의무가 있는 것으로 간주된다"(V. 8). 그러나 만일 사람들이 자신들과 관련된 문제들에 있어서 스스로 결정을 내릴 자유를 갖고 있다면, 그들은 타인들에게 가서 충고 또는 도움을 얻을 자유도 반드시 가져야만 한다. 그러나 밀은 문제가 되는 종류의 편의들을 제공하는 대부분의 사람들이 자선 때문이 아니라 전적으로 사리추구적인 이유들 때문에 그렇게 한다는 사실에 의해서 혼란스러워한다. "예를 들어, 간통은 허용되어야만 하고 또한 도박도 마찬가지로 허용되어야만 한다. 그러나 과연 어떤 사람이 자유롭게 사창가의 포주가 되고 도박장을 경영할 수 있어야만 할까?"(V. 8). 논쟁점은 타인들이 악하게 행동할 기회들을 제공함으로써 몇몇 사람들이 생계를 유지하도록 허용하는 일이 과연 옳은 것인가 하는 것이다.

밀은 양측면들을 지지하는 논증들이 존재한다는 점을 인정하고 있다. 그의 생각에 따르면, 순수하게 상업적 동기들에 따라 인간의 유약함을 이용해서 부도덕한 행위를 조장하는 사창가들 또는 도박장들과 같은 평판이 안 좋은 시설들을 금지할 수 있는 사례가 **존재한다**. 그럼에도, 주범이 자유롭게 활동하도록 허용될(그리고 반드시 허용되어야만 할) 때, 공조자를 처벌하는 '도덕적 변칙'(moral anomaly)이 존재하게 될 것이다. 예를 들어, 간통한 사람이 아니라 포주에게 벌금을 물리거나 투옥하는 일 또는 도박꾼이 아니라 도박장 주인을 처벌하는 일이 그러하다. 밀의 충고는 하나의 타협안이다(또는 좀 더 무정하게, 임시방편에 불과하다). 정부들은 포주들, 도박장 소유주들, 그리고 '독주 판매상들'을 통제할 수 있는 대책을 강구해야만 한다. 그러나 그들이 "어느 정도 비밀스럽고 은밀하게 자신의 작업들을 운영하고" 또한 평화 유지에 신경 쓰는 한도 내에서 자신의 교역들을 추구할 수 있도록 그들을 허용해야만 한다(V. 8).

　두 번째 물음은 "국가가 행위자의 최상의 이익들에 반하는 것으로 간주하는 행동을 한편으로 허용하면서도 간접적으로 저지하여야 하는가"이다(예를 들어, 주류에 엄청난 세금을 부과하거나 주류를 구입할 수 있는 판매 장소들의 수를 제한함으로써 음주 횟수를 줄이도록 노력하는 것). 반대 이유로 밀은 주류 사용을 힘들게 하기 위해서 주류에 세금을 부과하는 것은 "주류의 전면적 금지와는 단지 정도 차이만 있기 때문에, 전면 금지가 정당화될 때만 그것도 정당화될 수 있다"고 주장한다 — 그러나 그것은 정당화되지 않는다(V. 9). 그러나 논증의 몇 가지 느슨한 부분들을 줄여 줄 수 있는 실제적인 고려 사항들이 존재한다. 모든 정부는 만일 그 기능을 지속하려 한다면 과세를 통해서 자금을 마련할 필요가 있기 때문에, 정부는 생필품들보다는 "소비자들이 가장 많이 절약할 수 있는 물품들에" 과세하는 것이 좀 더 합리적이다. 따라서 주류에 과세하는 것이 제과나 의류에 과세하는 것보다 바람직하다. 따라서 비록 국가가 음주를 막기 위한 특정한 목적을 위해서 주

류에 과세해서는 안 되지만, 생필품이 아닌 품목의 판매로부터 세입을
충당하는 것은 바람직하다(V. 9).

밀은 자신들이 관리하는 구역들에서 질서를 잘 유지할 수 있고 또한
기꺼이 유지하고 싶어 하는 "품행이 단정하다고 알려져 있거나 또는
보장되는 사람들에게" 주류 판매권한을 제한하는 것이 현명하다는 점
을 덧붙이고 있다. "치안 방해(breaches of the peace)가 가게 주인의
편의 혹은 무능력으로 말미암아 반복적으로 발생한다면", 주류 판매
허가가 취소될 수도 있다(V. 10). 그러나 맥주집과 일반 술집의 수를
제한하거나 또는 접근을 더욱 어렵게 만듦으로써 좀 더 절제된 사회를
만들려는 시도는 잘못된 것이다. 그런 대책들은 책임 있게 그리고 절제
하며 술 마시는 사람들을 불공정하게 처벌하게 될 것이며 또한 그것은
사람들을 마치 그들이 "어린아이들이나 야만인들"이 되는 것처럼 취급
하는 부당한 권위주의에 해당한다. 밀의 주장에 따르면 "이것은 어느
자유주의 국가에서도 노동자 계층들을 통치할 때 공개적으로 사용하는
원칙이 아니다." 개인들의 자기 관련 행동에 간섭하기를 원하는 전제
적 정부 체제 또는 소위 권위주의적 정부 체제는 존재해서는 안 된다
(V. 10).

V. 11: 자발적 계약들의 범위

초기 독자들에게 V장 문단 11은 『자유론』에 제시된 좀 더 정치적으로
또한 도덕적으로 급진적인 구절들 중의 하나로 비쳤을 것이다. 밀은
"개인만이 관계되는 일들에서 개인의 자유는 자신들과 공동으로 관련
된 일들을 상호 동의에 의해 규제하기 위해서 수많은 개인들에게 그에
상응하는 자유가 있다는 점을 함의하고 있다"는 점을 우리에게 상기시
키면서 논의를 시작하고 있다. 그러나 만일 어떤 합의에 도달한 당사자

들 중의 한쪽이 나중에 생각을 바꿔서 그 합의로부터 해방되기를 원한다면, 어떻게 해야만 할까? 밀은 일단 이루어진 합의는 가볍게 파기되어서는 안 되며, '화폐 또는 화폐가치'(즉, 상업적 계약들)에 관련된 것은 법에 의해 합리적으로 강제될 수 있다는 점을 인정하고 있다. 그러나 개인적 자유에 대한 밀의 존중은 그로 하여금 우리가 합의할 때, 우리는 도망칠 수 없도록 영원히 스스로를 결박하고 있다는 점을 승인할 수 없게 만든다. 합의 당사자들은 단지 서로 그 합의로부터 해방될 수 있을 뿐만 아니라, "철회할 수 없는 자유가 존재해서는 안 된다고 우리가 감히 주장할 수 있는 그런 계약들과 합의들(상업적인 계약들을 제외)은 아마도 존재하지 않을 것이다"(V. 11).

  마치 이 제안이 일으킬 수 있는 어떤 우려를 경감하기 위해서, 밀은 여러 국가들의 법은 특정 종류의 계약들이 유지되는 것을 허용하지 않는다는 점을 지적하고 있다. 제삼자의 권리들을 침해하는 계약들은 일반적으로 금지된다. 그것들은 개인들이 자신들을 노예로 사고 파는 일을 허용하는 계약들이다. 왜냐하면, 앞에서 살펴본 것처럼, 밀은 "자신의 자유를 양도하는 것이 허용되는 것은 자유가 아니다"라고 생각하기 때문이다. 그의 생각에 따르면 이 매우 중요한 원칙은 넓은 상황에 걸쳐 적용되며 심지어 결혼 제도까지도 관련되어 있다. 비록 밀은 결혼과 노예 제도를 동일시하지는 않았지만, 그는 불행한 결혼을 종결시키는 방식에서 사회가 설정한 법적 곤경과 사회적 곤경에 대해서 분명하게 고민하게 되었다. 밀에게 있어 결혼은 실패할 수 있고 실패한다는 점은 관습적 방식보다 좀 더 세심하고 동정 어린 방식으로 다뤄질 필요가 있는 삶의 사실이다. 그러나 이번에 그는 자신이 좋아하는 자유주의 선구자인 폰 훔볼트(von Humboldt)만큼 앞서 나갈 준비가 되지 못했다.

빌헬름 폰 훔볼트 남작은 개인적 관계들 또는 봉사들을 포함하는 합의들
이 결코 일정한 기간 이상으로 법적 구속력을 가져서는 안 된다는 점이 자
신의 신념이라고 주장한다. 또한 이 합의들 중 가장 중요한 경우인 결혼
은, 만약 양 당사자들의 감정들이 그 합의와 조화를 이루지 않는다면 그
결혼의 목적들이 실패하게 된다는 특수성을 갖기 때문에, 그 합의를 파기
하려면 단지 둘 중 한 당사자의 파기를 선언하는 의지만을 요구한다는 점
을 그는 주장하고 있다(V. 11).

밀의 생각에 이 주장은 너무 급하고 단순한 것이다. 왜냐하면 이 주장
은 결혼 계약의 당사자들이 떠맡아야 할 책임들에 대해서 충분한 설명
을 제시하기 못하기 때문이다.

이 책임들은 두 가지 중요한 종류들로 분류된다. 첫째, 남편과 아내
가 결혼 서약을 맺는 동안 각자가 상대방에게 품은 합리적 기대를 충족
시켜야 할 의무들이 존재한다. "좋을 때나 나쁠 때나, 부유할 때나 가
난할 때나, 아플 때와 건강할 때, 죽음이 그들을 갈라놓을 때까지" 자
신들의 결합을 유지하기로 약속함으로써, 각 배우자는 특정 헌신들이
상호적으로 이뤄질 것이라는 가정하에 그러한 헌신을 제공하도록 상대
방을 격려한다. 그 결과, 각 배우자 측면에서 "아마도 파기될 수는 있
지만 무시될 수 없는 새로운 일련의 도덕 의무들이" 발생하게 된다(V.
11). 둘째, 결혼을 통해 태어난 아이들이 존재할 때, 부모는 결혼을 통
해서 태어난 이 제삼자들에 대한 책임들을 갖는다. 어떻게 이 책임들이
이행되는가는 분명히 "계약의 원래 당사자들 간의 관계의 지속성 또는
단절에 의해서 크게 영향을 받게 된다." 비록 밀은 "이 의무들이 꺼려
하는 계약 당사자의 행복에 손상을 입히면서까지 계약의 이행을 요구
하는 정도로 확장되어야 한다"는 점을 허용하고 있지 않을지라도, 그

는 이 의무들은 "그 물음의 필수적인 요소"라고 주장한다.

밀은 두 가지 책임 모두가 배우자와 이혼하려는 부부 각자의 **법적** 자유를 **유보**하는 것을 일반적으로 정당화할 수 없다는 폰 훔볼트의 제안에 동의한다. 그러나 밀은 그 의무들이 '**도덕적** 자유'에서 드러내는 엄청난 차이들을 과소평가했다고 그를 비판한다. 왜냐하면 "한 사람은 그처럼 중대한 다른 사람의 이익에 영향을 미칠지도 모르는 조치를 취하기 전에, 이 모든 상황을 고려해야만 하기 때문이다. 그리고 만일 그가 그 이익들을 적절히 고려하지 않는다면, 그는 잘못에 대한 도덕적 책임을 지기 때문이다"(V. 11). 밀의 균형적이며 인도적인 결론은 결혼한 부부들이 서로에게 그리고 자신들이 갖게 될 자녀들에게 실질적인 도덕적 의무들을 갖게 되지만, 그들의 관계 지속이 배우자 한 사람 혹은 둘 모두에게 큰 불행을 초래할 때 결혼 관계의 단절을 금하는 것은 법의 역할이라고 할 수 없다. 이런 자세는 요구된 이혼의 승인보다 덜 심각한 것이기는 하지만, 1857년의 이혼법(Divorce Act)보다 좀 더 급진적인 것이다. 이 법은 비록 최종적으로 가출한 아내와 재결합하려는 남편의 법적 권리를 제거했을지라도, 이혼을 하려면 여성을 남성보다 상당하게 불리한 조건에 처하게 만들며 또한 부유하지 못한 계층들의 경제적 능력을 훨씬 뛰어넘는 복잡하고 비용이 많이 들고 힘든 심문 절차로 구성되어 있었다. 베스트(Geoffrey Best)가 이 상황을 요약하고 있듯이, 중기 빅토리아 시대 동안 "모든 중산층 결혼들에 대한 절대적인 규칙은 '좋아하든지 아니면 참고 지내라'였다."[107] 밀의 사후에도 오랫동안 이혼은 부유한 사람들만이 누릴 수 있는 사치로 남아 있었다.

---

[107] G. Best, *Mid-Victorian Britain, 1851-75*, 304쪽.

V. 12-15: 자녀들과 그들의 교육

이 문단들에서 밀은 『자유론』에서 여러 차례 등장했지만 자신의 생각에 그 중요성이 종종 간과되었던 주제로 되돌아가고 있다. 다시 말하면, "자유는 억제되어야 할 곳에서 종종 허용되고 그뿐만 아니라 허용되어야 할 곳에서 억제된다"는 점이다(V. 12). 사람들은 자기 관련 행위에서 자신이 좋아하는 대로 행할 자유가 있지만, 타인들에게 권력을 행사할 때는 자유가 **없다**. 여기서 그들은 국가의 권위에 정확하게 속해 있으며, 그것은 사람들이 공평하고 신중하게 그 권력을 행사하고 있는지 책임질 의무를 가지고 있다. 그러나 하나의 특정하게 중요한 삶의 영역에서, 즉 '가족 관계들'에서 국가는 그 필수적 감독과 통제를 유지하는 일을 매우 게을리하고 있다. 남편들은 여전히 자신들의 아내들에게 '거의 독재적인' 권력을 사용하고 있다. 밀은 이 주제가 이 작품에서 거의 다뤄질 필요가 없다고 생각한다. 왜냐하면 그 악은 남자들과 독신 여성들이 향유하는 동일한 법적 권리들과 보호들을 아내들에게 부여하면 쉽게 제거될 수 있기 때문이다. 게다가 "기존의 부정의를 옹호하는 자들은 자유에 호소하는 것이 아니라 권력의 우승자들이라고 공개적으로 자처하고 있다"(V. 12). 일부 독자들은 밀이 『자유론』이라는 제목이 붙은 작품에서 여성의 자유에 관해 아무런 언급을 하지 않는다는 점에 실망할 수 있다. 그러나 그는 일반 논문으로 기획된 작품에서 그렇게 무거운 주제를 다루고 싶지 않았다. 10년 후 그는 여성의 권리들에 대해서 19세기에 출간된 가장 급진적이고 강력한 변론들 중의 하나인 『여성의 종속』(*The Subjection of Women*)을 출간함으로써 그 태만을 바로잡았다.

밀은 자녀들에 대한 부모들(특별히 아버지들)의 지배 문제를 좀 더 많이 다루고 있다. 왜냐하면 정확하게 자녀들이 적합하게 양육되고 폭력으로부터 안전하다는 점을 보증하는 데 국가의 직무 태만은 "잘못 사용된 자유 개념들"에 있어서 일반적으로 정당화되고 있기 때문이다. "우리들은 대부분 한 사람의 자녀들이 비유적으로가 아니라 문자적으로 자신의 일부라고 간주된다고 생각할 것이기 때문에" 아버지가 자신의 자녀들을 다루는 일에 국가가 개입하는 것을 꺼려 한다(V. 12). 아버지가 아들들과 딸들에게 자신이 원하는 것을 하지 못하도록 막는 것은 아버지의 자유에 대한 승인할 수 없는 침해라고 간주된다. "따라서 아버지가 자녀들에게 행사하는 절대적이고 배타적인 통제를 법이 조금이라도 간섭하는 것에 대해서 시기하는 여론이 존재한다." 밀의 주장에 따르면, 이런 태도는 불합리한 것이고 잘못된 것이다. 예를 들어, 교육의 경우를 생각해 보자. 사려 깊은 사람에게, "국가가 자신의 시민으로 태어난 모든 인간에게 일정 수준의 교육을 강제하고 요구해야 한다"는 점은 거의 자명한 것처럼 나타나야만 한다. 그러나 자신의 아이가 "타인들을 향한 삶과 자신을 향한 삶에서 자신의 역할을 훌륭하게 실행하기 위해서" 충분한 교육을 받고 있다는 점을 확신하는 것이 부모의 "가장 신성한 의무들 중의 하나이다"라고 일반적으로 간주되고 있는 반면에, 실제로 그 누구도 국가가 아버지에게 그 의무를 이행하도록 강요해야만 한다고 생각하지 않는다. 여기서 자유의 사도였던 밀은 국가적 통제라는 수단의 옹호자가 된다. 음식을 육체에 제공하는 것처럼 자녀의 정신에 교육을 제공하는 것이 부모의 책임이기 때문에, 만일 아버지가 이 의무를 이행하지 못한다면, "국가가 가능한 한 부모에게 그 비용을 부담시켜서 그 의무가 수행되었는지를 점검해야만 한다" (V. 12).

여기서 갑자기 떠오르는 분명한 물음은 자신들의 자녀들이 적절하게 교육받는지를 점검하도록 부모를 강제하거나 회유하는 것보다 정부가

국가적인 교육 체계를 확립하는 것이 좀 더 단순하고 또한 좀 더 효과
적인 것이 되지 않을 것인가라는 점이다(영국에서 그러한 초등 교육
체계가 1870년 초등교육법(Forster's Education Act)에 의해서 조만간
설치될 예정이었다. 이 교육 체계는 이전에 존재했던 교육 시설들의 잡
다하고, 비체계적이며 매우 다양한 분류를 점차적으로 제거했다). 밀
이 그러하듯, 부모들이 자신들의 자녀의 교육에 책임을 져야 한다는 요
구는 일반적으로 부모들이 이 의무를 적절히 이행할 수 있는 필수적인
판단, 경제적인 수단들과 기회를 가지고 있다는 점을 낙관적으로 전제
하고 있다. 이것은 그 당시 빈곤, 무지, 불결, 범죄와 퇴폐가 만연해 있
었던 영국의 중기 빅토리아 시대의 상황들에는 들어맞지 않는 매우 의
심스러운 가정이다. 이스트엔드(East-End)의 '빈민촌', 맨체스터
(Manchester) 빈민굴 또는 가난한 시골 벽지에서 자신들의 자녀들을
양육하려는 수많은 부모들에게 있어, 자신의 자녀들에게 심지어 가장
최소한으로 충분한 교육을 제공하려는 야심은 여왕과 만찬을 하러 가
려는 야심보다 더 동떨어진 것처럼 보였을 것이다.

　국가가 교육을 강제하는 것과는 다른 교육을 제공하는 것에 관한 밀
의 반론은 독특하고 예상 가능한 것이다.

　개성 있는 품성의 중요성, 그리고 의견들과 행동 양식들의 다양성의 중요
성에 관해서 말한 모든 것들이, 말할 수 없이 동일하게 중요한 것처럼, 교
육의 다양성을 포함하고 있다. 일반적인 국가 교육은 사람들을 서로 정확
하게 동일한 존재로 만들려는 단순한 장치에 불과하다. … 그 교육이 얼마
나 효율적이고 성공적이었는가에 비례해서, 그것은 정신에 대한 독재를
구축하게 되고, 육체에 대한 독재로 나아가게 된다(V. 13).

밀의 반론은 **국가**가 교육의 공급을 독점하는 것에 관한 것이 아니라 어떤 단일 기관이 독점하는 것에 관한 것이다. 밀은 똑같이 국가의 모든 아이들에게 하나의 동일한 틀을 제공하게 될 교회 또는 다른 기관에 의해서 운영되는 국가 교육 체계에 대해서도 반대하게 될 것이다. 오직 다양한 제공자들만이 개별적 품성이 출현할 수 있는 필수적 조건이 되는 그런 교육적 다양성을 보장할 수 있다. 국가가 **몇몇** 아이들에게 어떤 교육을 제공하는 것은 "표본과 자극이라는 목적을 위해서 실행되는 다수의 경쟁하는 실험들 중의 하나"라는 정신에 입각해서 이루어진다면, 그것은 어떤 문제도 유발하지 않을 것이다. 밀은 한 사회가 너무 문화적으로 퇴보해서 국가가 교육을 제공하지 않는다면 어떤 교육도 전혀 이루어지지 못할 가상적 상황이 존재한다는 점을 인정하고 있다. 오직 그때에만 국가의 교육 독점이 두 가지 악들 중에 좀 더 적은 것으로서 용인될 수 있다. 그러나 밀은 그것이 여전히 아주 큰 악이 될 것임을 강조하고 있다(V. 13).

만일 국가가 아이들의 교육을 강제한다면, 그것을 강제할 수 있는 장치가 요구된다. 밀은 아이들에게 일 년마다 의무 시험 제도를 제안한다. 이 시험은 아이들의 문학 수준을 점검하고 사실들에 대한 지식과 '실증 과학'(positive science)에 대한 지식을 점검하게 될 것이다. 일정한 연령에 이르러도(밀은 이를 구체화하지 않았다) 읽을 수 없다고 판명된 아이의 아버지는 "적당한 범칙금을 납부해야 하며, 필요하다면, 자신의 노동으로 그것을 변상해야 할 수도 있으며, 또한 그 아이는 아버지의 비용으로 학교를 다녀야 할지도 모른다"(V. 14). 일단 아이들이 "어떤 최소한의 일반적 지식"을 획득했다면, 다른 시험들은 자진하는 사람들에게 주어지며 또한 증명서들이 주어진 숙달 기준들에 도달한 사람들에게 수여될 것이다. 밀은 국가가 자신이 정한 시험들을 통해서 "의견들에 부적절한 영향"을 행사할 수 있다는 명백한 반론에 대해서 시험 점수는 결코 의견들에 주어지는 것이 아니라 항상 '사실' 지식에 대해서 주어질 것이라는 점을 못 박음으로써 응답하고 있다. 따라서 "종교, 정치, 또는 다른 논쟁적인 주제들에 관한 시험들은 의견들의 참 또는 거짓을 다뤄서는 안 되고 이러저러한 의견이 이런 근거들에 따라서 이런 작가들, 학파들 또는 교회들에 의해서 주장되고 있다는 사실의 문제만을 다뤄야만 한다." 그리고 국가는 논쟁적인 주제들에 대해서 시민들의 견해들을 편파적으로 만들려고 결코 노력해서는 안 되지만, "어떤 사람이 어떤 주어진 주제에 관해서 자신의 결론들을 주의를 기울일 만한 것으로 만들기 위해 요구되는 지식을 가지고 있다는 점을 국가가 매우 적절하게 확인해 주고 증명해 주는 것은 가능하다"(V. 14).

밀은 결코 소박한 작가는 아니지만, 현 맥락 안에 제시된 소박함에 대한 비판을 피해 가는 것은 어려운 일이다. 국가시험 제도들을 책임지는 기관은 무엇을 가르쳐야 하고 어떻게 가르쳐야 하는지를 실질적으로 통제하게 된다. 그것은 마치 교육과정을 결정하고 교사들을 임명하고 훈련하는 기관과 같이 철저하게 그 일을 시행하게 된다. 예를 들어, 만일 국가가 성경의 구체적인 지식이 시험 주제가 되어야 한다고 결정한다면, 모든 학교들은 성경을 가르치게 될 것이다. 또한 밀이 원하는 방식으로 '사실들'과 의견들을 구별하는 것은 불가능하다. 사실들은 일반적으로 밀의 주장이 지시하는 것보다 훨씬 더 많이 이론들에 의존하고 있으며 또한 우리가 주어진 주제에 적용하는 관점들은 진리와 허위에 대한 자신의 판단들에 결정적인 태도들을 취하게 된다. 어떤 사실도, 심지어 흥미롭지 않은 사실들조차도, 밀이 요구하는 방식으로 자기 자신을 드러내지 않으며 명백한 것은 없다는 점이 과학철학에서는 상식적인 것이다. 노르만인들의 영국 침략 사건이 1066년 발생했다는 것은 상대적으로 명백하고 간단한 사건이 될 수 있다. 그러나 그 결과 영국이 새로운 지배자들에 의해 탄압을 받았다는 점, 또는 영국 교회가 1066년 이전보다 그 이후에 좀 더 활발하게 부흥했다는 점이 하나의 사실일까 아니면 단순히 의견에 불과한 것일까? 이것들은 그 증거에 대한 면밀한 해석을 요청하는 문제들이다. 따라서 II장에서 밀이 잘 인식하고 있듯이, 어떤 복합적 의미를 담고 있는 주제에 관한 하나의 명백하게 정확한 견해라는 것은 일반적으로 존재하지 않는다.

국가시험들을 독점적으로 통제하는 기관은 자신이 묻고 있는 지식의 영역들에서 어떤 사실들이 존재하는지를 결정해야 할 뿐만 아니라 어떤 사실들이 알 만한 가치를 갖는 중요한 것인지를 결정해야만 한다. 그런 선택들을 내릴 수 있는 권력을 부여받기 위해서는 무엇이 정보로 간주될 수 있는지를 결정해야 하며 또한 누가 정보를 잘 갖추고 있다고 간주되는지를 결정해야 한다. 국가는 밀이 자신에게 부여한 역할을 수행함으로써 불가피하게 생각의 통일을 증진해야만 하고 또한 자신이 보증하고 있다고 간주되는 바로 그 "교육의 다양성"을 침식시켜야만 한다.

밀은 많은 사람들이 반자유주의적이라고 생각하게 될 또 다른 논제를 옹호함으로써 부모의 의무에 대한 논의의 결론을 맺고 있다. 그의 주장에 따르면, 만일 부모가 될 사람들이 아이를 부양할 수단을 갖지 못한다면, 그들은 아이를 낳을 권리를 가질 수 없으며 또한 국가는 어떤 사람들이 심각하게 빈곤하고 불우한 삶들을 살게 될 것이 분명하다면 그들이 자녀들을 갖지 못하도록 합법적으로 금지할 수 있다(예를 들어, 이런 일은 이미 과잉 인구를 갖는 국가들에서 벌어지고 있다). 비록 밀은 국가가 무자녀 상태를 유지하라는 명령을 위반한 사람들에게 법적인 처벌들을 부과해야 한다는 주장을 철회하고 있음에도, 그 사람들은 "비난과 사회적 오명"을 적절하게 받을 수 있다고 주장한다(V. 15). 밀은 "만일 당사자들이 한 가족을 부양할 수 있는 수단들을 가지고 있다는 점을 증명할 수 없다면 결혼을 금지하려고 노력했던" 국가들을 격찬하고 있다. 또한 그는 아마도 기하급수적으로 증가하는 인구 문제에 직면해서 한 가족 한 아이라는 엄격한 규칙을 부과한다는 지난 20세기 중국 정부의 결정을 지지했을 것이다.

현대 유럽인권협약(European Convention on Human Rights) 제12조는 "결혼 연령의 남녀는 결혼할 수 있는 권리를 가지며 또한 이 권리의 행사를 결정하는 국법에 따라 가족을 구성할 수 있는 권리를 갖는다"는 점을 정하고 있다. 이 조항은 밀의 입장과 상충하는 것처럼 보이며 또한 개인들의 권리들에 대한 현대적 사고와 좀 더 일치하는 것처럼 보인다. 그러나 해리스(John Harris)가 지적하는 것처럼, 이 조항은 그것이 보여 주는 만큼 명확하지 못하다(예를 들어, 이 조항은 특정 상황들에 놓여 있는 정부들에게 결혼할 권리와 가족을 구성할 권리를 박탈할 수 있는 힘을 부여하는 걸까 아니면 단지 그 권리들을 조정할 수 있는 힘만 부여할까?).[108] 게다가 장래 부모들의 권리들에 독점적으로 초점을 맞춤으로써 그 조항은 또 다른 중요한 권리들의 측면, 즉 그들에게서 태어나게 될 자녀들의 권리들을 묵살하고 있다. 밀은 "한 생명을 잉태하는 것은 인간의 삶 중에서 가장 책임이 무거운 행동들 중의 하나"라고 올바르게 주장하고 있다(V. 15). 해리스는 밀의 '강력한 논증'이 "어떤 사람은 다른 사람들을 불리한 조건들 속에서 잉태함으로써 그들에게 피해를 줄 수 있다"는 생각을 포함하고 있다고 생각한다. 비록 이 생각은 "그것이 참으로 간주되기 위해서는 그 조건들이 얼마나

---

108   John Harris, 'The right to find a family', 134쪽.

불리한 것들이 되어야만 하는가"라는 물음을 또한 제기하고 있지만 말이다.[109] 밀의 답변은 아마도 만일 사람들이 음식, 의복, 주택에 대한 자녀들의 기본적 육체적 필요들을 충족시킬 수 없다면, 또는 그들이 자녀들에게 제공할 수 있는 유일한 생활방식이 모욕, 착취, 무시라면(소중한 개인적 품성의 발전에 상반되는 조건들), 그들은 자녀들을 가져서는 안 된다는 것이 될 것이다.

사람들이 양육을 제대로 할 수 없다고 예견할 때 그들은 가족계획과 관련해서 산아제한을 해야 한다고 말하는 것과 국가가 강제적으로 부모들에게 산아제한을 강요해야만 한다고 주장하는 것은 서로 다른 것이라는 반론이 제기될 수 있다. 그러나 의심할 여지없이 밀은 사람들의 자발적 산아제한을 선호하고 국가의 개입은 교정 불가능한 부부들의 경우에만 오직 마지막 수단으로서 이루어지는 것으로 간주하게 될 것이다. 만약 사람들이 자발적으로 타인들에게 해악을 미치는 일을 금하지 않는다면, 해악의 원칙에 따라, 우리는 그들을 저지해야만 한다. 인구 억제 정책의 바람직함에 관한 밀의 견해들은 과도한 인구 증가가 불리한 사회 계층 출신의 사람들에게 미치게 되는 해악에 관한 좀 더 폭넓은 공리주의적 관심에 기초하고 있다. 너무 많은 사람들이 제한된 수의 직장들을 놓고 경쟁하게 될 경우, 밀의 지적에 따르면, 그 필연적 결과는 임금 저하와 고용주들에 의한 육체노동자들의 착취가 될 것이다. (V. 15).

국가들은 자녀들을 가질 수 있는 사람들의 무제한적 권리를 존중할 필요가 없다는 밀의 주장은 자유주의의 정수라고 일반적으로 알려진 견해들을 표명한 철학자로부터 나왔다는 점에서 의아한 것으로 보일

---

109 John Harris, 같은 글, 140쪽.

수 있다. 그러나 이 주장은 해악의 원칙에 대한 그의 설명과 전적으로 일치하고 있다. 그 자신이 설명하고 있는 것처럼, 실제적인 긴장은 그의 반대자들의 생각에 들어 있다.

> 현대의 자유 개념들은, 오직 자기에게만 관계되는 일들에서 개인적 자유의 실제적 침해에만 너무나 쉽게 경도되어 있기 때문에, 사람들의 방탕함의 결과들이 그 자손에게 비참하고 부정한 삶 또는 삶들을 가져오고 그들의 행동들에 의해서 어떤 형태로든 영향을 받게 될 만큼 충분하게 가까이 있는 사람들에게 많은 해악을 끼치는 경우에, 개인의 성향들에 제재를 부과하려는 시도를 거부하게 될 것이다(V. 15).

V. 16-22: 정부의 간섭주의

개인들은 자신들의 선을 위해서 정부들에 의해서 제약을 받아서는 안 된다. 그러나 정부들은 시민들을 위한 이익들을 제공하는 일에 있어서 능동적으로 대처해야만 하지 않을까? 그러한 국가 간섭주의는 국가가 자유를 부당하게 제약한다는 이유로 반대할 수 없을 것이다. 그러나 밀은 그런 간섭이 다른 이유들 때문에 바람직한 것이 아니라고 주장한다. 밀의 제안에 따르면, 정부들이 시민들에게 적극적 이익들을 제공하는 것보다 그들이 "개인적으로 또는 자발적인 결합을 통해서" 스스로 이런 이익들을 산출하는 것이 일반적으로 좀 더 좋다(V. 16).

밀은 시민들이 왜 자발적으로 그렇게 해야 하는지에 관한 3가지 이유들을 제시하고 있다. 첫 번째는 어떤 일이든 일반적으로 그 일에 관심을 가지고 있는 사람들에 의해서 가장 훌륭하게 행해진다는 점이다. 사람들은 일반적으로 자신들이 하고 싶은 일이 무엇인지를 그리고 어떻게 그 일이 최상으로 수행될 수 있는지를 정부보다 좀 더 잘 알고 있다(V. 18). (『정치경제학 원리』에서 밀은 "정부가 시행하는 모든 부가적 기능은 이미 과도한 의무들을 부여받은 한 기관에 부과된 또 다른 업무가 된다. 그 결과 아무것도 신속하게 또는 주의 깊게 또는 형식적인 감독 그 이상으로 실행되지 않는다"는 점을 설명하고 있다).[110] 둘째, 국가에 의존하는 것보다 스스로 하는 행동들이 "자신들의 능동적인 능력들을 강화하며, 자신들의 판단을 행사하며 또한 자신들이 결과적으로 다뤄야만 하는 주제들에 관한 익숙한 지식들을 그들에게 부여하는 방식이 된다는 점이다." 다시 말하면, 그것은 자기 향상과 강건하고 활동적인 품성의 형성과 독립적인 자립정신을 고취하는 근원이다. 게다가, "개인들과 자발적인 단체들과 관련해서, … 가지각색의 실험들과 무수히 다양한 경험들이 존재한다." 국가의 역할은 이 실험 결과들을 유포하는 역할로 제한되어야만 하며, 그 결과 타인들이 그 결과들로부터 유익을 얻을 수 있도록 해야만 한다(V. 19). 만약 다른 어떤 사람이 이 바퀴를 발명했다면 그것을 또다시 만드는 것은 무의미하다.

밀은 정부 권력을 제한하기 위한 세 번째이자 '가장 설득력 있는' 이유인 "불필요한 정부 권력의 추가가 갖는 큰 악"에 대해서 긴 시간을 할애하고 있다. 만약 "도로들, 철도들, 은행들, 보험회사들, 거대 합자회사들, 대학들, 공공 자선단체들"이 '지역 자치 행정 기관들과 지역 위원회들'과 같은 기구들과 함께 모두가 중앙 정부의 통제를 받는다면 (밀은 이것이 너무 거대하고 과대한 공무원 조직의 실제적인 통제 아래 놓이는 것이라고 주장한다), 이 나라는 더 이상 "이름만 자유로운 나라와 다르지 않게 될 것이다"(V. 20). 밀은 국가 관료제(state bureaucracy)를 회의적으로 바라보고 있다. 왜냐하면 그는 그것을 보수

---

[110] J. S. Mill, *Principles of Political Economy, Collected Works*, 3권, 940쪽.

주의의 힘이며 혁신을 억압하는 것으로 간주하기 때문이다. 경험에 따라 선견(prescience) 또는 선입견으로 간주될 수 있는 것과 관련해서, 밀은 공무(public affairs)의 포괄적인 경영을 맡고 있는 근대 중앙집권적 정부의 성장을 의존 문화(a dependency-culture)의 필연적 산물로 간주하고 있다. 만일 국가가 거대하게 성장한다면, 개인들은 좀 더 작아지게 될 것이다.

  국가 관료제에 대한 밀의 혐오는 너무 강했기 때문에, 동시대 다른 중도좌파 학자들과는 달리, 그는 영국 공무원 선발을 위한 공개 시험 도입에 찬성하지 않았다. 비록 빅토리아 여왕(Queen Victoria)이 선발 시험 효과가 "신사들의 감정과 예절을 교육받지 못한 천민들"을 공무원들로 만들게 될 것이라는 유명한 불평을 남겼지만, 1850년대 중반에 시작된 공무원 조직 개혁은 무능하고 폐쇄적이며 자기 잇속만 챙기는 정부 직책들을 일소하기 위해 고안되었다. 디킨슨은 자신의 소설 『리틀 도릿』(*Little Dorrit*, 1855-57)에서 관료주의적 관청(Circumlocution Office)을 묘사함으로써 실질적으로 이를 풍자하고 있다. 공무원 선발 시험들에 대한 밀 자신의 반론은 그것들이 공직의 수준을 떨어뜨릴 위협을 갖는다는 점이 아니라 그 시험들을 통해서 선발된 유능한 사람들은 다른, 좀 더 생산적인 직업들에 종사하는 것이 훨씬 좋다는 것이다. 만일 관료제가 존재해야만 한다면, 관료들은 가장 간단한 작업의 수행에 대해서 많은 급료를 기대하는 '신사들' 보다는 능숙하고 근면한 사람이 되어야 하는 점이 마땅하다고 생각될 수 있다. 그러나 밀은 심지어 유능한 사람들로 구성된 관료제라고 하더라도, 어떤 커다란 관료제에 의해서 운영되는 효율적이며 진정으로 공공심을 발휘하는 공무원 조직을 기대하는 일에는 회의적이다. (이런 회의적인 생각은 1858년에 해체될 때까지 동인도 회사의 경영자로서 보낸 그의 35년간의 공직생활에 비춰 보면 역설적인 것이다.) 그는 러시아 사례를 언급함으로써, 현대 정치 이론가들이 '작은 정부'라고 부르는 것을 선호하고 있음을 드러내고 있다. 그의 주장에 따르면 러시아에서는 만약 '관료기관'이 업무들을 방해한다면(그런 상황이 종종 발생한다), 황제(Tsar) 자신도 그 일들을 행할 수 있는 권력이 없게 된다. 국가가 거대한 공무원 조직에 의해서 운영될 때, 심지어 국가적인 혁명들조차도 많은 실제적인 변화를 일으킬 수 없다. 일상적으로 발생하는 모든 일들은 어떤 새로운 사람이 '권력의 자리'로 도약하고 "관료들에게 명령을 내리면 모든 것이 그 전에 실행됐던 방식으로 이뤄지게 된다. 왜냐하면 관료들은 바뀌지 않으며 그 누구도 그들의 자리를 대체할 수 없기 때문이다"(V. 20). 한번 관료제 권력이 확립되면, "관료제의 구성원들을 포함해서" 모든 사람들의 독립적 행동을 수행할 수 있는 능력이 제한된다(V. 21).

만약 러시아가 어떻게 해서는 **안 되는가**에 관한 사례라면, 미국은 "어떤 사람 또는 사람들의 단체에 의해서 자신들이 노예화되는 것을 허용하지 않게 될 자유 시민들의 사례가 된다. 왜냐하면 그들은 중앙 행정부의 고삐를 붙잡고 휘두를 수 있기 때문이다"(V. 21). 미국 시민들은 멀리 떨어져 있는 관료들이 자신들의 삶을 대신 살아 주기를 허용하는 것보다 서로 결합하고 자신들의 사업을 수행할 수 있는 수단들을 즉석에서 만들어 내는 것을 선호한다. 밀은 그런 즉석 해결이 취하는 형식들에 대해서 또는 행정 운영들이 국가 단위보다는 지역 단위로 이뤄질 때 어떻게 효율성과 책임이 확보될 수 있는지에 대해서 구체적으로 언급하고 있지는 않다. 그러나 밀은 "그 어떤 관료제도 국민들에게 이런 일을 하라고 강요하거나 또는 그들의 원하지 않는 어떤 것을 감수하라고 희망할 수 없다"는 점을 확신하고 있다(V. 21). 그러나 그가 가장 두려워하는 것은 중앙집권적 관료제들이 국민들이 원하지 않는 것을 하라고 그들에게 강요한다는 것이 아니라 어떤 일도 하지 않을 것이라는 점이다. 밀에 따르면, 관료들은 폭군들이라기보다는 사회 조직의 기생충이며, '나태한 일상'에 파묻힌 규칙지배적인 노예들이다. 이것이 국가 행정부가 한 사회의 모든 인재들을 독점해서는 안 된다고 하는 주장을 좀 더 중요하게 만드는 이유이다. 왜냐하면 유능하고 영리한 사람들은 밖에서 '주의 깊은 비판'을 공급할 필요가 있으며 또한 행정부를 가장 높은 수준으로 끌어올리기 위해서 필요하기 때문이다(V. 22).

V. 23: 정부에 관한 맺음말

앞서 말한 문단들에서, '큰 정부'에 관한 밀의 비판은 무엇이 국가의 적절한 역할이 되어야 하는가라는 물음을 그에게 남겨 주었다. 『자유론』의 마지막 문단에서 밀은 "일반 활동의 너무 많은 부분이 정부 기관들로 흘러들어 가지 않고서 중앙집권적인 권력과 지성의 수많은 이점들을" 확보할 수 있는 방식을 요약하고 있다(V. 23). 통치 문제의 해결은 다음과 같은 원칙의 형식으로 제시된다. "효율성과 일관되는 범위 내에서 권력은 최대한 분산하지만, 정보는 가능한 최대한 집중되게 하고 그것이 중앙으로부터 확산되도록 한다." 행정부는 가능한 지역의 수준에서 운영되어야 하지만, 지역 정부들의 활동들을 감시하고 그들이 이용할 수 있는 정보 창구를 제공하기 위해서 어떤 중앙 기관이 있어야만 한다. 밀의 설명에 따르면 이 감독기관은 "모든 외국들에서 행해진 공공 업무 분야의 집행으로부터 유래된 그리고 정치학의 일반적 원칙들로부터 도출된 다양한 정보와 경험을 렌즈의 초점 맞추기와 같이" 집중시키게 될 것이다. 그것은 역시 "자신들의 지침을 위해서 수립된 법률들에 지방 관료들이 복종하도록 강요할 수 있는" 권력을(그 이상이 되어서는 안 된다) 가져야만 한다(V. 23).

통치 이론에 관한 이런 밑그림은 몇 가지 돌출적인 문제들을 불러일으킨다. 가장 절박한 걱정은 얼마나 정확하게 밀이 중앙 정부의 입법 기능, 자문 기능, 감독 기능 사이의 관계들을 구분하고 있는가이다. 그가 중앙 정부에 명시적으로 할당하고 있는 역할들은 도서관이 갖는 역할과 고충처리기관이 갖는 역할의 혼합물이다. 그러나 명백하게 이것보다 좀 더 많은 역할들이 정부에 존재하고 있음에 틀림없다. 왜냐하면 밀은 지방 관료들이 복종해야 한다고 요구되는 법률들을 수립해야 할 어떤 기관을 밝히고 있지 않기 때문이다. 밀은 "정부가, 시민들의 노력들을 불러일으키는 대신, 그들의 활동들을 자신의 활동으로 대체할 때, 해악이 발생한다고 우리들에게 권고하고 있다. 즉 정보가 정보를 제공하고, 충고하고, 때때로 비판하지 않고, 국민들을 족쇄에 채워 일을 시키거나 또는 물러서 있으라고 명령하거나 또는 국민들의 일들을 자신이 수행할 때 해악이 발생한다." 그러나 지역 행정관들이 반드시 따라야 할 법률들을 제정하고 부과하는 정부가 그런 관료들에게 전달되는 정보의 흐름을 통제하며 그들의 업무운영을 감독하게 되며 또한 적합하다고 생각될 때 그들의 활동들을 '비난' 할 수도 있다. 사실상 정부는 엄청난 권력을 사용하고 있는 것이다(이것은 일관된 입장에서 보면 확실히 밀이 건전하다고 생각하는 것 이상의 권력을 의미한다). 비록 밀은 지역 수준까지 내려가는 '권력의 분산' 에 대해서 말하고 있지만, 그가 이 권력의 행사에 덧붙인 단서들은 실제 권한이 계속해서 중앙 정부에 남아 있게 된다는 점을 의미한다는 것을 깨닫지 못한 것처럼 보인다. 지역 기관들은 매일매일의 업무 추진을 위탁받았지만 중앙 정부에 자신들의 활동을 계속해서 보고해야 하며 또한 중앙 정부의 규칙들 내에서 운영되어야만 한다. 사실상, 지역 기관들은 국가의 노예와 별반 다른 것이 아니다.

통치론에 관한 밀의 개요는, 오류들과 불명료한 점들을 담고 있지만, 『자유론』의 말미에서 개인적 자유와 개인들에게 실험적인 삶들을 영위하도록 허용해 주는 정치 제도의 형식들에 대한 그의 열정적인 헌신을 우리에게 상기시켜 주는 데 이바지하고 있다. "국가의 가치는 결국에는 그것을 구성하고 있는 개인들의 가치"이기 때문에, 시민들의 '정신 확장과 고양'보다 우선적으로 평범함과 일치를 증진하는 모든 정치 조직들은 적합한 것이 될 수 없을 것이다. 밀은 "심지어 유익한 목적들이라고 해도 시민들을 국가의 통제에 속하는 좀 더 유순한 도구들로 만들기 위해서 그들을 왜소하게 만드는 국가는 그런 왜소한 사람들을 통해서는 위대한 일이 실제로 성취될 수 없음을 알게 될 것이다"라고 주장한다(V. 23). 행정적 효율성을 확보하기 위해서 매우 다양한 인간성의 개발을 희생하는 것은 참으로 어리석은 선택이 될 것이다.

연구를 위한 물음들
1. 적극적 차별이 정당화될 수 있는 상황들이 존재할 수 있는가?
2. 자유는 우리가 원하는 것을 행하는 것이라는 밀의 주장은 어느 정도까지 옳은 것일까?
3. 만일 사람들이 원한다면, 공공장소에서 옷을 벗고 다니는 것을 허용해야만 할까?
4. 자신을 노예로 매매하는 것을 금지하는 일이 내 자유에 대한 모독이라고 할 수 있을까?
5. 인구과밀 국가의 정부는 합리적으로 산아제한을 해도 좋은가?
6. 정부 간섭주의에 관한 밀의 반론들은 현대 복지국가 개념에 얼마나 효과적으로 대처할 수 있을까?

IV부
수용과 영향

작가이자 법학자인 해리슨(Frederick Harrison)은 19세기 말을 반추하면서 『자유론』 출간의 영향을 회고하고 있다.

> 이 작은 책은 동시대 사상에 깊은 인상을 남겼으며 또한 대중적으로 엄청난 성공을 거뒀다는 점은 확실하다. 이 책을 수십만의 독자들과 또한 우리 중의 가장 왕성하고 깊은 사고를 가진 학자들이 탐독했다. 그것은 일종의 복음이었다.[1]

소설가 하디(Thomas Hardy)는 1906년에 쓴 편지에서 1860년대 대학생들은 이 책을 '거의 암기하고' 있었음을 회상하고 있다.[2] 『자유론』이 출간된 순간부터 독자들에 의해서 열정적으로 탐독되었다 하더라도, 그것은 결코 일반적으로 승인된 것은 아니었다. 삶과 사상의 모든 영역에서 개인적 자유를 옹호한 점에 대해서 침이 마르도록 칭찬하는 열광적인 독자들과는 별도로, 개별성의 옹호를 무정부주의나 무질서를 조장하는 것으로 간주하거나 또는 전통적인 도덕적 가치들 또는 개신교에 대한 은밀한 공격으로 간주하는 비판가들이 있었다.

　이런 수많은 비판적인 독자들은 정확하게 밀 자신을 괴롭혔던 동일

1　G. Himmelfarb, *On Liberty and Liberalism*, 295쪽을 참조할 것.
2　G. Himmelfarb, 같은 책, 296쪽에서 재인용.

한 논쟁점에 대해서 우려하고 있었다. 즉 아무에게나 제멋대로 하게 내버려 두면 사람들이 잘 행동할지 또는 지혜롭게 행동할지 확신할 수 없다는 점이다. 스티븐(James Fitzjames Stephen)의 주장에 따르면 "이 기적이고 감각적이며 경박하고 게으르며 아주 평범하고 그리고 사소한 일상적인 일들 중에 가장 시시한 것에 파묻혀 사는 사람들의 비율을 따져 보자. 그리고 자유로운 논의들 중에 가장 자유로운 것이 얼마나 그들을 향상시킬 수 있을지 생각해 보자." 그런 사람들을 다룰 수 있는 유일하게 적합한 방식은 '강제 또는 금지'이다.[3] 『문화와 무정부』(1869)에서 아널드(Matthew Arnold)는 우리가 원하는 방식대로 행동하라는 이론은 "원하는 곳으로 달려가서, 원하는 곳으로 들어가고, 원하는 식대로 야유를 퍼붓고, 원하는 방식대로 위협하고, 원하는 방식대로 박살내라"고 사람들을 부추기는 것이라고 비판하고 있다.[4] 물론 밀은 해악 원칙에 따라 그런 나쁜 행동을 용납할 수 없는 것으로 간주하게 될 것이지만, 아널드와 밀을 구분해 주는 좀 더 깊은 논쟁점은 다음과 같은 것이다. 밀은 어느 정도의 경솔한 행동 또는 노골적으로 어리석은 행동이 인간에게 자기 관련 문제들에 있어 가장 큰 자유를 허용하기 위해서 지불할 가치가 있는 대가라고 생각한 반면, 아널드는 그렇게 생각하지 않았다. 왜냐하면 그는 그 행동을 참된 문화를 드러내는 '올바른 이성'(right reason)과 '우아함과 지성'(sweetness and light)에 대한 위협으로 간주하고 있기 때문이다.

그러나 어떤 종류의 자유가 지혜롭지 못한 행동이나 부덕한 행동과 양립할 수 있을까? 그렇다면 그것은 소유할 만한 가치를 갖는 다양성일까? 1881년에 레스터 자유연합(Leicester Liberal Association)에서

---

3   J. F. Stephen, *Liberty, Equality, Fraternity*, 23쪽.
4   Matthew Arnold, *Culture and Anarchy*, 76쪽.

이뤄진 강연에서, 옥스퍼드의 도덕철학 분야 토마스 화이트 석좌 교수 (the White's Professor of Moral Philosophy)인 그린(T. H. Green)은 "우리가 … 자유에 대해서 주장할 때, 그것을 통해 무엇을 의미하려는 것인지를 주의 깊게 고찰해야만 한다"라고 충고했다.

> 우리는 단순하게 제약 또는 강제로부터의 자유를 의미하는 것이 아니다. 우리는 단순하게 자신이 원하는 것과는 무관하게 우리가 원하는 방식으로 행동할 자유를 의미하는 것도 아니다. … 우리가 매우 고귀하게 찬양하는 것으로서 자유를 말할 때, 우리는 행하거나 향유할 가치가 있는 어떤 것을 행하거나 향유하는 적극적인 힘이나 능력을 의미하고, 그것은 또한, 타인들과 함께 행하거나 향유하는 것을 의미한다.[5]

위 구절을 Ⅴ장의 자유에 관한 밀의 간략한 정의와 비교해 보자. "자유는 우리가 욕구하는 것을 행하는 것이다"(V. 5). 그린의 자유 개념이 밀의 자유 개념보다 내용적으로 훨씬 더 포괄적이다(최소한 여기서 밀이 진술한 방식에 따르면 말이다). 밀의 의미에 따르면 누군가 자신이 원하는 바를 정확하게 행하는 것을 막지 않는다면 그는 자유로울 수 있다. 그러나 자신이 원하는 것이 어리석은 것이거나 불명예스러운 것이라면 그린의 의미에서는 그는 자유로울 수 없다. 그린은 사람들은 자유롭도록 강제되어야만 한다는 루소(Jean-Jacques Rousseau)의 견해에 동의한다. 그린의 견해에 따르면, '방랑하는 미개인'은 주인을 갖지 않지만, "미개함의 자유는 강점이 아니라 약점이다." 왜냐하면 (문화적 우월성이라는 손쉬운 가정을 통해서 그린이 가정하고 있는 것처럼) 미

---

5   T. H. Green, 'Liberal legislation and freedom of contract', 21쪽.

개인의 개발된 능력들은 실제로 "법률을 준수하는 국가의 가장 하찮은 시민"의 능력들보다 좀 더 약하기 때문이다. 그는 오직 자신을 '사회에 의한 제약'에 복종시킴으로써만 자신의 자연적 본성들과 충동들에 복종하는 것으로부터 자유롭게 될 것이다. 따라서 역설적으로 "복종하는 것이 참된 자유의 첫 단계이다. 왜냐하면 그것은 인간이 부여받은 능력들의 완전한 실현을 향해 내딛는 첫 도약이기 때문이다."[6]

우리는 미개 상태와 문명에 관한 그린의 주장들을 너무 심각하게 생각할 필요는 없다. 그러나 우리는 벌린(Sir Isaiah Berlin)이 '적극적' 자유 개념이라고 부른 것에 관한 그의 강연에서 처음으로 등장한 것에 주목해야 한다. 그것은 대개 계몽주의 시대 동안 규범이 되었던 제약의 부재로서의 '소극적' 자유 개념과 대비된다.[7] 적극적 의미에서 자유롭다는 것은 (대략적으로) 심사숙고와 자기 통제라는 일정한 능력들을 갖는 것이며 또한 불합리한 욕구들이 아니라 합리적 욕구들에 의해서 행동한다는 것이다. 몇몇 철학자들은 이 핵심 개념에 적극적으로 자유로운 개인들은 또한 자신들에게 활용 가능한 적절한 규모의 실천적 선택지들을 가져야만 하며 또한 자신들의 사회의 집단적 정부에 어떤 역할을 할 수 있어야만 한다는 점을 추가하고 있다. 몇몇 작가들은 당연하게 적극적 자유 개념이 분석적 도구로서 사용되기에는 너무 애매하게 또는 모호하게 정의되었다고 간주하고 있다. 따라서 때때로 오직 명석한 자유 개념들은 소극적 개념들이라고 주장한다. 그러나 중요한 논쟁점들이 적극적 자유에 대한 논의에서 성패가 달려 있다는 점은 부인할 수 없다. 우리는 이미 III부 V장에서 테일러의 견해를 살펴보았다.

---

6 T. H. Green, 같은 글, 22쪽.
7 I. Berlin, 'Two concepts of liberty', 여러 곳에서 인용, in *Four Essays on Liberty*를 참조하라.

"자유와 관련된 능력들은 반드시 어떤 자기 인식, 자기 이해, 도덕적 식별력, 그리고 자기 통제를 포함해야만 한다. 그렇지 않으면 그것들의 활용은 자기 지향의 의미에서 자유가 될 수 없다." 외적 제약들로부터의 자유는(즉 소극적 의미에서 자유) 만일 "우리가 완전히 자기 기만적이거나 또는 우리가 추구하는 목적들을 전혀 적절하게 구별할 수 없다면, 또는 자제력을 잃어버리게 된다면" 그렇게 별 볼 일 없는 것에 불과하다.[8]

적극적 자유가, 합리적 극기라는 핵심적 의미에서, 좋은 것이지만, 그럼에도 그것은 장려하기에는 위험한 가치가 될 수도 있다. 좀 더 정확하게 말하면, 적극적 자유라는 특정한 개념에 따라서 "사람들에게 자유를 부여하려는" 어떤 특정한 시도가 통제와 조작의 행사가 될 것이라고 염려하는 근거들이 존재한다. 예를 들어, 만일 **내가** 믿는 신을 어떤 사람이 믿지 않는다면, 그는 자신의 인간의 가능성을 완벽하게 실현할 수 없고 삶의 선택들을 적절하게 내릴 수 없다고 생각한다면, 나는 그에게 **그의 자유라는 이름으로** '올바른' 종교적 관념들을 깨우쳐 주기 위해서 최선을 다할 것이다. 비록 나는 단순하게 그를 위하여 그가 좀 더 잘 알고 있었더라면 그의 '실제적인' 자아가 자발적으로 선택했을 사항을 결정하는 것이라고 내 자신에게 말하고 있을지라도, 사실상 나는 벌린이 '소름끼치는 흉내 내기'(monstrous impersonation)라고 부르는 일을 행하고 있는 것이다. 흉내 내기는 만약 X가 현재 그 자신이 아닌 것 또는 최소한 아직 그런 것이 되지 못한 경우에 그가 선택하게 될 것을 X가 실제로 추구하고 선택하는 것과 동일시하는 것이다. 벌린의 생각에 따르면, 이 흉내 내기는 "자아-실현에 관한 모든 정치

---

8 C. Taylor, "What's wrong with negative liberty?" 146쪽.

이론들의 핵심에 놓여 있다."⁹ 만일 그린이 자신의 '방황하는 미개인'을 '교화' 하려고 시도해서 그를 맨체스터나 버밍햄의 준법 시민으로 바꿔 놓는다면, 그는 이제 벌린이 개탄하고 있는 흉내 내기를 범하게 될 것이다.

자유란 무엇인가 그리고 자유가 어떻게 증진되어야만(또는 증진되지 말아야만) 할 것인가에 대한 물음들은 현대 자유주의 사상의 핵심에 놓여 있다. 요즘 현대철학자들의 모든 관심들을 예상하고 있는 사람으로 밀을 해석하는 것은 시대착오적이지만, 『자유론』은 개인적 자유에 대한 가장 도전적인 몇몇 논쟁점들에 풍부한 통찰의 원천으로서 계속 간주되어 왔다는 점을 보고하는 것은 유쾌한 일이다. 종종 제기되는 한 물음은 밀 자신이 적극적 자유라는 개념에 얼마나 호의적이었는가라는 것이다. 외부제약이나 간섭을 받지 않고 자신이 원하는 방식대로 행동할 능력으로서 자유라는 밀의 '즉각적' (quick) 정의는 어느 정도 그 개념을 '소극적' (negative)으로 해석하는 것이다. 그러나 분명하게 밀의 자유개념에는 그것 이상의 많은 것들이 담겨 있다. 벌린은 밀이 "우리는 진리 발견 또는 … 그가 승인하는 (비판적, 독창적, 상상력이 풍부한, 독립적인, 기이하다고 생각될 정도로 관행을 따르지 않는, 기타 등등) 어떤 유형의 품성을 개발하는 일을 추구해야만 한다"¹⁰라고 주장할 때 (현명하지 못하게) 소극적 자유 개념과 훨씬 더 적극적인 자유 개념을 연결했다고 생각했다.

비록 다른 독자들은 밀의 의도들에 대한 벌린의 비판을 항상 그대로 되풀이하는 것은 아니지만 일정 부분 벌린에 동의하고 있다. 스코럽스키(John Skorupski)는 '개별성' 장에서 윤곽이 드러난 것처럼, 밀의 자

---

9 I. Berlin, *Four Essays on Liberty*, 133-134쪽.
10 I. Berlin, 같은 책, 128쪽.

유 개념이 갖는 소극적 측면과 적극적 측면은 서로 유기적으로 연관되어 있다고 생각한다. 그의 주장에 따르면, 밀은 정확하게 자아-실현이라는 '적극적', 낭만적 개념을 통해서 간섭으로부터 자유로서 '소극적', 계몽적 자유 개념을 옹호하고 있다.[11] 마찬가지로 비록 도너(Wendy Donner)는 벌린과는 대조적으로 밀이 "모든 시민들이 자신들의 종적인 인간 능력들을 발전시킬 기회를 갖고 있다"는 점을 확증하는 데 국가가 책임을 져야 한다고 주장하는 반면, 그는 또한 "정부는 발전의 형식을 강요해서는 안 된다"라는 점을 주장하고 있다는 사실을 강조하고 있지만,[12] 그녀는 밀의 자유 개념이 결코 중립적인 것은 아니라고 생각한다.

자유주의 전통에 속한 모든 현대 작가들 중에 래즈(Joseph Raz)가 개인적 자율성을 핵심에 올려놓는 훌륭한 삶이란 개념을 옹호함으로써 밀에 가장 가깝게 다가간 사람이라고 할 수 있다. 래즈의 설명에 따르면, "만일 한 개인의 삶이 상당한 정도로 자신의 창조물이라면", 그 삶은 자율적인 것이다. 또한 자율적인 것이 된다는 것은 "어떤 정신적 능력과 육체적 능력을 소유하는 것과 적절한 선택지들의 활용 가능성"을 (다시 말하면, '적극적 자유'를) 갖는 일을 요구한다. 따라서 "적극적 자유는 자율적인 삶의 필수적인 요소이자 필연적인 조건이기 때문에 본질적으로 가치 있는 것이다."[13] 밀과 마찬가지로, 래즈는 자율성이 우리의 선이 갖는 근본적인 부분이라고 생각한다. 왜냐하면 우리 자신의 삶을 통제하려는 욕구는 우리가 갖는 가장 기본적인 욕구들 중의 하나이기 때문이다. 그러나 자율성이 무조건적으로 선한 것이 아니다. 따라

---

11   J. Skorupski, *John Stuart Mill*, 343쪽.
12   W. Donner, *The Liberal Self*, 126-127쪽.
13   J. Raz, *The Morality of Freedom*, 408-409쪽.

서 일반적으로 이기적이며, 천박한 또는 명백하게 악한 선택들을 취한 사람은 자율성을 실행하고는 있지만, 수준 낮은 삶을 살고 있는 것이다. 그렇다고 하더라도, 타인들은 오직 어떤 사람이 자신들에게 해악을 일으키거나 또는 해악을 끼칠 위협이 될 때에만 그에게 제약들을 부과할 권리를 갖는다는 점에 있어서 래즈는 밀의 의견에 동의하고 있다. 래즈가 제시하는 해악은 **그들의** 자율성을 행사하고 자신들의 욕구들에 따라 자신들의 삶들을 영위할 수 있는 능력을 방해한다는 측면에서 드러나는 해악이라고 우리는 생각해 볼 수 있다.[14] 다시 한 번 밀과 마찬가지로, 래즈는 "자율적인 삶이란 오직 받아들일 수 있는 귀중한 계획들과 관계들을 추구하는 데 사용될 때만 가치 있는 것"이라고 생각한다.[15]

밀과 래즈는 모두 "국가들이 강제력에 의존하지 않는 한도 내에서" 그것들은 사람들로 하여금 나쁜 목적 또는 천박한 목적보다는 좋은 목적 그리고 가치 있는 목적을 위해서 자신들의 자율성을 사용하도록 격려해야 될 역할을 갖는다는 점을 승인하고 있다.[16] 그러나 둘 모두 가치의 다원주의적 견해를 지지하고 있다. 이 견해에 따르면 사람들이 선택할 수 있는 좋은 삶을 영위하는 방식들 중에는 수많은 다른 대안적 방안들이 존재한다는 것이다. (가치 다원주의 논제는 "어떤 것도 다 허용된다"라는 견해와 혼동되어서는 안 되며 또한 인간의 삶을 영위하는 데 몇몇 아주 **나쁜** 방식들이 존재한다는 주장과 사실상 대립하고 있다는 점을 주목하라.) 개인적 자율성이 그 공적에 비례하는 존경심을 통해 대우받는 곳에서는 적극적으로 자유로운 개인은 어떤 사람이 되어

---

14   J. Raz, 같은 책, 412–415쪽.
15   J. Raz, 같은 책, 417쪽.
16   J. Raz, 같은 책, 420쪽.

야만 하는지에 대한 자신들의 이상들에 따라서 사람들을 주조하려고
노력하는 국가 또는 다른 권력 기관들의 위험이 감소되어야만 한다. 왜
냐하면 모든 그러한 시도들은 자율성의 전복이 될 것임이 분명하기 때
문이다.

> 한 사람이 다른 사람을 자율적인 사람으로 만들 수 없다는 것이 바로 자율
> 성의 특수한 성질이다. 우리는 말을 물가로 끌고 갈 수는 있지만 물을 마
> 시게 할 수는 없다. 우리는 스스로 자신의 삶의 여정을 결정할 때만 자율
> 적인 사람이 된다. 이것은 타인들이 우리를 도울 수 없다는 것을 의미하지
> 는 않는다. 그러나 타인들의 도움은 대체로 한 사람이 자율적인 사람이 되
> 도록 세워 주는 배경 조건들을 확보하는 것으로만 제한된다.[17]

이러한 생각들은 철저하게 밀의 생각들이다(왜냐하면 그것들은 밀에
의해서 영향을 받은 것이기 때문에 놀랄 만한 것은 아니다).

　미국 정치철학자 롤스(John Rawls, 1921-2002)에 의해서 전개된 정
치적 자유주의(political liberalism)의 형식은 밀에 크게 영향을 받지
않았다. 『정의론』(1971)에서, 롤스는 한 사회를 형성하고 싶어 하지만,
자신들의 재능들, 욕구들 그리고 '선 개념'(conception of the good)을
포함해서 자신들의 독특한 특성들에 대한 지식을 일시적으로 결여하고
있기 때문에 불공정하게 자신들에게 유리하게 작용할 수 있는 방식들
을 통해 선택 과정들 속에서 편견을 가질 수 없는 한 집단의 사람들에
의해서 어떤 기본 원칙들이 이성적으로 동의될 수 있는지 물음으로써
이상적인 정의 국가에 관한 기술을 확증하려고 노력했다. (롤스는 그

17　J. Raz, 같은 책, 407쪽.

기본 원칙들을 '무지의 장막' (a veil of ignorance) 뒤에서 선택하는 것
이라고 기술하고 있다. 이 개념은 그것의 인위성(artificiality) 때문에
때때로 비판을 받았지만, 그것은 의심할 여지없이 강력한 발견도구로
서 기능하고 있는 개념이다.) 롤스는 자신의 지적 구성물을 사회 계약
개념에 기초함으로써 자유주의 이론 구성에 있어 대중적으로 오래된
전통의 상속자가 되었다. 그러나 이것은 밀이 거의 개발하지 않았던 것
이다. (롤스의 정의론은 밀의 개별성과 자율성 개념에 빚지고 있다기
보다는 명백하게 '목적들의 왕국'의 구성원들의(즉 합리적 개인들의
총체) 입법 활동들이라는 칸트(Immanuel Kant)의 개념에 빚지고 있
다.) 정의론의 결과는 롤스가 저술하던 시기에 미국 자유주의자들에게
는 일상적인 가치들과 공정한 과정들에 대해서 직관들을 너무 많이 중
시했다는 이유 때문에 비판을 받아 왔다. 롤스는 실제적으로는 특수한
시간과 장소에 관한 우연적 선호에 불과한 것을 보편적인 타당성에 속
하는 것으로 제시하고 있다. (예를 들어, 롤스는 정치적 평등주의에 강
력하게 개입하고 있지만, 경제적 평등주의에는 거의 동감의 뜻을 표하
지 않는다. 또한 그의 사회주의적 가치들과 경제 이론의 거부는 몇몇
비판가들에 의해서 선결문제 오류로서 간주되었다.) 비록 롤스의 출발
적 가정들이 갖는 함의점들에 대한 표현이 보여 주는 능력과 섬세함을
부정할 수는 없지만, 밀과 래즈와 같은 작가들에 의해서 지지되는 자유
주의의 대안적 노선은, 비록 그것이 하나의 보편적 가치, 즉 개인적 자
율성이라는 가치를 주장하고 있을지라도, 어떻게 그 가치가 다양한 사
회적 환경과 문화적 환경에서 드러나야 하는지에 관해서는 덜 규정적
이다. 왜냐하면 사람들은 스스로 어떻게 자신들의 삶들을 영위할 것인
지를 결정하는 일이 개인적 자율성의 본질에 속하기 때문이다(그것은
오직 해악의 원칙에 의해서만 제한된다). 따라서 우리들은 밀과 래즈

의 자유주의가 어떤 의미에서 롤스의 자유주의보다 좀 더 급진적인 것이라고 기술할 수 있다. 그레이(John Gray)의 주장에 따르면 밀의 개인의 자유 원칙은 "이상적인 입법가의 지침을 위한 격률이지, 헌법 구성의 활동이 될 수 없다." 또한 이 특성은 아마도 그 자체로 유리한 것으로 생각될 수도 있을 것이다.[18]

한편으로 밀의 자유주의와 다른 한편으로 롤스의 자유주의의 불일치는 집안 다툼으로 간주될 수 있다. 그러나 어떻게 우리는 밀의 관념들과 19세기 말 개인주의의 또 다른 옹호자인, 독일 철학자 니체(Friedrich Nietzsche, 1844-1900)의 관념들의 차이를 묘사해야만 할까? 밀은 니체의 작품들 중에 어떤 하나를 읽어 볼 기회를 갖기도 전에 사망했다(첫 작품인 『비극의 탄생』(The Birth of Tragedy)은 밀의 사망 1년 전에 출간되었다). 그러나 니체는 최소한 밀의 몇몇 작품들을 읽었으며 그 작품들과 밀에 대해서 강한 혐오감을 드러냈다. 『선악의 피안』(Beyond Good and Evil, 1886)의 유명한 구절에서 니체는 냉소적으로 다윈(C. Darwin)과 스펜서(Herbert Spencer)와 더불어 밀을 비판하고 있다. 왜냐하면 그들은 '존경할 만하지만 평범한 영국 사람들'로 진리를 발견할 수 있는 몇 가지 능력을 가지고 있었지만, 단지 저급하고 시시한 진리들만을 발견했을 뿐이기 때문이다.[19]

표면적으로는 밀에 관한 니체의 경멸은 놀라운 일이다. 왜냐하면 둘 모두가 독특하고 탁월한 사람을 잃어 가며 상상력이 부족하고 평범한 사람을 권장하는 것이 시대의 경향이라고 생각해서 슬퍼했기 때문이다. (밀은 특별히 자신을 '존경할 만한'(respectable) 사람이라고 기술하는 것을 들었을 때 몹시 놀랐을 것이다. 이 형용사는 니체에게 있어

---

18 J. Gray, *Mill On Liberty*, 148쪽.
19 F. Nietzsche, *Beyond Good and Evil*, section 253, 184-185쪽.

서와 마찬가지로 그에게 있어서 부정적인 함의들을 포함하기 때문이다.) 밀은 다음과 같이 기록하고 있다. "대중들이 강력하게 될 때",

> 한 개인 또는 적은 무리의 개인들은, 대중들에게 영향을 미치는 일을 제외하고 어떤 중대한 것도 성취할 수 없다. 또한 이 일을 행하는 것은 날마다 좀 더 어렵게 된다. 왜냐하면 대중의 관심을 끌기 위해 서로 경쟁하는 사람들의 수가 끊임없이 증가하기 때문이다. 따라서 자연적인 문명 성장에 의해서 권력은 개인들로부터 대중으로 이동하며 또한 대중과 비교할 때, 한 개인의 비중과 중요성은 갈수록 좀 더 무의미해진다는 우리의 입장이 확립된다.[20]

비록 좀 더 절제되어 표현되었지만, 여기서 밀의 염려는 니체의 염려와 동떨어진 것으로 보이지 않는다.

> 오늘날 사회주의 바보들과 얼간이들은 완벽한 동물 집단(또는 그들이 말하는 방식에 따르면 '자유 사회'에 속한 인간)으로 퇴화된 이런 인간의 퇴보와 하락을 자신들의 '미래 인간'(자신들의 이상!)이라고 바라볼 만큼 **인간의 집단적 퇴보**가 존재한다. 동등한 권리들과 동등한 주장들을 갖는 하찮은 동물로 변화된 인간의 이런 동물화는 **가능하다**. 이 점에 대해서 의심할 여지가 없다![21]

밀과 니체는 근대 문명의 숨 막히는 결과들에 대해서 일반적인 두려움을 공유하고 있던 반면, 니체는 밀보다 더 나아가 일반적으로 인정된

---

20   J. Mill, "Civilization", *Collected Works*, 18권, 126쪽.
21   F. Nietzsche, *Beyond Good and Evil*, section 203, 127-128쪽.

도덕 가치들에 대해서 비판하고 있다. 콜리니(Stefan Collini)는 어떻게 밀이, 니체와 달리, "자신이 속한 사회의 도덕적 감성들을 근본적으로 전복하거나 또는 파기하려 시도하지 않고 오히려 그것들을 개선하고 또한 공적 논쟁점들에 있어 그것들을 좀 더 효과적으로 활용하기 위해서 요청하고 있는지"를 설명하고 있다.[22] 반대로 니체는 일반적인 도덕관념들에 빗자루를 들어서 그것들을 쓰레기처럼 완전히 쓸어 내버리려 했다.

　사라져야 할 것들 중에 가장 두드러진 것은 공리주의자들의 나약하고 감상적인 관념들이었다("'최대 다수'라는 무의미한 것").[23] 『아침놀』(Daybreak, 1881)에서, 니체는 "독일에서는 바로 쇼펜하우어가, 영국에서는 바로 밀이 동감, 연민, 또는 타인들의 이익이라는 가르침을 행동의 원칙으로서 널리 유포했다고 주장하고 있다.[24] 니체에게 있어 그러한 가르침은 잘못된 것이다. 왜냐하면 그것은 훨씬 더 중요한 것에 관한 고통, 즉 영혼의 위대성을 성취하려는 고통스러운 투쟁에서 벗어나 안락과 자유의 추구를 찬양하기 때문이다. 이 영혼은 '짐승 떼'에게 쾌락을 선사하는 것들에 만족하는 일을 경멸하며 또한 그와 유사한 열망들을 결여하고 있는 사람들(대다수의 사람들)을 존중하기를 거부한다. 이보다 더 훌륭한 사람이 되기를 원하는 자들은 "작은 덕들, 작은 타산적 지혜, 모래 알갱이 같은 분별, 개미 떼 같은 우둔함, 비참한 안락, '최대 다수의 행복'"을 극복해야만 한다.[25] 니체의 기독교 도덕에 대한 중요한 반론은, 그의 해석에 따르면, 기독교는 강하고, 정력적인

---

[22]　Stefan Collini, *Public Moralists: Political Thought and Intellectual Life in Britain, 1850-1930*, 130쪽.

[23]　F. Nietzsche, *Beyond Good and Evil*, section 203, 126쪽.

[24]　F. Nietzsche, *A Nietzsche Reader*, 94쪽.

[25]　F. Nietzsche, *Thus Spake Zarathustra*, 'Of the higher man', section 3, 298쪽.

본성들을 억제하려고 노력하는 반면, 유약하고 비천한 본성에 상을 주고 있다는 점이다. 만약 온유한 자가 땅을 기업으로 받고 심령이 가난한 자가 하나님 나라를 기업으로 받는다면(『마태복음』5장 3, 5절), 평균 이상으로 더 잘 살려고 노력하는 것은 아무런 의미가 없는 것처럼 보인다. 왜냐하면 모자란 자들이 우수한 자들보다 좀 더 유용하기 때문이다. 니체적 인간은, 그러한 솔직하지 못한 교설들을 거부하면서, 대중을 초월하고 자유정신으로서 삶을 산다. 그는 타인들에게 호의들을 구걸하지도 또한 베풀지도 않고 자신의 의지력을 누리게 된다.

비록 밀과 니체는 모두 당대의 평준화 경향들을 두려워했지만, 밀은 니체가 이상적 인간을 일상적인 인간 감정들과 덕들을 초월해 있으며 또한 자신의 고립과 '소시민들'에 대한 증오를 향유하는 초인(Über-mensch)과 동일시했다는 사실이 어리석었다고 생각했을 것이다. 『짜라투스트라는 이렇게 말했다』에 기술된 "악은 인간의 탁월한 능력이다"라는 주장은 (왜냐하면 그것은 위대한 자와 패배자 사이의 간격을 만들어 주며 또한 억압적 관습에 대한 근본적 거부감을 드러내기 때문이다) 개인적 탁월성이라는 관념의 우스꽝스러운 잘못된 설명으로서 밀에게 떠올랐을 것이다.[26] 밀에게 있어서, 위대한 개인들은 평범한 것과 세속적인 것을 초월하고 있지만 인간의 우애를 초월하지는 않는다. '가장 풍부한 다양성을 갖는 인간 발전'이라는 훔볼트(Humboldt)의 꿈을 달성하는 것은 친절함과 동료 의식의 소멸을 요구하는 것이 아니며 또한 이것들은 좀 더 '고차적인' 니체식의 무정함, 무자비함 그리고 권력에 대한 자부심과 같은 덕들을 열망할 수 없는 사람들에게 있어 차선적인 덕들로 간주되어선 안 된다. 밀의 개인들은 외부에서 공동체를

---

26   F. Nietzsche, 같은 책, section 5, 299쪽.

비웃기보다는 내부에서 공동체에 영감을 불어넣는다. 니체는 위대한 자들이 사회에 제공할 수 있는 기여에 관심을 갖지 않았다. 왜냐하면 그는 사회를 무가치한 짐승 떼들의 집합으로서 간주했기 때문이다. 따라서 그것들에 투자한 시간과 노력은 쓸모없는 것이다. 밀의 훨씬 더 관대한 개념은 위대한 개인들이 자신들의 개인적 성취들과 탁월성들을 통해서 사회 조직을 풍성하게 함으로써 그들이 자신들의 가치들을 향상시키는 것처럼 타인들의 가치를 증가시키는 것이다.

　니체가 주장하고 있듯이, 인간에게 있어 가장 훌륭한 삶이란 힘들지 않은 안락함과 고통의 부재라는 점을, 밀은 결코 가정하지 않았다. 그가 『공리주의』에서 날카롭게 지적하고 있듯이,

　　좀 더 고차적인 능력들을 가진 존재는 자신이 행복해지기 위해서 좀 더 열등한 존재보다 좀 더 많은 것을 요구하며 또한 아마도 좀 더 모진 고통을 감내할 수 있을 것이며 또한 확실히 좀 더 많은 점들에 있어서 행복에 접근할 수 있을 것이다. 그러나 이런 의무들이 있다 하더라도, 그는 결코 실제로 좀 더 저급한 존재라고 자신이 생각하고 있는 수준으로 추락되기를 소망할 수 없다.[27]

여기에 추가해서 그는 "만족한 돼지보다는 불만족한 인간이 되는 것이 좀 더 좋은 것이다. 왜냐하면 만족하는 바보가 되기보다는 불만족한 소크라테스가 되는 것이 좀 더 좋은 것이기 때문이다"라고 주장한다.[28] 밀은 니체와 마찬가지로 한 개인으로서 자신을 개발하는 일이 결코 가벼운 선택이 아니라는 점을 알고 있다. 둘 모두는 소크라테스가 당시 통

27　J. S. Mill, 『공리주의』, 2장, 문단 6.
28　J. S. Mill, 같은 책, 2장, 문단 6.

넘적 지혜에 도전하는 일을 그만두는 편이 좀 더 좋았을 것이라고 생각하지 않았다. 그랬으면 소크라테스는 오래 살았을 것이다. 그러나 밀은 니체와는 달리 그런 탁월한 개인들도 역시 우리 모두가 의존할 수 있는 인간 경험의 총합에 어떤 가치 있는 것을 기여하고 있다는 점을 강조하고 있다. 니체는 다수의 인간들은 실질적인 정신적 또는 영적 진보를 할 수 없다고 생각하고 있는 반면, 밀은 개별성이 모든 사람에게 이익이 돌아가도록 일반적인 문명 수준을 상승시키고 확대하는 누룩(yeast)이라고 생각한다.

윤리사상과 정치사상에 미친 밀 자신의 고귀한 개인적으로 독특한 공헌들은 그것들 자체로 자신의 논제의 훌륭한 예시이다. 『자유론』 출간 후 150년 동안(이 기간 동안 이 작품은 결코 절판된 적이 없었다), 밀의 논증들은 끊임없이 되풀이해 말해지고 재검토되었다. 그리고 그것은 영어권에서만 국한된 것이 아니었다. 이 작품은 논의의 범위를 결정하는 데 너무나 영향력을 발휘하고 있기 때문에 오늘날 이 작품 안에서 채용된 입장들에 주의를 기울이지 않고서 개인적 자유의 한계들을 논의하는 것은 어려운 작업이 될 것이다. 비록 우리가 사상과 표현의 자유, '다수의 횡포' 또는 권위주의의 악들에 관한 밀의 견해들에 동의하지 않는다고 하더라도, 우리는 그 주제들에 관해서 밀이 주장해야만 했던 것을 무시할 수 없다.

또한 9. 11 사태 이전 세상에서는 밀의 논증들에 주의를 기울이는 일이 아마도 거의 그렇게 중요한 일이 되지 못했다. 이후 때때로 국제적인 폭력행위에 대한 거의 병적 공포 때문에 일부 서구 정부들은 자국 시민들의 좀 더 포괄적인 '방어'를 위해서 시민의 자유를 감소시켰다. 특별히 한 가지 걱정스러운 추세는 정부들이 언론의 자유가 '책임을 지는 방식으로' 사용되어야 한다는 점을 주장하는 법률을 제정하거나 또는 제정하려고 노력한다는 점이다. 무엇이 '책임 있는' 발언으로 간주되는 것인가라는 결정은 국가의 영역에 속한다. 정부 정책들(고문받지 않을 권리 또는 재판 없이 투옥되지 않을 권리와 같은 전통적 권리들을 단속하는 정책들 또는 우리의 안전을 위협하는 사람들을 숨겨 준다고 간주되는 외국 국가들을 침공하거나 간섭하려는 정책들을 포함해서)에 대한 항의는 심지어 형식적으로는 금지되어 있는 것은 아니지만, 점차 무책임하고 비애국적인 것으로 간주되었다(그것은 나쁜 시민의 행동이다). 밀이 잘 알고 있듯이, 분명히 우리가 행하는 것뿐만 아니라 우리가 말하는 것에도 그에 따르는 도덕적 책임이 존재한다. 해악의 원칙은 우리가 종교적 혐오나 인종적 혐오를 조장하는 일 또는 고의적으로 다른 사람의 명예를 훼손하는 일 또는 (III장 문단 1에서 제시된 밀의 예와 같이) 소요를 부추기는 일을 금지하고 있다. 언론의 자유도 때때로 법적 제재에 종속되어야만 한다는 점은 논쟁의 여지가 없다. 그러나 정부들, 종교들 그리도 다른 힘 있는 기관들의 특정한 목적들에 이용되는 제재들이 부과될 때 물음들이 제기된다. 헨셔(Philip Hensher)는 9. 11 사태 이후 상황을 다음과 같이 서술하고 있다.

> 증가하는 잡음 때문에 언론의 자유는 오직 '책임을 지는 방식으로' 사용될 때만 허용될 수 있다고 주장하는 사람들은 표현의 영역과 합의된 의견들의 영역을 전반적으로 규정하고 있다. 그것은 결코 언론의 자유가 아니다. 만약 우리가 개인적인 표현의 자유를 꽉 붙잡고 싶어 한다면, 우리는 무책임성의 고귀하고 오래된 역사를 계속해서 유지하자고 개인적으로 주장해야만 한다.[29]

---

29 Philip Hensher, 'Free speech responsibly', 77쪽.

그러한 '무책임성'이란 정확하게 밀이 다음과 같은 유명한 주장에서 옹호하고 있었던 것이다. "만일 한 사람을 제외한 모든 인류가 동일한 의견을 가지고 있고 오직 한 사람만이 반대 의견을 가지고 있다면, 그 한 사람이 권력을 가지고 있어서 전 인류를 침묵시키는 것이 정당화되지 않는 것과 마찬가지로, 인류가 그 한 사람을 침묵시키는 것도 정당화되지 못할 것이다"(II. 1).

어떤 주제들에 대해서 언론의 자유를 제한하려 시도하는 정부들은 어떤 사적 이익에 바탕을 둔 이유들 때문이 아니라 공적 선을 위해서 그렇게 하고 있다고 일반적으로 주장한다. 이런 노선은, 심지어 그것이 진실하다고 하더라도, 국가는 '위험한' 생각들로부터 국민들을 보호할 책임을 갖지 않는다고 생각하는 밀과 같은 권위주의의 최대 반대자에게는 어떤 영향을 미친 것 같지 않다. 필수적인 법적 정확성을 통해서 그들이 의도하는 오직 그러한 표현 형식들만을 금지하는 영역들을 세우는 일은 어떤 경우가 됐든지 어려운 일이 될 것이다.

종교적 혐오를 불러일으키는 일을 금지하기 위해서 고안된 법률에 대한 영국 정부의 초기 생각들은 이런 난제가 과소평가되었을 때 어떤 것이 잘못될 수 있는지를 보여 주는 훌륭한 예시가 되었다. 종교적 혐오와 경쟁이 폭력의 비옥한 온상이 되기 때문에, 법률로 그것들을 구속하려는 시도는 해악의 원칙에 따라 정당화될 수 있다. 그러나 강력조직 범죄와 경찰 법안(Serious Organised Crime and Police Bill, 2004)의 제10조는 "모든 상황들을 고려할 때 종교적 혐오를 불러일으킨다고 간주된다고 어떤 사람에 의해서 들리거나 또는 보일 수 있는" 어떤 말들, 행위들, 문자나 음성으로 기록된 자료들 또는 공연들을 제작하는 것을 위법적인 것으로 규정했다. 이 포괄적 형식이 일으키는 문제는 어떤 사람들은 종교적 혐오감을 아주 쉽게 느낀다는 점이다. 강경론적 해석에 따르면 그 법안은 현 종교에 관한 **어떠한** 공적인 구두 비판 또는 서면 비판을 금지하고 있는 것으로 해석될 수 있으며 또한 특정 종교의 신자들을 부정적인 시각으로 묘사하는 모든 문학작품(예를 들어, 셰익스피어의 『베니스의 상인』)을 금지하는 것으로 해석될 수 있다. (영국과 웨일스에서 최고 법률가인 한 전임 대법관(Lord Chancellor)은 이 규정들에 따르면 토니 블레어 총리(Tony Blair)도 2001년 9월에 한 연설문의 주장에 대해서 기소될 수 있다는 점을 지적했다. 그는 미국에서 일어난 잔악한 행위들은 자신들이 죽였던 사람들보다 10배나 많은 사람들을 죽이고 싶어 했던 종교적 광신자들의 소행이었다고 말했다).[30]

이런 비판 때문에 영국 정부는 청중에게 실제적으로 발생되는 혐오감들보다는 종교적 혐오를 불러일으키는 **의도**를 좀 더 강조하기 위해서 법률 용어들을 수정하기로 동의했다. (2006년 2월 16일에 선포된 2006년 인종 및 종교적 혐오 방지법(Racial and Religious Hatred Act 2006)을 참조하라.) 새로운 법률적 제한들이 얼마나 언론의 자유라는 큰 목적에 좋게 또는 나쁘게 기여할 수 있을지는 두고 봐야 할 문제이다. 밀은 종교적 혐오와 불관용이 안 좋은 것이라는 점에는 이의를 제기하지 않을 것이지만 특정 종교들, 그 교리들의 진리 또는 개인들과 사회에 미치는 그것들의 영향을 비판하는 일을 어렵게 만드는 법률들을 승인하지 않을 것이다.

밀이 가진 생각들의 관심사는 사상과 표현의 자유에 관련된 주제들에만 제한된 것은 아니다. 따라서 영국에서만 해도 다음과 같은 다양한 문제들에 관한 최근 논쟁들은 모두 『자유론』에서 논의된 논쟁점들을 제기하고 있다. 기분전환 약제의 재분류, 공공장소에서 흡연 금지, 시

---

30 Monica Ali, 'Do we need laws on hatred?' 53쪽 재인용.

골에서 마음대로 돌아다닐 권리, 술집과 나이트클럽의 영업시간 연장, 미국식 대규모 도박장의 도입, 개를 이용한 사냥 금지 같은 문제들 말이다. 밀의 권위는 자유에 대한 어떤 주장 또는 다른 주장을 지지하기 위해서 자주 인용되었다.

흥미로운 물음은 밀의 '매우 단순한 하나의 원칙'이 정부들과 여론에 의해서 일반적으로 얼마만큼 용인되었는가라는 점이다. 라일리(Jonathan Riley)의 무뚝뚝한 판단에 따르면, 밀의 자유 원칙은 "결코 승인된 적이 없다." 그의 생각에 기껏해야 "우리는 이제 어떤 흐린 모방, 즉 유대-기독교 도덕의 다소 좀 더 자유 민주주의적인 해석 또는 미국 입헌주의와 같은 것을 가지고 있을 뿐이다. 이것들은 대부분의 사람들이 사회제도들이 진화하면서 그것들의 일반적 형태에 대한 정당화를 제공하는 것으로서 거의 직관적으로 받아들이는 것들이다."[31] 이 주장은 (대서양 건너편에 있는) 필자에게는 밀의 원칙에 대한 현재 상태의 평가로서 너무 우울한 것처럼 보인다. 인정하건대 '매우 단순한 하나의 원칙'을 수용하지 않고 또한 밀이 용인할 수 있다고 생각한 것보다 더 많은 정도로 국가권력의 촉수가 확장된 것을 보고 싶어 하는 수많은 사람들이 존재한다. 그러나 그 원칙을 수용하는 수많은 사람들이 존재한다는 점도 역시 참이다. 앞에서 열거된 다양한 논쟁점들에 관한 논의는 어떤 종류의 행동들이 타인들에게 해악을 불러일으키는가 아닌가에 관한 물음에 계속해서 집중되었다. 이제는 의회에 의해서 승인된 술집들, 상점들, 식당들에서 흡연을 금지하는 논증은 흡연이 타인들의 건강을 위협하고 안락함을 감소시킨다는 점이다. 동시에 광활한 황무지, 강둑과 해변가에 대중이 접근하는 것을 제한할 수 있는 사유지 소

---

31 J. Riley, *Routledge Philosophy Guidebook to Mill on Liberty*, 33쪽.

유자의 권한도 그런 지역을 '돌아다닐 권리'의 확장이 많은 사람들에게 혜택을 주지만 아무에게도 해악을 끼치지 않는다는 점에 근거해서 축소되었다. 순수하게 권위주의적인 목적들을 위해서 자유를 제한해야한다는 제안들은 일반적으로 좀 더 조심스러울 수밖에 없다. 따라서 '대규모 도박장'을 허용하자는 제안은 도박을 좋아하는 사람들이 새로운 유혹들에 저항할 수 없을 것이라는 점을 두려워하는 사람들로부터 어떤 반론에 부딪히게 되겠지만, 이 반론은 도박할 수 있는 좀 더 큰 기회들이 다른 사람들에게 피해를 줄 것이라는 어떤 납득할 만한 논증이 제시되지 못할 경우 정부의 계획들을 좌초시킬 수 있을 정도로 강한 것이 되지 못한다.

밀의 자유론의 적용과 남용을 보여 주는 흥미로운 사례는 개를 동반한 사냥이라는 시골의 전통적인 오락이 허용되어야만 하는가에 관한 지금도 계속되는 격렬한 논쟁이다. (이론적으로 이 사냥은 2005년 이후로 영국과 웨일스에서는 불법으로 간주되었다. 그러나 이 법은 시행되기에는 너무 어려운 것으로 판명되었다. 왜냐하면 부분적으로는 수많은 경찰들과 판사들과 고위 공무원들이 사냥을 즐기는 공동체에 공감을 표시하고 있기 때문이다.) 사냥을 지지하는 사람들은 자신들의 '스포츠'를 금지하는 일은 자신들의 방식대로 즐길 수 있는 자신들의 합법적인 자유를 심각하게 침해하는 것이라는 점을 큰 소리로 항의하고 있다. 그들은 아무에게도 피해를 주지 않는다고 주장한다. 여기서 논쟁의 중요한 본질은 해악 원칙의 **의미**이다. 사냥을 하고 싶은 사람들은 자신들이 뒤쫓는 동물들(여우들, 토끼들, 그리고 어떤 지역에서는 사슴들)에게 미미한 도덕적 지위를 부여한다. 그 결과 이 동물들에게 유발하는 해악은 아무것도 아닌 것처럼 간주된다. 정반대로, 사냥을 반대하는 사람들은 사냥개들이 물어뜯는 동물들에게 유발하는 해악은 상당한 도덕적 의미를 가지고 있다는 점을 주장하고 있다.

밀은 확실하게 후자의 사고방식에 속했다. 『휴월의 도덕철학』 (*Whewell on moral philosophy*)에서 밀은 동물들의 고통이 도덕의 고려 대상이 아니라는 점을 가정하는 것을 '이기심이라는 미신'(a superstition of selfishness)이라고 불렀다.[32] 그리고 그는 동물들에게 가해진 잔인함을 다루고 있는 『정치경제학』의 한 구절에서 신랄하게 비판하고 있다.

> [학대받는] 아이들을 위한 법적 간섭의 근거들은 역시 그 불행한 노예들과 가장 잔인한 인류의 피해자들, 즉 하등 동물들의 경우에 좀 더 강력하게 적용된다. 자유 원칙의 가장 최악의 몰이해는 이 저항할 수 없는 생물들에게 자행된 잔인한 행위(ruffianism)에 대한 징계 처벌의 부과가 자신의 직권을 넘어선 일들에 대한 정부의 간섭으로 간주되고 있다는 점이다. … 정부가 갖는 권위의 본성과 근원을 존중하는 형이상학적 양심이, 동물들에 가해진 잔인함에 반대하는 법을 지지하는 수많은 열렬한 지지자들을 그 상황 자체의 본질적인 가치보다는 인간들에게 이익이 되는 잔인한 습성들을 탐닉함으로써 벌어지는 부수적인 결과들 때문에 그런 법들의 정당화를 추구하도록 설득시켜야만 한다는 것은 유감스러운 일이다.[33]

사냥과 동물들에게 가해지는 다른 형태의 잔인함은 자신들을 야수화함으로써 그 실행자들에게 해악을 끼칠 수 있다. 그러나 가해진 가장 중요한 해악의 형태는 희생된 동물들 자체이다.

비록 밀은 이 구절에서 동물들에 가해진 모든 형태의 잔인함에 대해

---

32 J. Mill, "Whewell on moral philosophy", *Collected Works*, 10권, 186쪽.
33 J. Mill, *Principles of Political Economy*, *Collected Works*, 3권, 952쪽.

서 염려하고 있지만, 1869년에 몰리(John Morley)에게 쓴 서간문으로
부터 스포츠로서의 사냥에 관한 그의 견해를 우리는 알게 된다. 역사학
자인 프리만(Edward Augustus Freeman)에 의해서 출간된 반 야외 스
포츠(an anti-field-sports) 논문을 언급하면서 밀은 다음과 같이 주장
한다.

> 나는 프리만의 논문과 같은 종류의 논문인 점에 대해서 당신을 축하해 주
> 지 않을 수 없소. 나는 야외 스포츠에 반대하는 근거를 제시한 것에 대해
> 서 그를 존경하오. 그런 일을 나도 종종 해 보려 했지만, 이미 내 수중에
> 수많은 좋지 못한 이유들을 담고 있기 때문에, 새로운 적대감을 불러일으
> 키는 것은 현명하지 않은 일이라고 생각했소.[34]

오락을 위한 사냥꾼들은, 어떤 야생 동물들을 사냥하는 일부 원시 사냥
꾼들이 하는 것처럼, 생존하기 위한 수단으로 동물들을 죽일 필요가 있
다는 공리주의 논증을 사용할 수 없다. 밀의 관점에 따르면, 스포츠를
위해 동물을 죽이거나 학대하는 것은 명백히 해악의 원칙에 의해 제외
된다. 그것은 마치 그것이 우리에게 제공하는 가학적인 쾌락을 위해서
사람들을 죽이거나 학대하는 것이 해악의 원칙에 의해 제외되는 것과
마찬가지이다. 따라서 사냥이 영국인의 합법적인 자유라는 주장은 허
울 좋은 눈가림이다.

스코럽스키(John Skorupski)는 최근 밀을 재평가하면서 밀의 철학
은 마르크스, 헤겔, 그리고 니체라는 광활한 대륙과 더불어 19세기 철
학의 "바다에 떠 있는 중요한 대륙 중의 하나"라고 적절하게 기술하고

---

34   J. Mill, *Later Letters, 1849-73, Collected Works*, 17권, 1673-1674쪽.

있다.[35] 알다시피, 지성의 대륙은 물리적 대륙과 더불어 융기와 침식이라는 경향을 공유하고 있다. 비판의 힘들은 단층들과 균열들을 형성하고 잘라내며 일으킨다. 그렇지만 그것은 또한 현존하는 높은 사상을 더 높이고 더 풍부하게 만들 수 있다. 현재는 마르크스와 헤겔이란 봉우리들이 몇 십 년 전에 그랬던 것보다 좀 더 낮아 보이는 반면, 니체라는 봉우리는 날카롭게 치솟고 있다. 밀의 철학이 갖는 특성에 대한 존중도 역시 지난 반세기 동안 좀 더 성장했다. 왜냐하면 우리 시대에 적합한 자유주의의 형태를 정의하는 일의 어려움은 중도좌파의 사상가들이 지침을 위해서 밀을 좀 더 연구하도록 만들었기 때문이다. 개별성이 이념적인 일치를 위해서 독선적 정부들과 종교들과 다른 권력들에 의해서 일찍이 경험한 적이 없는 위험에 처해 있는 상황에서, '가장 풍부한 다양성 속에서 이뤄지는 인간 발전의 절대적이며 본질적인 중요성' 에 관한 밀과 훔볼트의 강조는 여전히 필수적으로 시의적절한 것이다.

만약 개인주의가 밀과 니체에게 모두 중요한 주제라면, 밀은 인간이 사회적 동물이라는 사실과 또한 만약 우리가 살고 있는 공동체들이 상호 적대감, 불관용과 이기심에 의해서 분열된다면, 자기 발전에 대한 우리의 열망들도 파괴될 것이라는 사실을 좀 더 진지하게 고민하고 있다. 표면적으로는 개별성의 가치를 고집하고 "자신이 하고 싶은 일을 하는 것" 은 다른 사람들의 이익들을 무시하는 방종을 조장하는 것으로 생각될 수도 있다. (누스바움(Martha Nussbaum)에 의해서 표현된 이와 관련된 걱정은 밀이 자신의 천재성을 개발하는 사람들을 위한 특별한 칭송을 확보함으로써 좀 더 평범한 능력들과 재능들을 가진 사람들에게 보여 주어야 할 존경심을 은연중에 보이고 있지 않다는 점이다).[36]

---

35 J. Skorupski, 'Why read Mill today?' xi쪽.
36 Martha Nussbaum, *Hiding from Humanity: Shame, Disgust, and the Law*, 331

그러나 밀은 뛰어난 지성과 품성을 지닌 개인들의 발전은 그 주체들**뿐만 아니라** 자신들의 공동체들에도 모두 이익이 된다고 생각했다. 또한 그는, 그 결과가 크든지 작든지, 명예가 자신들의 자연적 가능성을 최대한 활용하는 데 자신들의 자율성을 활용하는 모든 사람들에게 돌아가야 한다고 생각했다. '진보하는 존재로서의 인간'의 이익들을 주목하는 밀의 공리주의와 관련해서, 개인적 선과 사회적 선은 결과적으로는 들어맞게 된다. 왜냐하면 개인들의 삶들에 가치를 부과하는 정신적 특성과 도덕적 특성은 그들의 사회도 또한 풍요롭게 하기 때문이다.

밀의 전기 작가 베인(Alexander Bain)은 1883년 집필 도중에 밀에 관해서 "그가 자신이 살던 세대의 지성들에게 미친 셀 수 없이 많은 지식과 철학의 작은 진동들을 다 계산할 수 없다"고 말했다.[37] 밀의 탄생 200주년인 2006년에, 우리는 그가 수많은 후속 세대들의 지성들에서도 역시 셀 수 없이 많은 진동들을 일으켰다는 사실을 추가할 수 있을 것이다. 그 자신이 예견한 것처럼, 그의 또 다른 작품은 『자유론』만큼 독자들에게 반향을 불러일으키지 못했다. 『자유론』은 날카로운 논거를 제시하고, 개인적 선과 공적 선에 관한 강렬한 관심을 일으키며, 그리고 인간의 가능성들에 대한 낙관론을 사람들이 근대적인 삶의 조건들 하에서 직면하게 되는 위협들에 대한 경고와 생생하게 결합함으로써 계속해서 독자들에게 깊은 인상을 주고 있다. 마지막으로 분석하면, 『자유론』은 단순히 자유에 관한 이론적 논고가 아니라 어떻게 우리가 자유롭게 되는지를 알려 주는 실천 지침이 된다. 이 책은 읽을 가치가 있을 뿐만 아니라 그렇게 살아 볼 가치가 있는 책이다.

베인은 킹즐리(Charles Kingsley)가 밀에게 책 한 권을 증정받았을

쪽.

[37]   A. Bain, *John Stuart Mill*, 195쪽.

때 얼마나 고마워했는지를 설명해 주고 있다. 그는 "그 책이 즉석에서 나를 냉철하고 담대한 이성을 가진 사람으로 만들어 주는 영향을 끼쳤다"고 주장한다.[38] 킹즐리는 밀을 아주 최소한도에서 추켜세우고 있다. 『자유론』은 실제로 '고무적인'(inspiring)이라는 형용사를 사용하기에 적합한 매우 드문 철학 작품들 중의 하나이다. 이 책이 출간된 지 백오십 년이 지났지만, 여전히 깜짝 놀라게 하고, 흥분시키며, 감동을 주는 능력을 지니고 있다. 우리는 지금으로부터 백오십 년 후에도 이 책이 여전히 같은 일들을 하고 있을 것이라고 기대할 수 있다. 이 책은 독재자(Big Brother)의 부릅뜬 눈 아래에서 무성해진 획일성과 평범함을 추구하고 있는 압력들에 맞서서 자유로운 생각과 개별성의 가치들을 지키는 데 일조하고 있다.

---

38 A. Bain, 같은 책, 38쪽.

더 읽어야 할 책들

A. 밀의 작품들

1. 총서

표준 현대 판본은 J. M. Robson이 편집한 *Collected Works of John Stuart Mill*, Toronto and London: University of Toronto Press and Routledge & Kegan Paul, 33 volumes, 1963–91이다. 이 책(*Reader's Guide*)에 언급된 밀의 작품들은 이 판본의 아래와 같은 작품들을 지칭한다.

Autobiography, in *Autobiography and Literary Essays*, vol.1, pp.1–290.

"Civilization", in *Essays on Politics and Society*, vol.18, pp.117–48.

"Coleridge", in *Essays on Ethics, Religion, and Society*, vol.10, pp.117–64.

Considerations on Representative Government, in *Essays on Politics and Society*, vol.19, pp.371–578.

"De Tocqueville on Democracy in America" (I and II), in *Essays on Politics and Society*, vol.18, 47–90, 153–204.

Earlier Letters, 1812–1848, vols.12, 13.

"Grote's History of Greece[II]", in *Essays on Philosophy and the Classics*, vol.11, pp.307–338.

Later Letters, 1849-1873, vols.14-17.

On Liberty, in *Essays on Politics and Society*, vol.18, pp.213-310.

Principles of Political Economy, vols.2, 3.

Public and Parliamentary Speeches, vols.28, 29.

The Subjection of Women, in *Essays on Equality, Law and Education*, vol.21,
　　pp.259-340.

Utilitarianism, in *Essays on Ethics, Religion and Society*, vol.10, pp.203-260.

"Whewell on moral philosophy", in *Essays on Ethics, Religion and Society*,
　　vol.10, pp.165-202.

2. 『자유론』 판본들

『자유론』은 수차례 재발행되었기 때문에 수많은 값싸고 훌륭한 판본들
이 존재한다. 다음 작품들은 이것들 중의 몇 가지 선택된 것이다.

On Liberty, ed. Alexander, Edward, Peterborough, Ontario: Broadview
　　Press, 1999.

On Liberty and Other Writings, ed. Collini, Stefan, Cambridge: Cambridge
　　University Press, 1989.

On Liberty, ed. Gray, John, Oxford: Oxford University Press, 1998.

On Liberty, ed. Himmelfarb, Gertrude, Harmondsworth: Penguin, 1982.

On Liberty, In *Utilitarianism, Liberty and Representative Government*, ed.
　　Lindsay, A.D. London: Everyman's Library, 1910.

On Liberty, In *Utilitarianism, Liberty and Representative Government*, ed.
　　Williams, Geraint, London: Everyman's Library, 1993.

On Liberty, In *On Liberty and the Subjection of Women*, ed. O'Grady, Jane,

Ware: Wordsworth Classics, 1996.

On Liberty, ed. Rapaport, Elizabeth, Indianapolis, IL: Hackett Publishing Company, 1978.

On Liberty, New York: Dover Publications, 2002.

B. 다른 학자 학술서

『자유론』과 관련된 이차 문헌은 방대하다. 다음 목록은 이 책(*Reader's Guide*)에 언급된 모든 작품들을 포함하고 있으며 아울러 좀 더 도움이 될 만한 작품들이 약간 더 포함되어 있다.

Ali, Monica, "Do we need laws on hatred?" in Appignanesi, Lisa, ed., *Free Expression*, pp.47-58.

Appiah, Kwame Anthony, *The Ethics of Identity*, Princeton and Oxford: Princeton University Press, 2005.

Appignanesi, Lisa, ed., *Free Expression is No Offence*, London: Penguin, 2005.

Arneson, Richard, J., "Mill versus paternalism", *Ethics*, 90, 1980, pp.470-489.

Arnold, Matthew, *Culture and Anarchy*, Cambridge: Cambridge University Press, 1957.

Bain, Alexander, *John Stuart Mill. A Criticism with Personal Recollections*, London: Longmans, Green and Company, 1882.

Benn, S.I., *A Theory of Freedom*, Cambridge: Cambridge University Press,

1988.

Bentham, Jeremy, "Anarchical fallacies", *The Works of Jeremy Bentham*, vol.2, Edinburgh: Tait, 1843.

Berger, Fred, *Happiness, Justice, and Freedom: The Moral and Political Philosophy of John Stuart Mill*, Berkeley, CA: University of California Press, 1984.

Berlin, Isaiah, *Four Essays on Liberty*, London: Oxford University Press, 1969. (이 책은 "Two concepts of liberty", pp.118-172와 "John Stuart Mill and the ends of life", pp.173-206을 포함하고 있다.)

Best, Geoffrey, *Mid-Victorian Britain 1851-75*, London: Fontana, 1979.

Blanshard, Brand, *On Philosophical Style*, Manchester: Manchester University Press, 1954.

Braybrooke, David, *Utilitarianism: Restorations, Repairs, Renovations*, Toronto: University of Toronto Press, 2004.

Brown, D.G., "Mill on liberty and morality", *The Philosophical Review*, 81, 1972, pp.133-158.

Collini, Stefan, *Public Moralists: Political Thought and Intellectual Life in Britain, 1850-1930*, Oxford: Clarendon Press, 1991.

Constant, Benjamin, *The Spirit of Conquest and Usurpation and Their Relation to European Civilization*, in *Political Writings*, ed., Fontana, Biancamaria, Cambridge: Cambridge University Press, 1988.

Cowling, Maurice, *Mill and Liberalism*, Cambridge: Cambridge University Press, 1963; second, rev. ed., 1990.

Devlin, Patrick, *The Enforcement of Morals*, London: Oxford University Press, 1965.

Dickens, Charles, *Little Dorrit*, 다양한 판본들: 최초 출판년도, 1855-1857.

Donner, Wendy, *The Liberal Self: John Stuart Mill's Moral and Political Philosophy*, Ithaca and London: Cornell University Press, 1991.

Dworkin, Ronald, *Taking Rights Seriously*, London: Duckworth, 1977.

Eisenach, Eldon J. ed., *Mill and the Moral Character of Liberalism*, University Park, PA: Pennsylvania State University Press, 1998.

Epstein, Jason, "Mystery in the heartland", *New York Review of Books*, 51, 7 October 2004, pp.8-9.

Feinberg, Joel, "The child's right to an open future", in Howie, J. ed., *Ethical Principles for Social Policy*, Carbondale, IL: Southern Illinois University Press, 1983, pp.97-122.

_____, *Freedom and Fulfillment*, Princeton: Princeton University Press, 1993.

_____, *The Moral Limits of the Criminal Law*, four vols., New York: Oxford University Press, 1984-1988.

_____, *Rights, Justice and the Bounds of Liberty*, Princeton: Princeton University Press, 1980.

Geuss, Raymond, *Public Goods, Private Goods*, Princeton and Oxford: Princeton University Press, 2003.

Gray, John, *Berlin*, London: Fontana, 1995.

_____, *Mill on Liberty: A Defence*, 2nd ed., London and New York: Routledge, 1996.

Gray, John and Smith, G.W. eds., *J.S. Mill: On Liberty in Focus*, London: Routledge, 1991.

Green, T.H., "Liberal legislation and freedom of contract", in Miller, David, ed., *The Liberty Reader*, pp.21-32.

Habibi, Don A., *John Stuart Mill and the Ethics of Human Growth*, Dordrecht: Kluwer, 2001.

Hamburger, Joseph, *John Stuart Mill on Liberty and Control*, Princeton and Oxford: Princeton University Press, 2001.

Harris, John, "The right to found a family", in Scarre, Geoffrey, ed., *Children, Parents and Politics*, Cambridge: Cambridge University Press, 1989, pp.133-153.

Hart, H.L.A., *Law, Liberty and Morality*, London: Oxford University Press, 1963.

Hayek, F.A., *John Stuart Mill and Harriet Taylor: Their Correspondence and Subsequent Marriage*, London: Routledge and Kegan Paul, 1951.

Hensher, Philip, "Free speech responsibly", in Appignanesi, Lisa, ed., *Free Expression*, pp.73-77.

Himmelfarb, Gertrude, *On Liberty and Liberalism: The Case of John Stuart Mill*, New York: Knopf, 1974.

Hoag, Robert W., "Happiness and freedom: recent work on John Stuart Mill", *Philosophy and Public Affairs*, 15, 1986, pp.188-199.

Honderich, Ted, "*On Liberty* and morality-dependent harms", *Political Studies*, 30, 1982, pp.504-514.

Humboldt, Wilhelm von, *The Sphere and Duties of Government*, tr. Coulthard, Joseph, London: Chapman, 1854; 영인본, Bristol: Thoemmes Press, 1996.

The Illustrated London News, 35, 1859.

Ishiguro, Kazuo, *The Remains of the Day*, New York: Knopf, 1989.

Johnson, Lyndon, B., "Commencement address at Howard University, 4 June 1965", http://www.lbjlib.utexas/johnson.archives.hom.speeches.hom/650604.asp.

Kinzer, B.L., Robson A.P., and Robson, J.M., *A Moralist in and out of Parliament: J.S. Mill at Westminster, 1865–1868*, Toronto: University of Toronto Press, 1992.

Kramer, M., *The Quality of Freedom*, Oxford: Oxford University Press, 2003.

Kurer, Oskar, *John Stuart Mill: the Politics of Progress*, New York and London: Garland Publishing, Inc., 1991.

Levin, Michael, *J.S. Mill on Civilization and Barbarism*, London and New York: Routledge, 2004.

Locke, John, "A letter concerning toleration", in *The Second Treatise of Civil Government and A Letter Concerning Toleration*, ed., Gough, J.W., Oxford: Blackwell, 1946.

_____, *An Essay Concerning Human Understanding*, ed., Yolton, John, two vols., London: Everyman's Library, rev. ed., 1965.

Lyons, David, "Mill's theory of morality", *Nous*, 10, 1976, pp.101–120.

_____, *Rights, Welfare, and Mill's Moral Theory*, New York and Oxford: Oxford University Press, 1994.

Mendus, Susan, *Toleration and the Limits of Liberalism*, London: Macmillan, 1989.

Miller, David, ed., *The Liberty Reader*, Edinburgh: Edinburgh University Press, 2006.

Milton, John, *Areopagitica*, 원판 영인본, 1644, Menston: Scolar Press, 1968.

Mueller, Iris Wessel, *John Stuart Mill and French Thought*, Urbana, IL: University of Illinois Press, 1956.

Myerson, George, *Mill's On Liberty: A Beginner's Guide*, London: Hodder and Stoughton, 2001.

Nicholls, James Quan, "Alcohol in liberal thought", *International Journal of Cultural Studies*, 9, 2006, pp.131–151.

Nietzsche, Friedrich, *Beyond Good and Evil*, tr., Hollingdale, R.J., London: Penguin, rev. ed., 1990.

_____, *A Nietzsche Reader*, tr. and ed., Hollingdale, R.J., London: Penguin, 1977.

_____, *The Will to Power*, tr. Kaufmann, Walter and Hollingdale, R.J., New York: Vintage Books, 1968.

_____, *Thus Spoke Zarathustra*, tr. Hollingdale, R.J., Harmondsworth: Penguin, 1961.

Nussbaum, Martha, *Hiding from Humanity: Disgust, Shame and the Law*, Princeton and Oxford: Princeton University Press, 2004.

Owen, David Edward, *English Philanthropy, 1660–1960*, Cambridge, MA: Belknap Press, 1965.

Pettit, Philip, *A Theory of Freedom*, Cambridge: Polity Press, 2001.

Plamenatz, John, *The English Utilitarians*, 2nd ed., Oxford: Blackwell, 1965.

Pyle, Andrew, ed., *Liberty: Contemporary Responses to John Stuart Mill*, Bristol: Thoemmes Press, 1994.

Rawls, John, *A Theory of Justice*, Cambridge, MA: Harvard University Press, 1971.

Raz, Joseph, *The Morality of Freedom*, Oxford: Clarendon Press, 1986.

Rees, John, *John Stuart Mill's On Liberty*, Oxford: Clarendon Press, 1985.

Riley, Jonathan, "One very simple principle", *Utilitas*, 3, 1991, pp.217–244.

_____, *Routledge Philosophy Guidebook to Mill on Liberty*, London and New York: Routledge, 1998.

Ryan, Alan, *J.S. Mill*, London: Routledge and Kegan Paul, 1974.

_____, "Mill in a liberal landscape", in Skorupski, John, ed., *The Cambridge Companion to Mill*, pp.497–540.

Scarre, Geoffrey, "Children and paternalism", *Philosophy*, 55, 1980, pp.117–124.

Singer, Peter, ed., *Applied Ethics*, Oxford: Oxford University Press, 1986.

Skorupski, John, ed., *The Cambridge Companion to John Stuart Mill*, Cambridge: Cambridge University Press, 1998.

_____, *John Stuart Mill*, London and New York: Routledge, 1989.

_____, *Why Read Mill Today?*, London and New York: Rougledge, 2006.

Stafford, William, *John Stuart Mill*, Basingstoke: Macmillan, 1998.

Stephen, James Fitzjames, *Liberty, Equality, Fraternity*, Indianapolis: Liberty Fund, 1993: 원판, 1873.

Taylor, Charles, "What's wrong with negative liberty?", in Miller, David, ed., *The Liberty Reader*, pp.141–162.

Ten, C.L., *Mill on Liberty*, Oxford: Clarendon Press, 1980.

_____, ed., *Mill's Moral, Political and Legal Philosophy*, Aldershot: Ashgate and Dartmouth Publishing Co., 1999.

Thomas, William, *Mill*, Oxford: Oxford University Press, 1985.

Tocqueville, Alexis de, *Democracy in America*, tr. Bowen, Francis(rev. Bradley, Phillips), two vols, in one, London: Everyman's Library, 1994.

Turk, Christopher, *Coleridge and Mill: a Study of Influence*, Aldershot: Ashgate, 1988.

Vernon, R., "John Stuart Mill and pornography: beyond the harm principle", *Ethics*, 106, 1996, pp.621-632.

West, Henry, ed., *The Blackwell Guide to Mill's Utilitarianism*, Oxford: Blackwell, 2006.

Williams, Bernard, *In the Beginning was the Deed: Realism and Moralism in Political Argument*, Princeton and Oxford: Princeton University Press, 2005.

Wilson, A.N., *The Victorians*, London: Arrow Books, 2003.

Wolff, Jonathan, "Mill, indecency and the liberty principle", *Utilitas*, 10, 1998, pp.1-16.

Young, R., *Personal Autonomy: Beyond Negative and Positive Liberty*, London and Sydney: Croom Helm, 1986.

찾아보기